KB208526

카네기 인생론

카네기 인생론

2021년 4월 15일 1쇄 발행
2023년 1월 10일 2쇄 인쇄
2023년 1월 15일 2쇄 발행

저　　　자 | 데일 카네기
편　　　역 | 이승원
발 행 인 | 이규인
발 행 처 | 도서출판 창
교　　　정 | 조동림
편　　　집 | 뭉클
등록번호 | 제15-454호
등록일자 | 2004년 3월 25일
주　　　소 | 서울특별시 마포구 대흥로4길 49, 1층(용강동 월명빌딩)
전　　　화 | (02) 322-2686, 2687　팩시밀리 | (02) 326-3218
e - m a i l | changbook1@hanmail.net

ISBN : 978-89-7453-433-2 (03320)
정가 14,000원

ⓒ 도서출판 창

· 이 책의 저작권은 〈도서출판 창〉에 있습니다. 저작권법에 의해 보호를 받는 저작물이므로
　무단 전재와 복제를 금합니다.
· 잘못 만들어진 책은 〈도서출판 창〉에서 바꾸어 드립니다.

Dale Carnegie

곧 시작하라. 그리고 생각하라.
그러면 부자가 될 수 있다!!
행복해 하고 만족해 하는 사람들은 자기 마음을 컨트롤할 줄 안다.
그들은 처해 있는 상황에 대해 적극적인 태도를 취한다.
자기의 재능을 살려 남에게 즐거움을 주는 것에 만족하라.
나는 건강하다. 행복하다. 상쾌하다.

카네기 인생론

데일 카네기 지음 | 이승원 편역

How To Start Living And Succeed In Life

창
Chang
Books

곧 시작하라, 그리고 생각하라, 그러면 부자가 될 수 있다.

자기 자신을 발견하고 자기 자신이 되라. 그리고 일에 흥미를 가져라. 그러면 모든 고민에서 해방되게 마련이니, 결국은 승진도 하고 월급도 오르게 된다.

나의 일을 사랑하라. 그런 마음으로 매일 힘차게 그리고 오롯이 일에 몰두하라.

글로벌 세계화 환경 속에서 자기 자신의 정체성을 잃지 않고, 자기의 적성과 특성에 맞는 일을 즐겨 할 수 있다면 행복할 것이다. 그러나 행복은 신이 내려 준다거나 남이 가져다주는 것이 아니다. 오로지 자신의 삶 속에서 자신이 찾아야 한다. 이것이 데일 카네기가 주장하는 인생론의 핵심이다.

그러기 위해서는 적극적인 마음가짐(PMA : Positive Mental Attitude)을 지니고 스스로에게 주어진 문제들을 하나씩 극복할 때마다 성공이라는 목적으로 한 발씩 다가갈 수 있다.

이 책의 내용은 데일 카네기의 베스트 셀러 중《카네기 성공론과 출세론》《사람을 움직여라》《길은 열린다》등 여러 편을 모아서, 인생에서 가장 모범이 되고 만족감을 얻었던 사례들만을 뽑아서 재편집한 것이다. 따라서 여러분들이 설정한 인생의 목표를 완성하는 데 더없이 올바른 방향을 제시하는 조언이 될 것이다.

책의 구성은 성공을 위한 마음 자세 / 부(富)를 얻으려면 / 평화와 행복을 얻는 방법 / 건강을 유지하는 방법 / 나는 어떻게 고민을 극복했는가? / 성공의 동반자 등등 총 6장에 걸쳐 50여 개의 항목으로 이루어져 있다. 각 항목마다 다른 사람의 성공 사례를 살펴보고 각자의 인생을 스스로 개척할 수 있도록 꾸몄다.

그러므로 여러분이 각 항목들을 얼마나 충실하게 실천하는지에 따라서 흥분의 도가니에 빠지거나, 또는 후회 없는 만족감으로 충만해질 수 있다. 아니면 정반대로 욕구불만이나 권태감, 피로감에 빠져들 수도 있다. 어느 편이든 순전히 독자 개인의 몫이다. 적극적인 마음가짐을 가지고 실천하느냐, 소극적인 마음가짐을 가지느냐에 따라서 달라질 것이다.

"만일 너희의 번민을 나에게 넘겨주면, 결코 번민은 없을 것이며, 나는 너희를 지켜 주리라."

사랑한다는 것은 상대방의 눈을 들여다보는 것에만 한정된 것이 아니라 상대방과 같은 방향을 바라보는 데 그 진정한 뜻이 있다.

편집자 씀

차례

차례

DALE CARNEGIE

1
성공을 위한
마음 자세

- 문제점을 발견하라

- 일을 완성하는 법을 터득하라

- 보는 방법을 배우자

- 사람을 움직이는 법을 배워라

- 자신에게 동기를 유발시키는 법

DALE CARNEGIE

1. 성공을 위한 마음 자세

> 곧 시작하라. 그리고 생각하라, 그러면 부자가 될 수 있다. 성공하기 위해
> 서는 마음으로부터 보는 눈을 터득해야 한다. 보이지 않는 힘으로 당신 자
> 신과 타인에게 동기를 유발시켜라. 적극적인 마음가짐으로 나는 할 수 있
> 다고 생각하라.

문제점을 발견하라

어떤 경우라도 새로운 문제가 생긴다는 것은 매우 좋은 일이다. 어려운
문제에 부딪혔을 경우 그것을 이겨내고 또 그 문제를 해결하는 과정을 반복
하는 동안에 어느덧 성공에 이르는 길은 더욱 빨라지기 때문이다.

문제에 봉착해서 해결하기 위해 노력하고, 그 문제에서 벗어나기 위해
싸워 이길 때마다 당신의 지혜, 경험, 도덕적 판단 능력이 모두 성장한다.
당신이 문제에 당면하여 적극적인 마음가짐(PMA : Positive Mental Attitude)으로
문제를 해결해 낼 때마다 성공의 목표를 향해 한 걸음 나가는 사람이 된다.

생각해 보건대 당신의 인생은 물론이고 역사상 모든 사람에게 성공이란

자신이 직면한 문제 덕분이 아니었던 사람은 아마도 없을 것이다. 세상을 살아가는 사람이라면 누구에게나 문제가 있다. 살아 움직이는 모든 것은 항상 변화하는 과정에 놓여 있기 때문이다. 변화는 예외가 없는 자연법칙이다. 여기서 중요한 점은 변화에 성공적으로 맞설 것인지 아니면 패배감으로 맞이할 것인지는 모두 당신의 마음가짐에 달려 있다.

사람은 자기의 생각을 지배할 수 있고, 감정을 조절하면서 변화에 대한 태도를 결정할 능력이 있다. 주변에서 일어나는 변화에 어떻게 대처해야 하는지를 판단할 수도 있다. 그렇기 때문에 당신은 자신의 운명을 스스로 결정할 수 있다. 자신에게 닥쳐오는 어려운 문제에 대해서 언제나 적극적인 마음가짐으로 대처할 수 있다면 어떤 어려운 문제라도 현명하게 해결할 수 있다.

적극적인 마음가짐(PMA)의 가장 중요한 요소는 행운의 신(神)이 가까이 있다고 믿는 것이다. 행운의 신이 가까이 있다고 믿으면, 그 신은 항상 우리 곁에서 좋은 이미지를 전달해 준다. 그리고 우리가 만나게 되는 여러 문제에 대해서 가장 적절하게 대처할 수 있는 지혜를 줄 것이다.

헤쳐 나가야 할 어려운 문제가 닥치면,

❶ 행운의 신에게 가르침을 구하라. 올바른 해결 방향을 발견하는 데 도움을 줄 것이다.

❷ 판단의 결정문을 열어놓고 다시 한 번 냉정하게 그 문제를 생각해 보라.

❸ 문제를 분석해서 분명하고 명료하게 말할 수 있도록 노력하라.

❹ 스스로에게 자신감을 부여해서 '그것은 정말 좋은 일이다!'라고 말하라.

❺ 다음에 나올 수 있는 그 밖의 가상의 특별한 질문을 자기 자신에게 해 보라.

과연 어떠한 점이 좋았는지? 또는 내가 어떻게 처리해야만 딱 그 문제를 해결할 정도가 될지 아니면 그 이상의 이익으로 바꿀 수가 있을지? 어떻게 하면 지금 내가 안고 있는 부채(負債)를 완전히 탈바꿈시켜 자산을 만들 수 있을지?

❻ 효과적인 해답을 얻을 수 있을 때까지 앞의 방법으로 계속 노력하라.

지금까지 당신에게 부닥친 여러 문제는 크게 두 가지로 나눌 수 있다. 하나는 개인적 문제, 즉 경제, 감정, 도덕, 정신적, 육체적인 것 등의 일반적인 문제다. 그리고 다른 하나는 사업상 또는 직업상의 문제일 것이다.

개인적 문제는 우리 모두가 경험하는 문제이다. 그래서 가장 힘든 문제에 직면했던 이야기를 사례로 들어보겠다. 사례에 나오는 사람이 최종적으로 승리에 도달했을 때까지, 적극적인 마음가짐(PMA)을 어떻게 이용해서 여러 가지 어려운 문제들을 해결했는지 살펴보자.

▌▌▌ 교도소에서 적극적인 마음가짐으로 일하다 ▌▌▌

찰리 워드는 어린 시절 집이 너무 가난해서 평범한 생활을 하지 못할 정도로 불우했다. 가까스로 초등학교에 들어가긴 했지만, 가난한 집안을 돕기 위해서 사르트 항구 주변을 돌아다니며 신문을 팔거나 구두를 닦는 등 일거리를 찾아다녀야만 되는 힘든 생활의 연속이었다.

나이가 들어서 어른이 되면 알래스카 항로의 화물선 선실 노동자가 되는 것이 당연한 순서였다. 그런데 그는 17세가 되어 고등학교를 졸업하자마자 무작정 가출해서 부랑자들과 어울리며 기차를 타고서 전국을 떠돌았다. 어울리는 친구들이란 대부분 성격이 거칠고 막장 인생을 사는 사람들이었다. 그의 주변에 있는 사람들은 도망자, 밀수업자, 도둑 등이 대부분이었다. 게다가 도박을 시작하면서 그의 생활은 더욱 비참해졌다.

자신의 지난날을 회고하는 그의 이야기를 들어보면, '나는 잘못이라는 나쁜 친구와 손을 잡았습니다. 그로 인해서 내 인생은 말할 수 없는 지경에까지 이른 것입니다.'라고 말하고 있다. 한때는 도박으로 큰돈을 벌기도 했지만, 그것은 금방 잃고 말았다. 급기야 마약 밀수한 혐의로 체포되어 유죄 판결을 받았다. 찰리 워드가 사건에 대해서 결백하다고 주장했지만 받아들여지지 않았다. 24살에 리푼위드 교도소에 수감되었다. 다른 친구들과는 달리 한 번도 교도소에 갇혀 본 적이 없었기 때문에 처음으로 교도소에 갇히면서 비참한 기분에서 벗어나지 못했다. 어떤 감옥이라도 자기를 가두어 둘 수는 없을 것이라 생각하면서 호시탐탐 교도소를 탈출할 기회만을 노리고 있었다.

그런데 어느 순간에 스스로 적극적인 마음가짐을 가지기 시작하면서 변화가 찾아오기 시작했다. 그때까지 마음에 품고 있었던 사회에 대한 저주와 불평, 불만을 없애버리고 교도소 안에서 가장 모범수가 되겠다고 마음먹었다. 그러자 그 순간부터 자신이 처한 환경이 가장 좋은 상태라는 생각이 들기 시작했다. 단순히 소극적인 마음가짐에서 적극적인 마음가짐으로 바꾸기만 했을 뿐인데, 그 순간부터 적극적인 사고가 찰리 워드 자신을 지배하기 시작한 것이었다.

그때부터 자신을 비참한 환경에 몰아넣었던 원인을 용서하려는 넓은 마음이 생겼다. 그러면서 죄 없는 자기를 체포했던 형사에 대한 미움은 물론이고 불평등한 현실 속에서 세상에 대해서 미움과 원망을 퍼붓던 일도 중지하였다. 지금까지 자기가 어떤 인품의 소유자였는지 스스로 기억하면서, 자기의 장래에 대해서 비관적인 생각을 갖지 않도록 노력했다. 그리고 어떻게 하면 교도소 생활을 유쾌하고 명랑한 시간으로 만들 수 있는지에 대해서 깊게 생각했다.

제일 먼저 앞에서 열거한 공식에 따라 계속해서 자신에게 질문을 던졌다. 그리고 성인이 된 이후에 처음으로 그 해답을 발견할 수 있었다. 그때부터 감방 안에서 성경을 읽기 시작했다. 성경을 몇 번이고 되풀이해서 읽었다. 그때부터 시작해서 그가 73세에 죽을 때까지 매일 영감과 신의 인도와 도움의 길을 찾기 위해 계속해서 성경을 되풀이해서 읽었다.

이렇게 태도를 바꾸자 행동도 따라서 바뀌었다. 변화된 그의 행동은 교도소 간수들의 눈에 들었고 호감도 사게 되었다. 그런데 어느 날 교도관으로부터 전기 공장에서 일하고 있는 모범수가 3개월 후에 출감한다는 이야기를 들었다. 그때까지 찰리 워드는 전기에 관해서는 전혀 아는 바가 없었다. 그는 교도소 도서관에 있는 전기에 관한 책을 모조리 읽기 시작했다. 그로부터 3개월 후에 찰리는 미리부터 완벽하게 준비해왔기 때문에 출감한 모범수가 맡았던 업무에 지원할 수 있었다. 평상시에 그의 행동이나 진지한 말투가 교도소장에게 호감을 주었기 때문에 그 일을 맡을 수 있게 되었다. 찰리 워드의 적극적인 마음가짐의 진지함과 성실성 때문에 이루어진 결과이다.

그때부터 더욱 적극적인 마음가짐을 갖고 일에 열중함으로써 15명의 부하를 거느리는 교도소 전기 공장의 감독관이 되었다. 그리고 우연한 기회에 새로운 동료를 사귈 기회가 생겼다. 미네소타주의 세인트폴에 있는 브라운 앤드 비디로사의 사장인 하버드 휴즈 비디로가 탈세혐의로 찰리가 있는 교도소에 수감되었다. 찰리는 비디로가 잘 적응할 수 있도록 여러 가지로 도와주었다. 비디로는 찰리의 우정과 협조를 아주 고맙게 생각하였다. 그는 찰리보다 먼저 출소하면서 이렇게 말했다.

"지금까지의 당신 우정에 대해 깊이 감사하고 있소. 당신이 출소하거든 꼭 세인트폴로 오시오. 나도 성의껏 당신을 맞아들일 테니까."

그리고 찰리가 5년의 형기를 마치고 출소하면서 그들은 세인트폴에서 다시 만났다. 비디로는 약속한 대로 찰리를 주급 25달러의 노동자로 일할 수 있도록 해 주었다. 이때도 적극적인 마음가짐(PMA)은 찰리에게 큰 도움을 주었다. 적극적인 마음가짐으로 일함으로써 1년 6개월 후에는 노무반장이 되었고, 다시 1년 후에는 감독관이 되었다. 그리고 마침내는 부사장 겸 총지배인의 지위에까지 오를 수가 있었다.

비디로가 사망하자 찰리 워드는 브라운 앤드 비디로사의 사장이 되어 1959년 여름 죽을 때까지 사장으로 일했다. 3백만 달러에도 미치지 못했던 연간 매출액은 그가 사장이 된 이후에 연간 5천만 달러로 상승하였다. 그렇게 업계에서 가장 손꼽히는 회사로 성장하였다.

찰리의 적극적인 마음가짐(PMA)은 어려운 처지에 처한 사람을 돕는 마음으로도 표출되었다. 무엇보다도 가장 보람된 일을 함으로써 마음의 안식과 삶의 행복도 더 커질 수 있다. 미국 대통령 루즈벨트는 찰리의 모범적인 생활방식을 인정하면서 그의 시민권을 복권시켜 주었다. 주변의 많은 사람들은 그의 인격을 최고로 평가하고 거울로 삼기도 하였다.

가장 칭찬할 만한 일은 교도소에서 출소한 사람을 50명도 넘게 고용해서 엄격하게 지도함으로써 정상적으로 사회에 복귀해서 생활할 수 있도록 도와준 일이다. 그러면서도 자기가 죄수였다는 것을 결코 잊지 않았다. 사람들은 그의 팔뚝에 새겨진 옛날 교도소에서 새긴 번호를 쉽게 볼 수 있었다. 찰리 워드의 인생에서 교도소는 삶의 큰 변화를 가져다준 사건이었다.

만일 그가 예전의 그 환경에서 벗어나지 못하였다면 그의 인생은 어떠했을까. 그는 인간의 가장 비참한 환경에서 그것을 극복하고 자기를 바꾸는 데 도전했다. 거기서 적극적인 마음가짐을 배움으로써 개인적인 어떤 난관도 헤쳐 나갈 수 있다고 생각했던 것이다. 그런 까닭으로 그는 제2의 밝고 희망찬 세상을 이룰 수가 있었고, 보다 훌륭하고 큰 인물이 될 수 있었다.

물론 세상의 모든 사람들이 찰리 워드의 경우와 같지는 않겠지만 소극적인 마음가짐에서 적극적인 마음가짐으로 바꾼 행위 이외에도 우리가 배울 점이 많다. "나는 잘못이라는 나쁜 친구와 손을 잡은 것입니다."라는 찰리의 회고를 기억할 것이다. 찰리의 말에서도 알 수 있듯이 나쁜 일은 전염성이 빠르기 때문에 항상 인간관계를 가장 조심스럽게 해야 한다. 나쁜 일이라고 느끼면서도 제어하지 못하면 걷잡을 수 없는 일에 휘말리기 때문이다.

그러나 당신이 직면한 문제가 모두 어려운 것만은 아니다. 때로는 사고방식을 바꾸기만 해도 해결 가능한 것도 있다. 성공하기 위해서는 생각에만 머무르지 않고 실천하기 좋은 한 가지 아이디어만 있어도 가능하기 때문이다. 다음의 사례에서도 볼 수 있듯이 성공에 필요한 것은 적절한 아이디어 한 가지만 있어도 충분하다는 것을 깨우칠 수 있다.

▎▎▎ 성공을 위한 아이디어를 항상 생각하라 ▎▎▎

1939년 미국의 시카고 북부 미시간은 빌딩들이 거의 모두 텅텅 비어 있었다. 그해의 미시간의 빌딩들은 사무실을 계약하러 들어오는 사람이 없어서 무척 걱정이었다. 경제 대공황으로 산업은 최악으로 불운한 해였으며, 그 여파로 시카고 부동산업계는 소극적인 마음가짐(NMA : Negative Mental Attitude) 상태에 빠져 있었다. '아무리 광고해 봐야 결과는 뻔한 일이야.', '사람들의 수중에 돈이 없으니까 매매가 안 돼.', '아무리 돈이 있더라도 경제 상황을 무시하고 투자할 수 없다.'는 의견이 많았다. 이런 암담한 상황 속에서도 적극적인 마음가짐으로 이 일을 극복한 사람이 있었다. 한 빌딩의 지배인이었던 그는 새로운 아이디어를 실행함으로써 위기를 극복했다.

노스웨스턴 생명보험회사가 채무를 갚지 못해서 설정한 저당권을 실행해서 미시간 도로변의 빌딩을 취득하였고, 이 사람을 빌딩을 경영하는 지배인으로 채용하였다. 그가 지배인으로 일하기 시작했을 때 빌딩 임대율은 10퍼센트 내외에 불과했다. 그런데 일하기 시작한 지 1년도 지나지 않아 빌딩 전체가 임대되었고, 빌딩을 임대하려는 사람이 너무 많아서 오히려 고민할 정도였다. 그의 비결이란 사무실이 비어 있는 사실을 불운이라 생각하지 않고 자신에게 부닥친 해결해야 할 문제라고 인식했다는 것이다. 다음은 그가 스스로 '어떻게 해서 고난을 극복했는가'를 설명한 것이다.

처음 그 일에 직면했을 때는 무척 난감한 기분이었다. 그리고 스스로에게 여러 가지 질문을 던져 보았다. 그때 얻은 결론은 신용 있는 임차인에게 사무실을 모두 임대해야 한다는 사실이었다. 지금 생각하면 그 일은 꿈과 같은 엄청난 이야기가 될 수도 있다고 생각했다. 그렇지만 나는 일하면서 얻을 것은 많아도 잃을 것은 없으리라는 자신감을 갖고 다음의 몇 가지 계획에 들어갔다.

첫째로 할 일은 내가 원하는 좋은 사람을 찾아내는 일이다. 둘째로는 사무실을 얻으려는 사람의 입장에 서서 생각해 보았다. 그렇다. 그들에게 시카고에서 가장 아름다운 사무실을 제공하면 좋아할 것이다. 세 번째로는 멋지게 꾸민 사무실을 지금 그들이 사용하고 있는 비용보다 저렴한 임대료로 제공하는 일이다. 마지막 네 번째는 임차인이 임대차 계약을 1년 연장하면 똑같은 임대료로 계약을 유지하는 것이었다.

그리고 이에 덧붙여서 빈 사무실에 새로 입주하는 손님을 위해서 무료로 실내장식을 다시 해주거나, 이름 있는 건축가와 실내 인테리어 전문가를 고용해서 각기 새로운 손님들마다 개인 취미에 맞도록 빌딩의 자기 공간을 꾸며 주는 것도 계획하였다. 이런 계획들을 세울 수 있었던 것은 다음과 같은 판단 때문이었다.

'만약에 현재와 같은 상태가 앞으로 2~3년간 지속된다면 우리는 사무실 임대료로 아무런 수입도 올릴 수 없을 것이다. 그래서 앞에서 설명한 계획처럼 임차인에게 충분한 것들을 제공하더라도 우리로서는 잃을 것이 아무것도 없다. 계획이 실행되면 연말까지 아무런 수입 없이 참아야 되겠지만, 그래도 아무 계획이 없던 때보다도 더 나빠질 것은 없다. 오히려 그것이 좋아질 계기가 될지도 모른다. 임차하는 사람이 먼 앞날을 내다보고 기대되는 수준의 임대료를 지불해 줄 수도 있기 때문이다.

그뿐만 아니라 계약 기간이 겨우 몇 개월밖에 남지 않은 현재 임차인들과 1년 정도의 계약기간으로 연장하는 것은 그리 어려운 일이 아니다. 더구나 같은 수준의 임대료로 계약연장을 하는 것이기 때문에 계약연장이 큰 걱정이 아니다. 만일 사무실을 임차한 사람이 계약기간 1년이 지나서 나가는 경우라도 같은 조건이기 때문에 다시 임대하기도 쉬워진다. 그리고 그 방을 정비하는 데는 그리 많은 돈을 들이지 않아도 될 것이다.'

이런 계획과 판단의 결과는 매우 놀랄 만한 것이었다. 새로 단장한 사무실은 전보다 훨씬 아름답게 보였기 때문에 임차하려는 사람들이 엄청나게 몰려들었다. 추가금을 내겠다고 제안하는 사람이 많았는데, 어떤 경우에는 사무실을 꾸미는 비용 2만2천 달러를 추가금으로 지불하겠다고 나서기도 했다.

처음에는 10%에 불과하던 사무실 임대율이 연말에는 100%에 달하게 되었고, 임대 기간이 끝나도 나가는 사람은 한 명도 없었다. 그들은 모두가 새롭게 단장된 깨끗한 사무실에 만족하였으며, 최초 1년의 계약 기한이 되었어도 임대료를 인상하지 않음으로써 그들에게 굳은 믿음을 주었음은 물론 안정적으로 운영도 할 수 있게 되었다.

이 놀라운 이야기를 몇 번이고 되풀이해서 생각해 주기를 바란다. 이 경우와는 반대로 어려운 문제에 직면해서 큰 어려움에 빠진 사람도 있었다. 그는 빌딩 내에 사무실이 10%밖에 들어있지 않은 호텔의 경영을 위임받았다. 닥친 문제에 너무 당황한 나머지 경영의 묘를 살리지 못함으로써 1년이 지나도록 빌딩 사무실은 그냥 비어 있는 상태였다.

이 두 가지 경우의 차이는 문제와 맞선 각 빌딩 경영인의 마음가짐에서 비롯된 것이다. 똑같은 문제에 직면했지만 한 사람은 '문제가 생겼다. 큰일 났다!'라고 말했고, 또 한 사람은 '문제가 생겼다. 그러나 그건 좋은 일이다.'라고 생각했다. 문제에 직면했을 때 좋은 측면으로 생각을 한 사람은 적극적인 마음가짐의 의미를 이해하고 있는 사람이며, 그런 마음가짐은 실패를 성공으로 바꿀 수도 있다.

누구에게나 한 번은 일어날 수 있는 문제와 곤란함을 최선의 길로 전환하려는 모범적인 해결방법은 상황을 새롭게 전환시키는 것이다. 그렇게 전환하는 것을 되풀이하는 가운데 오히려 문제를 이점으로 바꿀 수 있다.

지금까지 언급하고 있거나 앞으로 언급해 나갈 많은 이야기는 '문제가 생긴 것은 좋은 일이다.'라는 것을 제시하고 있다. 그리고 만일 당신이 역경에 대응하는 자세나 그것을 이익으로 전환하는 방법을 배운다면 그것은 매우 바람직하다. 어려운 문제에 직면하더라도 그것을 적극적인 사고와 적극적인 마음가짐(PMA)을 가지고 해결하려는 노력 그리고 실천을 전제로 한 좋은 아이디어는 실패를 성공으로 바꿀 수도 있다고 생각하라.

■■■ 우리에게 어려운 문제가 직면했을 때 그것을 이겨내는 법칙

☞ 모든 역경은 이에 상응하는 보다 커다란 이익의 가능성도 함께 지니고 있다는 것을 기억하라.

일을 완성하는 방법을 터득하라

앞에서는 문제에 직면하라는 내용을 설명했고, 이번 항목에서는 문제가 된 일을 완성하는 방법을 설명할 것이다. 만약 하고 싶지 않은 일을 할 수 없이 하고 있거나, 하고 싶은 일을 할 수가 없는 상황이라면 큰 도움을 받을 것이다. 지금부터 설명하려는 방법은 우리가 알고 있는 위대한 사람들이 사용하는 방법이다.

일을 완성하는 방법을 익혀서 내 삶의 일부분으로 만들려면 어떻게 해야할 것인가? 그것은 습관에 의해 가능하며, 습관이란 되풀이함으로써 형성된다. "행동의 씨앗을 뿌리면 습관의 열매가 열리고, 습관의 씨앗을 뿌리면 성격의 열매가 열리며, 성격의 씨앗을 뿌리면 운명의 열매가 열린다."

위대한 심리학자요, 철학자였던 윌리엄 제임스(William James)의 말이다. 사람이 만들어내는 모든 것이 습관이라는 말인데, 달리 말하면 사람의 습관은 스스로가 자유롭게 선택할 수 있다는 뜻이기도 하다. 만약에 몸에 익히고자 하는 어떤 습관이 있다면 '스스로 행동하는 사람(self starter)'이 되면 된다.

그렇다면 일을 완수하는 비결이란 도대체 무엇일까? 그리고 이 위대한 비결을 쓰도록 강요하는 셀프스타터란 무엇일까?

사람이 살아가는 동안 하려는 어떤 일이든지 그것이 좋은 일이 아니라면 '곧 시작하라!'고 말하지 않을 것이다. 반대로 그 행위가 좋은 일이고, '곧 시작하라!'고 말한다고 의식했다면 곧바로 행동으로 옮겨야 하는 일이다. 사소한 일이라도 '곧 시작하라!'는 것에 셀프스타터는 언제나 실천으로 답한다. 그렇게 함으로써 자극에 대해서 반사적으로 감응하는 습관을 빠르게 몸에 익혀서 비상시나 기회가 왔을 때 곧 행동하게 될 것이다.

만약 아무도 없는 집에 당신 혼자 있을 때 전화벨이 울렸다고 하자. 당신이 귀찮다는 생각이 들거나 또는 본래부터 우물쭈물하는 성격이라면 한참 동안 전화를 받지 않을 것이다. 그러나 '곧 시작하라!'는 셀프스타터가 당신의 잠재의식으로 떠오르면 당신은 곧 행동하게 된다. 그래서 전화를 받게 되는 것이다.

이런 방법으로 일을 완수하는 비결을 배운 사람으로 H. G. 웰즈란 사람이 있다. 그는 이 방법을 실행했기 때문에 많은 작품을 쓸 수 있었다. 그는 좋은 아이디어가 떠오르면 절대로 그것을 놓치는 일이 없었다. 아이디어가 의식 속에서 생생하게 살아 있을 때를 생각하면서 곧바로 메모를 해 놓았다.

이런 일은 한밤중에도 일어날 수가 있다. 웰즈는 아무리 깊은 한밤중이라도 일어나서 언제나 침대 곁에 놓여 있는 종이와 연필을 꺼내 메모하고 나서야 잠을 청했다. 잠시 생각났다 곧 사라지는 아이디어라도 그것이 머리에 떠올랐을 때 곧 적어 둠으로써 번득이는 영감(inspiration)을 남겨놓는다. 나중에 그 기억을 새롭게 하면 당시의 영감도 되살아나는 것이다. 웰즈의 이러한 습관은 자연스럽고 무리가 없이 행해지는 습관적 현상이다. 마치 행복한 시절을 생각하면 미소가 떠오르는 사람처럼 자연스러운 행동이었다.

사람들에게는 대부분 우물쭈물하는 습관이 있다. 그 습관으로 인해 일에 뒤지거나, 열차를 놓치는 일도 있으며 또는 좀 더 중요한 그들의 인생을 좋은 것으로 바꿀 수 있는 기회를 놓쳐버리기도 한다. 꼭 해야 할 때에 필요한 일을 차일피일 미뤘기 때문에 전쟁에서 실패한 사례를 역사에서 쉽게 찾아볼 수 있다. 〈PMA 성공의 과학 강좌〉를 새롭게 선택해서 출석하는 수강생 중에는 우물쭈물하는 습관을 버리고 싶다고 생각하는 사람도 있다. 그 경우에도 우리는 일을 완수하는 방법을 그들에게 가르쳐 준다. 그들에게 셀프스타터를 제공해 주는 것이다. 그리고 셀프스타터가 제2차 세계대전 때 전쟁 포로에게 어떤 의미가 있었는지를 알 수 있는 실화를 이야기해 줌으로써 그들을 자극하기도 한다.

▌▌▌ 전쟁포로에게 다가온 셀프스타터의 의미는? ▌▌▌

제2차 세계대전 중 일본군이 마닐라에 상륙했을 때, 케네스 E. 하먼은 해군 군속으로 필리핀에서 근무하고 있었다. 그는 일본군에 체포되어 2일 동안 호텔에 갇혀 있다가 포로수용소로 보내졌다. 수용소에 들어간 첫날에 같은 방에 있는 사람이 베개 밑에 책을 한 권 가지고 있는 것을 보았다. 케네스는 그 사람에게 책을 빌렸는데 《생각하라, 그러면 부자가 될 수 있다》는 책이었다.

케네스는 책을 읽으면서 세상에서 가장 위대한 인물을 만날 수 있었다. 그는 한쪽에는 PMA를 다른 한쪽에는 NMA라는 눈에 보이지 않는 마스코트를 지닌 사람이었다. 당시에 케네스는 극심한 절망감에 빠진 상태였다. 수용소에서 일어날 고통과 학대 그리고 죽음까지 생각하면서 공포에 떨고 있었다. 그런데 이 책을 읽으면서 그는 희망을 품을 수 있게 되었다.

그는 책을 자기가 가지고 싶은 욕망이 강하게 생겼다. 무서운 수용소 생활 동안 책을 자기 곁에 놓아두고 싶었다. 그러나 수용소 친구들과 책 이야기를 하면서 책 주인에게도 중요한 의미가 있는 책이라는 것을 알게 되었다. 케네스는 책 주인에게 이렇게 말했다. "이것을 베낄 수 있게 빌려 줄 수 없겠소!" "좋아요, 시작하시오." 주인의 대답이 떨어지자마자 일을 완성하는 방법 즉, '곧 시작하라'를 행동으로 옮겼다. 맹렬한 기세로 베껴 쓰기 시작했다. 한 페이지도 빠지지 않도록 한 장 한 장 정성을 들여서 베끼기 시작했다. 언제 다른 수용소로 이동하게 될지도 모른다는 생각에 불안한 마음으로 일에 몰두하였다.

그렇게 즉시 시작해서 작업을 해치운 것은 매우 잘한 일이었다. 마지막 페이지까지 다 마친 후에 한 시간도 지나지 않아서 악명 높은 세인트 토머스 포로수용소로 옮겼기 때문이다. 늦지 않게 일을 끝낼 수 있었던 것은 시기를 잘 맞추어 곧 일을 시작했기 때문이다.

그는 포로 생활 3년 1개월 동안 원고를 소중히 간직하고 있었다. 그리고 몇 번인가 되풀이해서 책을 읽었기 때문에 어느새 사고방식을 결정하는 생각의 양식이 되어 있었다. 때로는 격려하여 용기를 내게 해주고, 정신적, 육체적 건강을 갖게 해주었으며, 장래의 계획을 세우는 데도 도움을 주었다.

그가 수용된 세인트 토머스 수용소 포로들은 대부분 영양 부족과 공포 때문에 육체적, 정신적으로 불치의 병을 앓고 있었지만, 그의 경우는 예외였다. 케네스는 '나는 처음 거기에 들어갈 때보다 더욱 인생에 대한 새로운 준비가 되어 있었고 더욱 새롭고 또렷한 정신력을 가지고 세인트 토머스를 나왔다.'라고 말했다. 당시 그의 사고방식을 단적으로 알 수 있는 말을 들어보자.

"성공은 끊임없이 실행하지 않으면 안 된다. 그렇지 않으면 그것은 우리가 느끼지도 못하는 사이에 이미 우리로부터 멀어져 있다." 지금 이 순간부터라도 적극적으로 행동해야 한다. 일을 완성하는 방법은 사람의 마음가짐을 소극적에서 적극적으로 바꾸기만 해도 가능하다. 그러면 당신에게 우울했던 날들이 즐거운 날들로 바뀌게 될 것을 확신한다.

▎▎▎ 우울함을 즐거움으로 — 지금이 바로 그때다 ▎▎▎

코펜하겐 대학생이던 조지 줄라르는 어느 해 여름에 관광객을 안내하는 아르바이트를 한 적이 있었다. 많지 않은 보수에도 일을 열심히 잘했던 덕분으로 시카고에서 온 몇몇 관광객이 미국을 여행할 수 있는 기회를 제공하였다. 여행 일정에는 시카고로 가는 도중에 워싱턴에 들러서 관광하는 것도 포함되어 있었다.

워싱턴에 도착한 조지는 선불로 예약한 윌 아드 호텔에 묵었다. 그의 옷옷 주머니에는 시카고행 비행기 표가 들어있었고, 바지 뒷주머니에는 여권과 돈이 들어있는 지갑이 들어있었다. 그런데 즐거운 관광여행이 엉망이 될 정도로 큰 사건이 일어났다.

그 동안 까마득히 모르고 있다가 막 침대에 들어가려 할 때 지갑이 없어 졌다는 사실을 알았다. 조지는 너무 놀라서 한걸음에 아래층 프런트로 뛰어 내려갔다. '힘자라는 데까지 성의껏 찾아보겠습니다.'라는 지배인의 말을 듣긴 했지만, 다음 날 아침이 되어서도 지갑은 그에게 돌아오지 않았다. 조지의 주머니에는 겨우 2달러밖에 남아 있지 않았다. 여행에 나선 사람이, 그것도 낯선 외국에 외톨이로 왔는데 어찌하면 좋을 것인가?

시카고에 있는 친구에게 전보를 쳐서 이 위급한 사실을 알리면 어떨까? 덴마크 대사관에 가서 패스포트를 잃어버렸다고 말하고 도움을 청하면 안 될까? 차라리 경찰서에서 무슨 소식이 올 때까지 앉아 있을까? 이런저런 궁리를 하던 중에 그에게 갑자기 이런 생각이 떠올랐다.

"아니다. 이제까지의 생각은 내가 취할 성질의 것이 못 된다. 나는 워싱턴을 구경할 것이다. 내 일생에 이런 기회가 두 번 다시 올 것인가? 이 커다란 도시에서 내 인생의 귀중한 하루를 만끽할 것이다. 지금 내게는 오늘 밤 시카고까지 갈 수 있는 표가 있다. 그리고 그다음에 돈과 여권 문제를 해결할 시간도 충분히 있을 것이다. 그렇지만 지금 내가 워싱턴을 구경하지 않는다면 두 번 다시 관광할 기회는 없을 것이다. 우리나라에서는 몇 마일씩이나 걸어서 여행한 적도 있으니까 여기서도 그 방법을 이용하자."

이렇게 생각한 그는 더욱 마음을 다져 먹었다. "지갑을 잃어버리기 전의 어제와 똑같은 마음가짐으로 관광에 나서자. 나는 어제 행복했었다. 나는 지금도 행복해야 한다. 이렇게 워싱턴까지 와서 이 위대한 거리에서 휴일을 즐길 수 있는 특권을 가지고 있으니까. 이후로는 지갑을 잃어버린 불행을 끄집어내는 일로 시간을 낭비하는 그런 어리석은 짓은 하지 않을 것이다."

　그는 의기양양하게 호텔 문을 나섰다. 걸어서 백악관과 의사당을 둘러보았다. 박물관도 보았으며, 워싱턴 기념탑 꼭대기에도 올랐고, 엘링턴 묘지에도 들렀다. 비록 보고 싶어했던 장소에 다 가진 못했지만 구경한 곳은 아주 유심히 보았다. 그의 호주머니에 있던 2달러의 돈으로 땅콩과 캔디를 사서 배고픔을 조금이나마 달랬다.

　그가 시카고까지의 여행을 마치고 덴마크로 돌아왔을 때, 워싱턴을 거닐던 그 날의 일은 훌륭한 추억으로 남아 있다. 만일 그가 그 일을 불행이라 생각해서, 여행을 중단하고 우울하게 보냈다면 그날은 조지 줄라르에게는 영원히 헛되게 보낸 하루로 기억될 것이다. 그는 '지금이 그때이다.'라는 말의 진리를 알고 있었다. 그러므로 어제 무슨 일이 생겨서 어쨌다는 생각을 하기 전에 '바로 지금에 전념해야 한다는 것'을 알고 있었던 것이다.

　이 이야기를 마무리하며 덧붙여 말해 둘 것은 조지가 여러 의미 있는 여행을 마치고 돌아오는 동안 잃어버렸던 지갑과 패스포트도 그의 손에 돌아왔다.

▌▌▌ 지금의 수입보다 배로 늘릴 수 있는 방법을 깨달아라. ▌▌▌

　국제 판매 대표자 협회의 회장인 클레멘스 스톤은 7명의 회사 간부와 함께 아시아태평양 지역을 여행하였다. 그는 오스트레일리아 멜버른의 비즈니스맨 모임에서 연설을 하였다. 11월 중순의 어느 화요일이었고, 연설 제목은 '어떻게 동기를 유발시켜 행동할 것인가' 였다.

그리고 다음 목요일 밤에 에드윈 H. 이스트라는 사람으로부터 걸려온 전화를 받게 된다. 그는 금속 캐비닛을 파는 사람이었는데 전화를 하면서 무척 흥분해 있었다. "놀랄 만한 일이 있어났습니다. 그것을 당신에게 이야기한다면 아마 당신도 나처럼 열광하시리라고 생각합니다."

"말씀해 보십시오. 도대체 무슨 일이 일어났습니까?" "굉장한 일입니다. 당신이 화요일에 연설하면서 동기 유발에 관한 이야기를 하셨죠? 그리고 이야기 중에 사람을 분발시키는 책을 10가지 추천하셨습니다. 저는 그중에서 《생각하라, 그러면 부자가 될 수 있다》는 책을 사서 그날 밤부터 읽기 시작했습니다. 그날 밤늦게까지 그것을 읽었고 다음 날 아침에도 다시 읽고 종이에 다음과 같은 것을 적었습니다. '나의 뚜렷한 목표 : 올해는 작년 매상고의 두 배를 파는 일'이라고, 그러나 놀랍게도 그로부터 48시간 이내에 그것이 이루어졌다는 사실입니다."

"어떻게 그 일을 해내셨습니까? 어떻게 해서 수입을 두 배로 올렸습니까?" "동기 유발에 관해 이야기하면서 위스콘신주에 있던 당신의 부하 직원인 세일즈맨 알렌이 어떻게 해서 거리에 나가 물건을 팔았는지에 대해서 얘기하셨죠? 그때 당신은 알렌이 하루종일 일해도 얻는 것이 하나도 없었던 것이 마침내 행운을 가져오게 했다고 말씀하셨지요. 당신은 알렌이 사람을 분발시키는 불만을 폭발시켰기 때문에 성과를 얻을 수 있었다고 말했어요. 그는 '내일 다시 그 손님들을 찾아가서 다른 동료들이 1주일 걸리는 것보다 더 많은 보험을 팔아 보겠다.'는 결심을 했다고 말했습니다."

"그 알렌의 경우와 같은 일이 당신에게도 일어났습니까?" "네, 당신은 알렌이 어떻게 해서 똑같은 거리를 돌아다녔는가를 얘기하셨죠? 똑같은 사람들을 두 번 방문해서 66구좌나 되는 신규 상해보험을 팔았다고 말입니다. 그리고 나는 당신이 한 또 다른 이야기도 기억하고 있어요. '그것은 도저히 불가능한 일이라고 생각될지도 모르겠지만, 알렌은 거침없이 그 일을 해냈습니다.' 나는 그 말을 믿었습니다. 그리고 그 일이 나에게도 가능하다는 생각이 들었습니다." "그래서 그 방법을 당신의 사업에 이용하셨습니까?"

"나는 당신이 가르쳐 준 셀프스타터의 '곧 시작하라!'는 말을 생각했어요. 그래서 고객 카드가 있는 데로 가서 세일즈가 안 되었던 10명의 고객을 분석해 보았지요. 그리고 이전이라면 매우 귀찮다고 생각해서 실행하지 않았던 일들을 했습니다. 그리고 '곧 시작하라!'는 말을 여러 번 되풀이해 보았지요. 그리고 더욱 적극적인 마음가짐으로 그 10명의 고객을 찾아가서 그 중 8명에게 큰 세일즈를 했습니다. 세일즈맨이 파는 방식에도 PMA의 힘을 이용하면 놀라운 효과가 있다는 것은 매우 특이할만한 일이었습니다."

에드윈 H. 이스트가 동기 유발에 대한 이야기를 들었을 때, 그의 마음에는 이미 준비가 되어 있었던 것이다. 그는 자기에게도 적용할 수 있다는 말에 자신감을 얻어서 일을 찾기 시작했다. 그리고 찾고 있던 것을 발견한 것이다.

당신도 '곧 시작하라!'는 셀프스타터를 배우기를 원한다. 곧 실행에 옮길 결심을 함으로써 우리가 예기치 못했던 꿈까지 실현되는 일이 때때로 벌어지기도 한다.

▌▌▌ 사업과 취미생활을 병행하라 ▌▌▌

맨레 스위디는 사냥과 낚시를 매우 좋아했다. 사냥총을 들고 숲속을 헤매고 다녔다. 사냥감을 찾아 헤매느라 2, 3일 내내 숲속을 돌아다녀서 극도의 피로감과 긴장감을 느끼면서 진흙투성이가 되어 돌아오는 것을 꿈꾸었다. 그런데 꿈꾸는 것처럼 사냥을 즐길 수 없는 현실이었다. 가장 큰 이유는 보험 세일즈맨인 자기 직업에 너무 많은 시간을 뺏기는 것이었다.

어느 날의 일이었다. 낚시 갔던 호숫가를 떠나서 다시 시내로 돌아오는 중에 번뜩이는 아이디어가 떠올랐다. 어딘가 거친 들판이라도 보험을 필요로 하는 사람들이 살고 있다고 생각할 수는 없는 일인가? 만일 그런 경우가 있다면 나는 일하면서 동시에 취미 생활도 살릴 수 있지 않을까?

이런 생각을 한 스위디는 실제로 그런 그룹의 사람들과 만날 수 있었다. 알래스카 철도에서 일하고 있는 철도원들은 100마일이나 되는 선로 가에 흩어져서 살고 있었다. 그렇다면 이런 철도원 그리고 철로 근처에 사는 사냥꾼과 금광의 광부들에게 보험을 팔 수 있지 않을까? 아이디어가 떠오른 날 스위디는 적극적으로 계획에 돌입했다. 그는 여행 안내소와 의논한 후에 곧바로 짐을 꾸렸다.

그는 부지런히 일을 진행시킴으로써 혹시나 실패할지도 모른다는 공포를 지워버리려고 노력했다. 실패에 대해 고민하기도 전에 그는 그곳으로 떠났다. 그는 '맨발의 스위디'라는 별명을 얻을 정도로 철도 노선을 따라 몇 번이나 돌아다녔다. 그 결과 의도한 대로 그들을 보험에 가입시켰을 뿐만 아니라, 그들로부터 외부 세계에서 오는 대표적 손님으로 환영을 받기도 하였다. 그는 자신의 능력으로 할 수 있는 조그마한 일로써 그들에게 감사함을 표했다. 무료로 머리를 깎아 주기도 하고 요리 강습도 했다. 대부분이 독신 남성들로 베이컨과 깡통 속에 든 통조림만 먹고 살았기 때문에 그의 요리 솜씨는 크게 환영을 받았다.

동시에 개인적으로 하고 싶은 일도 멋지게 즐길 수 있었다. 평소에 동경하던 것처럼 언덕을 넘어 사냥하는 일이나 낚시를 하는 등 멋있다고 생각한 일들을 실천에 옮겼다. 당시에 생명보험업계에는 연간 100만 달러 이상의 보험을 판매한 사람에게 수여하는 특별한 명예가 '100만 달러 그룹'이다. 상상할 수 없을 정도로 높은 판매 실적을 올리던 스위디는 자랑스럽게도 '100만 달러 그룹'에 들어갈 수 있었다.

스위디는 자신이 꿈꾸던 생활을 위해서 알래스카 광야로 뛰어드는 행동을 과감하게 실행하였다. 그리고 누구도 관심을 갖지 않던 철도 노선을 돌아다니면서 100만 달러가 넘는 보험을 판매함으로써 1년 만에 '100만 달러 그룹'에 들어가게 되었다. 만약 아이디어가 떠올랐을 때, 일을 완수하는 법을 활용하기를 주저했다면 이렇게 놀라운 결과는 일어나지 않았을 것이다. 그러니 '곧 시작하라!'는 셀프스타터를 기억해 둘 일이다. 그것은 당신 인생에 어떤 면에서든지 영향을 줄 수 있다. 그리고 주저하고 망설일 때 자신을 갖게 도와줄 것이다. 또한 맨레 스위디의 경우처럼 당신이 하려는 일도 도와줄 수 있다. 한 번 놓쳐버리면 다시 얻기 어려운 기회를 잡는 데 도움이 되는 것이 바로 '곧 시작하라!'는 셀프스타터이다.

▌▌▌ 때때로 자신에게 편지를 써라 ▌▌▌

어떤 아이디어가 떠오르면 곧바로 책상 앞에 앉아서 자신에게 편지를 써라. 당신이 언제나 하고자 했던 일에 대해서 마치 그것이 완성된 것처럼 미래의 자신에게 알리면 좋다. 마치 전기 작가가 뛰어난 사람의 업적을 쓰는 것처럼 쓰면 된다. 단 거기서 끝나면 안 된다. 일을 완성하는 법을 활용하면서, '곧 시작하라!'는 셀프스타터에 대답하는 것이다.

이때 반드시 기억해두어야 할 것은 아이디어는 반드시 당신이 얻고 싶은 일이 아니어도 상관없다. 적극적인 마음가짐으로써 행동한다면 그것을 통해서도 원하는 것을 이룰 수 있다는 사실이다.

'곧 시작하라!'는 자기 자신에게 동기를 유발시키는 중요한 말이다. 《당신 자신에게 동기를 유발시키는 법을 터득하라》는 제목을 설정하고, 거기에 수록되는 내용의 원칙을 이해하고 적용하는 중요한 첫걸음이다.

■■■ 어떤 아이디어가 떠올랐을 때 그것을 이루는 법칙

☞ 곧 시작하라!

보는 방법을 배우자

조지 W. 칸벨은 태어날 때부터 시각장애였다. 조지를 진단한 의사는 선천적 백내장이라고 말했다. 조지의 아버지는 믿을 수 없어서 의사에게 물었다. "무슨 방법이 있을까요? 수술이라도 해서 고칠 수는 없을까요?" "그렇습니다. 지금으로서는 이 병을 고칠 방법이 전혀 없습니다. 불가능하다는 말입니다."

조지 칸벨은 비록 앞을 볼 수는 없었지만, 부모님의 사랑과 깊은 신앙 덕분으로 다양한 경험을 하면서 불편함도 느끼지 못하고 클 수 있었다. 아직 어린 나이에는 자기에게 무엇이 결여되어 있는지조차도 몰랐다. 조지가 9세가 되었을 때, 이해할 수 없는 이상한 경험을 하게 된다. 어느 날 오후에 다른 아이와 함께 놀고 있었다. 같이 놀던 다른 아이는 조지가 눈이 멀었다는 사실을 잊고 그에게 공을 던졌다. "비켜! 공에 맞는다!" 다행히 공에 맞지는 않았지만 조지는 난생 처음으로 느끼는 당황스러운 경험으로 혼란스러웠다. 그 일이 있은 지 얼마 후에 조지가 어머니에게 물었다. "빌은 왜 나한테 공에 맞는다고 소리쳤나요? 그리고 그런 일이 일어날 것인지 어떻게 알고 있었을까요?"

어머니는 한숨을 쉬었다. 그녀가 두려워하고 있던 때가 드디어 찾아온 것이다. 이제는 어쩔 수 없이 아들에게 '앞을 볼 수 없다.'는 사실을 알려주어야 할 때가 된 것이다. 어머니는 아들의 손을 잡으면서 부드러운 목소리로 다정하게 말했다.

"앉아 보아라. 조지야! 나도 설명을 잘하지 못하겠고, 너도 쉽게 알아듣지 못할 얘기란다. 그래서 이렇게 설명해 보면 좀 더 쉽게 알 수 있을지 모르겠구나. 하나, 둘, 세, 넷, 다섯 개의 손가락을 사람이 가지고 있는 오감(五感)이라고 해보자." 어머니는 아들의 조그만 손가락을 하나씩 세면서 상냥하게 말했다. 그리고 손가락을 하나씩 어루만지면서 설명을 이어나갔다.

"이 작은 첫째손가락은 듣기 위해서 있는 것(聽), 둘째 손가락은 만지기 위해서 있는 것(觸), 셋째 손가락은 냄새를 맡기 위해서 있는 것(嗅) 그리고 넷째 손가락은 맛을 보기 위해서 있는 것(味)이란다." 여기까지 설명하고 어머니는 잠깐 주저하다가 다시 말을 이었다.

"그리고 나머지 요 작은 손가락은 보기 위해서 있는 것(視)이란다. 이 다섯 개의 손가락처럼 각각의 오감(五感)은 머리에 있는 뇌신경에 신호를 보내도록 되어 있단다. 그런데 조지야, 너는 다른 애들과 다르단다. 마지막 새끼손가락이 접혀져서 손가락이 네 개밖에 없는 것처럼 너는 네 개의 감각밖에 쓸 수가 없단다. 듣는 것, 만지는 것, 냄새 맡는 것, 맛보는 것은 할 수가 있지만 보는 감각이 없단다."

어머니는 '보기 위해서 있는 새끼손가락'을 손바닥에 닿도록 접으면서 말했다. 이어서 조지에게 일어서게 한 후에 조지에게 공을 내밀고 잡아보라고 하였다. 조지가 손을 내밀자 딱딱한 공이 손가락에 닿는 것을 느낄 수 있었다.

"자, 손을 내밀어서 이걸 잡아보아라. 그래 잘하는구나. 조지야 지금 네가 한 것을 잊지 말아라, 다섯 개의 손가락 대신에 네 개의 손가락으로도 공을 붙잡을 수가 있는 것처럼 네 개의 감각만으로도 얼마든지 충실하고 행복한 생활을 할 수 있단다."

어머니는 조지가 앞을 볼 수 없는 큰 불행을 손가락에 비유해서 설명하였다. 이렇게 단조롭게 이야기하는 것으로도 사람의 생각을 충분하게 전달할 수 있다. 조지는 다섯 손가락 대신에 네 손가락으로 하는 상징적인 말을 평생 동안 잊은 적이 없었다. 그런 마음가짐은 그에게 희망의 상징을 의미했다. 자기의 약점 때문에 좌절할 때마다 언제나 자기에게 용기와 희망을 주는 도구로서 이 상징을 생각하고 떠올렸다. 조지에게 이 상징은 일종의 자기 암시가 되었다.

조지는 다섯 손가락 대신에 네 손가락으로 할 수 있다는 말을 몇 번이고 되풀이했을 뿐 아니라 필요하다고 느낄 때에는 언제든지 잠재의식을 넘어서 의식의 표면으로 떠올랐다. 그가 인생의 충실함을 느낄 수 있고, 자기가 가진 네 개의 감각만으로도 그것을 계속 지켜나갈 수 있었던 것은 어머니가 자신에게 들려준 말이 옳았다는 것을 알았기 때문이다.

그 후 고등학교에 다니던 조지가 병에 걸려 입원을 했다. 퇴원할 무렵에 아버지가 의료기관에 물어본 결과 선천성 백내장을 치료할 길이 생겼다는 소식을 들었다. 그러나 성공 가능성보다 실패할 가능성이 훨씬 높았다.

조지는 9개월 동안 까다로운 외과 수술을 양쪽 눈에 각각 2번씩 모두 4번을 받았다. 마지막 수술이 끝나고 며칠 동안은 두 눈에 붕대를 감고 병실에 누워 있었다. 드디어 붕대를 풀 날이 다가왔고, 의사는 주의 깊고 세심한 동작으로 조지의 머리 둘레와 두 눈을 감고 있던 붕대를 천천히 풀었다. 그 순간까지 조지 칸벨은 아직 시각장애인이었다.

모두가 무섭게 긴장한 순간이 흐르고, 의사가 다가와서 "어때, 보이니?"

라고 물었다. 바로 그 순간 조지의 두 눈으로 무언가가 비쳐왔다. 조지는 베개에서 머리를 조금 들어서 앞을 보았다. 희미한 빛과 색채가 있는 사물이 눈에 들어왔다.

순간 '조지!' 하고 부르는 소리가 들리고, 소리가 난 쪽으로 고개를 돌린 조지의 눈에 목소리의 주인공의 모습이 보였다. 바로 어머니였다. 조지 칸벨이 18년의 삶에서 처음으로 본 어머니의 모습이었다. 피로에 지친 눈과 주름진 얼굴의 62세의 늙은 얼굴 그리고 거칠어진 손이었지만 조지에게 어머니의 모습은 누구보다도 아름다웠다.

조지에게 어머니는 천사였다. 아들을 위해 온갖 고생을 참아온 인내의 세월, 아들을 위한 교육과 삶의 계획을 위해 보낸 세월, 아들의 눈이 되어 지낸 세월 그리고 어머니의 사랑과 감동 등 조지가 세상에서 처음으로 자신의 눈으로 본 어머니의 모습이었다. 조지는 마지막까지 처음 본 어머니의 인상을 마음에 간직하고 있었다. 그리고 그때 비로소 볼 수 있게 되면서 볼 수 있음에 감사하는 것도 배웠다. "그런 상황을 겪지 않고는 아무도 보는 것의 기적을 이해할 수 없습니다."

▌▌▌ 본다는 것은 매우 유익한 일이다 ▌▌▌

조지는 'PMA 연구'에 흥미가 있는 사람에게 절대적으로 도움이 되는 진실을 깨달았다. 병실에서 어머니가 자기 앞에 서 있었지만 알아보지 못했다. 그녀의 목소리를 들을 때까지 그녀가 누구인지, 어떤 존재인지조차 몰랐다. 그날의 기억을 조지는 평생 잊지 않았고, 이렇게 말한다. "우리가 눈으로 보는 것은 항상 마음의 판단입니다. 우리는 우리가 보는 것을 해석하기 위해서 마음을 훈련해야 합니다." 조지의 말은 과학적으로도 입증되었다. 사뮤엘 렌쇼 박사는 '보는 것의 심리과정'을 이렇게 설명한다.

"본다는 과정 대부분은 눈에 의해서만 되는 것은 아니다. 눈은 마치 손을 내밀어서 물체를 붙잡고 그것을 머릿속에 기억하는 그런 작용을 하는 것이다. 거기서 뇌는 그 물체를 기억하게 인도한다."

어떤 사람들은 자신의 주변에 있는 아름다운 것과 더러운 것을 올바로 보지 못하고 살아간다. 그들은 눈에 보이는 것에 대해서 뇌가 심리과정을 통해 보내 주는 정보를 파악하지 못하는 것이다. 그러므로 사람들이 어떤 일을 눈으로는 보고 있지만 실제로는 보지 못하는 경우가 드물지 않게 일어난다.

눈에 보이는 것이 실제로 어떤 의미가 있는지를 모르고, 그저 몸이 느끼는 인상만을 받아들이는 것이다. 즉, 기억 속에 담겨 있는 인상에 대한 PMA를 적용시키지 못하는 것이다.

과연 당신은 마음의 시력을 체크해 본 일이 있는가? 육체의 시력을 체크하고 잘못된 시력을 바로잡는 것은 전문의사의 일이다. 마음의 시력도 육체의 시력처럼 비뚤어지기 때문에 바로잡는 일이 필요하다. 마음의 시력이 비뚤어지면 생각의 안개 속에서 엉뚱한 곳을 헤매게 됨으로써 자신이나 다른 사람에게 상처를 입히게 된다.

육체적 시력의 비뚤어짐은 근시와 원시의 정반대 현상으로 나타난다. 마음의 시력도 똑같다. 정신적으로 근시인 사람은 가까운 주위의 대상에만 집착하고 미래의 가능성을 빠뜨리고 보지 못하는 경향이 있다. 그들은 바로 눈

앞에 있는 문제에만 신경 쓸 뿐이고 미래를 예측하거나 미래를 받아들일 기회를 전혀 알지도 못하는 어리석음을 범한다. 만일 당신이 미래의 계획이나 목표 또는 장래를 위한 기초를 닦지 않는다면 정신적 근시이다.

한편 정신적 원시인 사람은 바로 눈앞에 있는 가능성을 알아채지 못한다. 가까이 다가와 있는 기회를 보지 못하는 것이다. 이들은 현재와 멀리 동떨어져 있는 먼 미래의 세계만을 꿈꾸고 헤맨다. 한 걸음씩 위로 올라가려고 하지 않고 한꺼번에 정상으로 뛰어 올라가려는 것이다. 결국에는 위로 오르지도 못하고 발밑에 자신이 빠질 구덩이만 파는 결과를 얻게 될 수도 있다.

▌▌▌ 보는 것을 인정하라 ▌▌▌

보는 방법을 배우는 과정에서 주위를 보는 눈과 먼 곳을 보는 눈, 양쪽을 다 몸에 지녀야 한다는 것을 알았을 것이다. 그런데 주위의 것들을 제대로 보는 방법을 터득하면 큰 이득을 얻을 수 있다.

미국 몬테나주 다비(Darby)에 사는 사람들은 오랜 세월 동안 크리스털 산이라 부르던 산을 바라보며 살아왔다. 침식 작용에 의해서 소금바위처럼 보이는 크리스털 광맥이 정상 부근에서 반짝이고 있었기 때문에 크리스털(유리) 산이라는 이름이 붙여진 산이었다.

1937년에는 광맥을 관통하는 도로가 뚫렸다. 그렇지만 아무도 길옆에 반짝이는 조각을 관심있게 보지 않았다. 도로가 난 지 14년이 지난 1951년

이 되어서야 다비 주민인 칸네와 톰슨이 비로소 반짝이는 광물에 대해서 깊은 관심을 가지게 된다.

칸네와 톰슨은 다비 시내에서 열린 광물박람회를 관람하였다. 진열된 광물 속에 녹주석(규산알루미늄 베릴륨) 표본이 있었다. 전시된 녹주석 설명 자료에는 베릴륨(Be; Beryllium)이 원자력 연구에 필수적으로 쓰이는 귀한 광물이라고 되어 있었다.

칸네와 톰슨은 몹시 흥분했고, 즉시 크리스털 산의 채굴권을 확보하였다. 톰슨은 광석 견본을 광산국에 보내어 검사를 의뢰하는 동시에 거대한 규모의 광맥을 검사하기 위한 검사관을 파견해 달라고 요청했다.

그해 연말 무렵에는 광산국이 산 위로 불도저를 끌어 올려서 다량의 광석을 채취해서 검사한 후에 세계 최대의 베릴륨 광산이라고 발표하였다. 그때부터 대형 트럭이 산으로 오르내리면서 채취한 광석을 실어 날랐다. 산 밑 광석을 최대 광산인가를 검사하기 위해서 노두(露頭)의 속까지를 파내기 시작했다. 그 결과 결국 대형 트럭이 그 산에 올라가 매우 무거운 광석을 아래까지 운반해 내리는가 하면, 산 밑에서는 US 스틸사는 물론이고 미국 정부 대표자도 귀중한 광석을 사려고 돈을 들고 기다리는 상황이었고, 칸네와 톰슨은 막대한 부를 얻게 되었다.

이런 놀라운 결과를 가져오게 된 계기는 두 젊은이들이 눈으로 보는 것으로 끝나지 않고 마음으로 보는 수고를 기울였기 때문이다. 그리고 결과는 그들이 억만장자가 된 것이다.

창의적인 눈으로 보라

심리적 원시였다면 칸네와 톰슨처럼 일을 추진하지는 못했을 것이다. 심리적 원시는 발밑에 있는 이익은 보지 못하고 그저 어둡고 먼 곳에 있어서 보이지도 않는 가치만을 보려고 했을 것이기 때문이다.

지금부터라도 당신의 주변에 행운이 뒹굴고 있지 않은지 잘 살펴볼 일이다. 집안일을 하면서 왔다 갔다 할 때도 무엇인가 크고 작은 불편함과 부딪치는 일이 있을 것이다. 그리고 그런 불편의 원인이 무엇인지 찾아서 불편을 극복하는 방법을 발견할 수도 있다. 그 방법이란 단순히 당신에게만 도움이 되는 방법이 아니고 다른 모든 사람들에게도 크게 도움이 되는 방법일 수도 있다.

이렇게 집안에서 생기는 불편을 해결함으로써 큰돈을 번 사람들도 많다. 머리핀을 발명한 사람이 그랬고, 종이를 집는 클립을 연구한 사람도 그랬다. 지퍼를 발명한 사람도 역시 그러했다. 그러므로 당신의 주위를 잘 살펴보아 두는 습관을 배울 일이다. 어쩌면 당신은 집 뒤뜰에서 다이아몬드 광맥을 발견할지도 모른다.

정신적 근시도 정신적 원시의 경우와 마찬가지로 문제가 있다. 이들은 바로 눈앞에 보이는 것만을 볼 뿐이지 조금 먼 곳에 있을 가능성은 전혀 알아보지 못한다. 계획의 힘을 이해하지 못하는 사람들이다. 그리고 생각하는 시간이 얼마나 큰 가치가 있는지 이해하지 못하는 사람들이다.

그들은 자기에게 직접 부딪치는 문제에만 지나치게 집착한다. 그렇기 때문에 미래의 보다 큰 기회를 그리고 실현하려는 노력을 기울일 마음의 여유조차 없다. 미래를 볼 수 있다는 것은 인간 두뇌가 지닌 가장 위대한 기능 중에 하나다.

감귤지대로 유명한 플로리다 중심부에 윈터 헤븐이라는 조그만 마을이 있었다. 외딴곳에 자리한 농촌 마을이라서 도시의 관광객을 끌어들일 만한 매력은 없는 곳이었다. 고립된 장소였고, 해변도 없을 뿐만 아니라 높은 산도 없었다. 있는 것이라고는 골짜기와 조그만 호수, 연이어 있는 작은 언덕들 그리고 측백나무가 무성한 늪지대가 있을 뿐이었다.

어느 날 리처드 포프라는 사람이 마을에 들어 왔다. 포프는 농기구를 팔기 위해서 우연히 마을을 들렀다가 울창한 측백나무를 보게 되었다. 포프의 눈에는 울창한 측백나무는 대단한 장관이었다. 그는 전 재산을 들여 늪지대 일부를 사서 둘레에 울타리를 쳤다. 숲속으로 산책길을 만들고 쉼터를 만드는 등의 단장을 하였다. 후에 세계적으로 유명해지는 '측백나무 정원'을 꾸민 것이다. '측백나무 정원'이 유명해지면서 포프의 늪지대는 수백만 달러가 넘게 가치가 높아졌다. 물론 그렇게 되기까지 과정이 간단치는 않았지만, 그런 결과는 포프가 미래의 가치를 알아볼 수 있는 눈을 가지고 있었기에 가능했다.

포프는 외딴 측백나무 늪지대까지 많은 관광객을 끌어들이기 위해서는 적극적으로 광고를 해야 한다는 것을 알고 있었다. 그러나 광고는 지나치게 많은 돈이 들었기 때문에 불가능한 방법이었다. 그래서 포프가 생각해낸 방법은 새로운 홍보 방법이었다.

먼저 '측백나무 정원'에 사진관을 열고 관광객들에게 필름을 팔았다. 그리고 필름을 사러 온 관광객에게 어떻게 하면 '측백나무 정원'을 배경으로 멋진 사진을 찍을 수 있는지를 가르쳐 주었다. 숙련된 수상 스키어도 고용해서 여러 가지 연기를 하도록 시키고, 그들을 배경으로 관광객이 멋진 사진을 찍을 수 있도록 해주었다.

많은 관광객들이 집으로 돌아가서 보면 제일 멋진 사진은 당연히 '측백나무 정원'에서 찍은 사진이었다. 사진에서 소문으로 이어지면서 관광객들은 포프를 위한 훌륭한 광고 요원이 되었고, '측백나무 정원'에는 엄청난 관광객이 몰려들었다.

'창의적으로 본다'는 것이 얼마나 큰 결과로 이어지는지를 보여주는 대표적인 사례이다. 그래서 언제나 새로운 눈으로 세계를 보는 방법을 배워야 한다. 우리 주위에 놓여 있는 기회를 볼 뿐만 아니라 동시에 기회를 포착해서 미래를 보는 눈도 길러야 한다.

보는 것은 배워서 익힐 수 있는 기술이다. 그러나 모든 기술이 그러하듯이 반복해서 연습함으로써 몸이 익숙하게 익혀둘 필요가 있다.

▎▎▎ 마음으로 보는 눈을 가져라 ▎▎▎

어떤 문제에 직면했을 때, 그 문제에 대해서 스스로에게 또는 다른 사람에게 질문을 해보면 큰 이익으로 연결될 수가 있다. 그렇게 함으로써 세계적으로 위대한 과학적 발견을 이룬 사례가 있다.

어떤 영국인이 휴가를 즐기러 할머니의 농장에 아주 편히 쉬고 있었다.

그런데 눈앞에서 사과 하나가 땅에 떨어지는 것이 보였다. 그는 스스로에게 이렇게 묻고 또 답을 해보았다. "왜 사과나무의 사과가 땅에 떨어지는 것일까?" "땅이 사과를 끌어당기는 것일까? 사과가 대지를 끌어당기는 것일까? 아니면 양자 서로가 끌어당기는 것일까? 거기에 있는 보편적인 원리는 무엇일까?" 고등수학을 공부는 학생이었던 그는 여러 가지로 생각한 끝에 드디어 구하던 답을 발견하였다. 그리고 하나의 원리로 정리하였다. "대지와 사과는 서로 끌어당기고 있다. 그리고 이런 '물체 간의 인력 법칙'은 온 우주에 적용되는 것이다."

뉴턴이 '만유인력의 법칙'을 발견한 뒷이야기이다. 이것은 날카로운 관찰력과 깊고 다양한 생각을 통해서 얻은 답이다. '생각한다는 것은 마음으로 보는 일'이다. 그는 관찰력을 발휘해서 알아챈 것에 대해서 행동하고 생각했다. 뉴턴은 자기 자신에게 질문했지만, 누군가는 전문가에게 물어서 답을 얻기도 했다. 그래서 행복과 엄청난 재산을 발견한 사람도 있다.

▚▚ 전문가의 조언을 받아들여라 ▚▚

일본의 토리우에 살던 미키모토 고기치는 어려서부터 국숫집을 운영하던 아버지의 일을 도우면서 자랐다. 그런데 부친이 병에 걸려 일을 할 수가 없게 되었다. 그때 미키모토의 나이는 겨우 11살이었다. 어린 미키모토는 9명의 동생과 양친을 부양하는 책임을 감당해야 했다. 국수를 만들어야 하고 또 팔아야 했다. 그가 상인으로서 성공할 재능은 이 무렵부터 싹튼 것이다.

어린 시절에 미키모토는 어떤 무사로부터 가르침을 받았다. 그때 무사로부터 이런 가르침을 배웠다. "신앙의 진정한 의미는 동포에 대한 친절과 사랑을 실행하는 데 있는 것이지 그저 기계적으로 되풀이하는 맹목적인 기도에 있는 것이 아니다."

무사의 가르침은 근본적으로 PMA의 철학이 담겨 있었고, 미키모토는 생활하면서 이 가르침을 적극적으로 실천하였다. 언제라도 아이디어가 떠오르면 곧 실천으로 옮기는 습성이 몸에 밴 것이다. 20세가 되었을 때, 어떤 무사의 딸과 사랑에 빠지게 된다. 무사인 아버지가 국숫집 아들과 결혼하는 것을 좋아하지 않을 것이라 판단한 미키모토는 직업을 바꾸어 진주를 파는 보석상이 되었다.

새로운 환경에 들어선 미키모토는 자기에게 도움이 될 특별한 지식을 찾으려고 끊임없는 노력을 기울였다. 새로운 환경에서 성장하기 위해서 특별한 지식을 찾는 일은 세계적으로 성공한 사람들이 실행했던 방법이다. 현대의 성공한 경영인들이 모두 그러하듯이 미키모토도 대학에도 연구를 의뢰하였다. 그런데 어느 대학교수가 그에게 자연법칙 하나를 가르쳐 주었다. 아직 실험으로 증명되지 않는 학설이었다.

가령 진주는 모래알 같은 이물질이 굴조개 속에 들어갔을 때 그 속에서 형성되는 것이다. 이물질이 들어간 굴조개가 죽지 않는다면, 굴조개는 스스로 분비물을 내어 이물질을 감싸서 진주의 씨앗이 만들어지는 것이다. 교수의 설명을 들은 미키모토는 가슴이 뛰었다. 그는 스스로에게 질문을 던지고 그것을 실행하기 위해 의욕적으로 행동하기 시작했다. "굴조개 속에 이물질을 인공적으로 심을 수 있다면 진주를 양식할 수도 있지 않을까?"

그는 이 질문에 대한 답을 얻기 위해 자신이 항상 몸에 익히고 있던 적극적 행동의 습관으로 곧 실행하였다. 미키모토는 대학교수의 말에서 새로운 가능성을 알아차릴 수 있었다. 그리고 다음에는 자신의 상상력을 총동원하여 새로운 세계를 펼쳐나갔다. 그는 언제나 적극적인 사고방식을 활용하였다. 만일 이물질이 굴조개에 들어박혔을 때만 진주가 만들어지는 것이 자연법칙이라면 인공적으로 진주를 만들어 낼 수도 있을 것이라고 판단하였다. 인공적으로 굴조개 속에 이물질을 심어서 진주의 씨앗을 만들고, 그것을 키움으로써 진주를 만들 수 있다는 판단이었다. 그는 자연법칙에 근거한 가설을 세우고 그것에 대해 관찰하고 실행하는 연역적 방법을 통해서 성공에까지 이를 수 있었다.

미키모토의 인생 연구를 보면 성공의 17가지 원칙을 전부 활용하고 있었음을 볼 수 있다. 지식이 있다고 모두가 성공하는 것은 아니다. 다만 지식을 응용하고 실천해서 이용 가능하도록 함으로써 비로소 성공에 이를 수 있다. 그러므로 모름지기 행동한다는 것은 이처럼 매우 중요한 일이다. 모름지기 행동해야 한다!

보는 능력이란 눈의 망막을 통하여 빛을 붙잡는다는 것이다. 우리는 많은 사람들이 감각으로 보는 능력을 활용함으로써 성공한 사례를 볼 수 있다. 그것은 눈으로 본 것을 해석하고, 그 해석을 자신의 인생과 타인의 생활에 적용하는 기술이다. 보는 것을 터득함으로써 지금까지는 존재하지 않았고, 사람들이 꿈에도 생각지 않았던 그런 기회를 포착할 수 있다. 그리고 성공에까지 이르기 위해서는 마음으로 터득하는 것 이상으로 적극적인 마음가짐 즉, 곧 행동하는 것이 중요하다.

따라서 보는 것 그리고 배운 것은 물론이고 실행하는 것도 익혀야 한다.

행동이 중요한 것은 행동함으로써 당신이 계획한 일을 완수할 수가 있기 때문이다. 그러기 위해서는 조금도 기다릴 필요가 없다. 다만 자신에게 행해진 일을 완수하는 법을 잘 파악하고 있으면 된다.

■■■ 그러므로 언제나 사물을 주시하고 보는 눈을 기르는 법칙

☞ 성공하기 위해서는 마음으로 보는 눈을 길러야 한다.

사람을 움직이는 법을 배워라

사람을 행동하도록 만드는 효과적인 방법을 아는 것은 매우 중요하다. 사람은 살아있는 동안 다른 사람들을 움직이고 또 그들은 당신을 움직이는 상호 이중적 역할을 계속해서 연출하게 된다. 선생과 학생, 부모와 자식, 세일즈맨과 손님, 고용인과 직원 등등 어떠한 경우라도 상호 서로를 움직이게 하는 역할을 해야 한다. 다음 이야기에서 어린아이가 어른인 아버지를 움직이는 방법을 깨닫는 것을 알 수 있다.

어느 크리스마스 날 세 살 된 어린애가 맛있는 음식을 잔뜩 먹고 난 뒤에 아버지와 함께 거리를 걷고 있었다. 그들이 100여 미터쯤 걸어갔을 때 어린애는 발길을 멈추고 미소 지은 얼굴로 올려다보고 머뭇거리며 아버지를 불렀다. "아빠……." "왜 그래?" 아버지가 되물었고, 아이는 잠시 주저하다가

이렇게 말했다. "아빠, 아빠가 내 다리라면, 내 다리가 얼마나 아픈지 알겠지……." 아이가 이렇게 말하는데 어느 아버지가 모른 체할 수가 있겠는가? 철없는 어린아이지만 이렇게 아버지가 행동하도록 동기를 제공할 수 있다.

물론 반대로 아버지가 아이의 마음을 움직일 수도 있다. 아이를 신뢰해 주는 것은 아이에게 자기에 대한 자신감을 심어 주는 것이다. 어린아이들은 자기가 잘 할 수 있다고 확고한 신념을 가지면, 실제로는 자신이 생각하고 있는 그 이상으로 잘 하는 법이다. 아이들은 실패로 인한 손해로부터 자기를 지키려고 감정의 에너지를 낭비하지 않는다. 오직 성공의 대가로 얻어지는 보수를 손에 넣기 위해 모든 에너지를 쓴다. 실패를 방어하기 위해 힘들이지 않기 때문에 긴장할 필요가 없다. 방어를 위해 올릴 필요가 없는 팔은 자연스럽게 내려지고, 게다가 신뢰가 능력보다 더 높은 성과를 내도록 효과를 미친다. 그러므로 자기 내면에 있는 최선의 것을 끄집어낼 수 있게 되는 것이다.

사람들에게도 그들을 신뢰함으로써 사람들을 움직일 수 있다. 신뢰란 정확히 말한다면 적극적인 행위이지 소극적인 행위가 아니다. 소극적인 신뢰란 그저 멍하니 바라보는 것과 같다. 멍하게 바라보는 것은 관찰하는 것이 아닌 것과 마찬가지로 힘이 될 수 없는 행위에 불과하다. 사람을 움직이려면 그들을 신뢰하고 있다는 것을 전하도록 적극적으로 노력해야 한다.

"나는 당신이 이 일에 성공할 것을 알고 있습니다. 그래서 나는 이렇게 말할 수 있습니다. '우리가 여기서 당신을 지켜보고 있다.'고 말입니다." 이렇게 적극적으로 신뢰하고 있다는 것을 전달해야 한다. 당신이 다른 사람에게 이런 신뢰를 갖고 있음을 보여주면 그 사람은 반드시 성공할 것이다.

신뢰란 반드시 말로만이 아니고 편지로도 표현할 수 있다. 실제로 편지는 사람의 생각을 잘 설명해서 다른 사람의 마음을 움직이게 하는 뛰어난 도구이다. 편지를 쓰는 사람은 누구나 암시에 의해 편지를 받는 사람의 잠재의식에 작용을 미칠 수가 있다. 물론 이 암시의 힘이란 몇 가지 요소에 의해 강약이 달라진다.

만약 당신의 아들이나 딸이 먼 곳에서 유학하고 있다면, 당신은 다른 방법으로 불가능한 일도 편지나 전화로서 이룰 수가 있다. 이 방법을 이용하면 자녀의 성격을 형성해 주고, 대화로는 할 수 없었던 일에 대해서 서로 얘기하고, 지금 마음속에 생각하고 있는 진심을 고백할 수도 있다. 대부분의 청소년들은 대화로 하는 충고는 잘 받아들이려고 하지 않는다. 당시의 환경이나 감정이 충고를 받아들이는 것을 막는 원인이 되기도 한다. 그러나 이런 청소년들도 진심을 담아 작성한 진지한 편지에 담긴 충고는 받아들여서 소중히 간직하는 경우가 많다.

집을 떠나서 멀리 있는 자녀들에게 보내는 편지는 어떤 내용이라도 좋다. 비록 충고가 담긴 내용이라도 진심으로 쓰여 있으면 자녀들은 편지를 되풀이해서 읽고 연구하고 수용할 것이다.

또 세일즈 매니저의 경우에도 부하 직원인 세일즈맨에게 적절한 편지를 씀으로써 이제까지의 기록을 훨씬 뛰어넘는 매출을 달성하도록 마음을 움직일 수 있다. 마찬가지로 세일즈맨이 자기 매니저에게 편지를 쓴다면 자신이 처해 있는 입장을 유리하게 써서 보여 줄 수가 있을 것이다. 능숙한 세일즈 매니저라면 세일즈맨의 마음을 움직이는 가장 효과적인 방법의 하나가 함께 일하면서 실례를 보여주는 것임을 잘 알고 있다.

이제부터 이야기할 클레멘트 스톤의 사례는 아이오와주의 쇼크스에 살고 있는 세일즈맨을 훈련시킨 일화로 유명하다. 이제부터 그가 세일즈맨을 어떻게 훈련시켰는지 알아봄으로써 다른 사람의 마음을 움직이는 방법을 살펴보도록 하자.

나는 쇼크스에 근무하는 우리 회사 세일즈맨이 어떤 사정에 처해있는지에 대해서 들었다. 그는 쇼크스 시내에서 꼬박 이틀 동안 열심히 일했지만 보험을 한 건도 계약하지 못했다고 했다. "쇼크스에서 보험을 판다는 것은 절대로 안 된다고 말할 수는 없더라도 정말 이루기 어려운 일입니다. 여기 사는 사람들은 네덜란드계 이민들로 대단히 배타적입니다. 자신들과 같은 민족이 아니면 아무것도 사려고 하지 않습니다. 게다가 이 지역에는 5년 동안 계속 흉년이 들었습니다. 여기서 보험을 판다는 것은 불가능한 일입니다." "그렇다면 내일 자네가 이틀 동안 하나도 팔지 못했던 그 시내에 다시 한번 가서 나와 함께 보험을 판매해 보지 않겠는가?"

내가 이렇게 제안했고, 다음 날 아침 자동차를 타고 쇼크스 시내로 향했다. 나는 거기서 적극적 사고인 PMA를 몸에 체득한 상태에서 판매하는 우리 회사의 판매 방식을 보여줄 생각이었다. 그리고 그런 적극적 사고를 활용하는 세일즈맨이라면 어떠한 장애가 있어도 판매에 성공할 수 있다는 것을 보여주려고 했다.

세일즈맨이 차를 운전하는 동안, 나는 눈을 감고 명상하며 정신을 가다듬었다. '나는 왜 그들에게 팔 수 없는가?' 라는 사실보다, '어떻게 하면 팔 수 있는가?'에 대해 계속 생각했다.

나는 적극적 사고를 통해서 팔 수 있는 방법을 생각했다. 세일즈맨은 주민의 대부분이 네덜란드계 이주민으로 배타적이기 때문에 팔 수 없다고 말했다. 그러나 그것은 얼마나 좋은 일인가. 만일 그들 중에 한 사람, 특히 리더 역할을 하는 사람에게 판매할 수 있다면 동료 전부에게 팔 수 있다는 것과 마찬가지이다. 그러니까 내가 할 일은 영향력 있는 사람에게 최초로 한 건의 보험을 계약하는 일이었다. 설사 시간이 걸리더라도 나는 그것을 해내리라고 마음먹었다.

그 지역은 5년간이나 계속 흉작이라고 했다. 그러나 이보다 더 멋진 상황이 어디 있을까? 흉작이라는 재앙에 대비하기 위해서는 상해보험이 반드시 필요하다. 또 네덜란드계 이주민들은 돈을 모으는 것을 좋아할 뿐만 아니라 책임감도 강해서 가정과 재산을 지키는 데 열심이다. 다른 보험회사의 세일즈맨도 아직 거기까지는 생각하지 못했을 것이다. 따라서 그들은 대부분이 상해보험에 들지 않았을 것이다. 다른 회사의 세일즈맨도 마찬가지로 소극적 마음가짐으로 주민들에게 영업했을 것이기 때문이다. 게다가 우리 회사의 보험 상품은 적은 보험료로 충분한 보장을 받을 수 있게 설계되어 있다. 그러니까 아무 경쟁 상대가 없다고 해도 좋다는 자신감도 있었다.

나는 그때부터 오직 정신 수양에 전념했다. 경건하고 진지한 마음가짐으로 기대와 감정을 갖고 '신이여, 제가 파는 것을 도와주십시오! 신이여, 제가 파는 것을 도와주십시오!' 하고 되풀이하였다. 몇 번이나 기도를 되풀이하고 난 뒤에야 비로소 잠깐 눈을 붙일 수 있었다.

쇼크스 시내 중심가에 도착해서는 가장 먼저 은행을 찾아갔다. 은행에는 부사장과 출납계와 예금 담당자가 있었다. 20분 동안 설명한 결과 부사장이 우리 화사에서 팔려고 노력하는 상해보험에 가입했다. 그러자 출납계 담당자도 같은 보험에 들었다. 그러나 예금 담당자는 아무리 설득해도 보험에 가입하지 않았다.

은행 직원을 시작으로 우리는 가게에서 가게로, 사무실에서 사무실로 차례차례 방문하며 보험을 팔기 시작했다. 우리는 어디를 가거나 모든 사람을 만나 열성적으로 홍보했다. 그러자 놀라운 일이 일어났다. 그날 우리가 방문한 곳의 모든 사람들은 우리가 가장 팔고 싶다고 생각하던 보험에 예외 없이 전부 가입하였다.

일을 마치고 돌아오는 도중에 나는 우리를 도와주신 신께 감사드렸다. 그러면 나는 다른 사람이 실패한 그 고장에서 어떻게 판매에 성공했을까? 사실 나는 다른 사람이 실패했던 바로 그 이유로 성공을 거둔 것이다.

주민들이 네덜란드계 이주민으로 배타적이니까 팔 수 없다고 말했다. 그것은 소극적인 마음가짐이다. 나는 네덜란드계 이주민들은 배타적이니까 보험을 살 것이라 확신하고 있었다. 이것이 바로 적극적인 마음가짐이다. 그리고 그들은 5년간이나 계속 흉작이니까 팔 수 없었다고 말했다. 그것도 소극적인 마음가짐이다. 내가 그들과 다른 것은 적극적 마음가짐이 있는지 없는지에 있었고, 그것이 성공과 실패의 차이로 나타났다. 그리고 나는 신의 인도와 도움을 구했을 뿐만 아니라, 내가 그 도움을 받고 있다는 사실을 굳게 믿었다. 그렇게 나와 함께 영업을 경험한 세일즈맨은 다시 쇼크스 시내로 돌아와서 매일매일 판매 기록을 갈아치우는 실적을 올렸다.

이 이야기는 다른 사람의 마음을 어떻게 움직이는지를 보여주는 사례이다. 세일즈맨은 자신이 이전에 실패했던 장소에서 성공한다. 성공의 이유는 적극적인 마음가짐으로 일하는 것의 가치를 깨달았기 때문이다.

일반적으로 판매에 성공하는 가장 중요한 요인을 살펴보면 다음과 같다. 동기를 유발시키는 영감(inspiration), 특정한 제품이나 서비스를 팔기 위한 세일즈 기법 관련 지식, 제품이나 서비스 그 자체의 지식이다. 그런데 판매에 성공하는 이 세 가지의 요인은 영업뿐이 아니라 모든 일에서 성공하기 위한 요인이기도 하다. 앞서 클레멘트 스톤의 사례를 보면 쇼크스에서 판매에 실패한 세일즈맨은 판매 기법이나 상품과 관련된 지식은 지니고 있었지만, 동기를 유발시키는 요소인 인스피레이션이 결여되어 있었다는 것을 알 수 있다. 그런데 인스피레이션은 성공에서 가장 중요한 요소이다.

적극적인 마음을 갖게 함으로써 적극적으로 활동할 수 있는 사람이 되도록 배우는 방법은 여러 가지가 있다. 그 중에서 가장 효과적인 방법 중 하나는 사람을 분발시키는 책을 읽어서 터득하는 것이다.

유명한 판매왕이면서 영업 컨설턴트로 활동하고 있는 모리스 피카스가 《생각하라, 그러면 부자가 될 수 있다》라는 책을 클레멘트 스톤에게 주었다. 스톤은 그 책으로부터 인스피레이션을 얻을 수 있었고 성공적인 세일즈 매니저로 성공할 수도 있었다. 그때부터 스톤은 세일즈맨에게 동기를 유발시키고 적극적으로 활동하도록 하기 위해서 다양한 내용의 책을 이용하였다.

스톤은 인스피레이션과 집중이 판매 조직의 생명이라고 생각하였다. 인스피레이션과 불꽃 같은 집중이 끊임없이 타오르게 하려면 연료를 보급해야 한다. 그래서 부하 직원들의 열정이 꺼지지 않도록 3개월마다 한 권의 책을 보내 주었다. 그리고 세일즈맨들의 정신력 강화를 위한 주간과 월간 소책자도 발간하고 있다.

이 책을 읽는 동안 당신은 암시 그리고 자기암시와 자동암시의 중요성을 알아챘을 것이다. 스톤은 암시와 관련된 지식을 이용해서 다른 사람을 움직여서 행동하게 만드는 효과적인 기술을 발견했다. 이 기술은 당신에게도 반드시 도움이 될 것이다. 사람을 움직여서 행동하게 만드는 것의 기본이 무엇인지 알면, 상황에 따라 효과적인 기술로 활용할 수 있기 때문이다. 이 기술은 다른 사람뿐만 아니라 자기 자신을 행동하게 만드는 데도 효과적이다. 자기나 다른 사람을 행동하게 만드는 테크닉은 앞서 말한 바와 같이 암시, 즉 자기암시와 자동암시에 기초를 두고 있다. 이 기술에 대해서 구체적으로 설명해 보자.

예를 들어서 소극적인 성격을 지닌 세일즈맨이 있는데, 영업 활동은 적극성을 필요로 하는 분야이다. 이때 세일즈 매니저는 가장 먼저 '겁을 먹는 것'은 자연스러운 현상이라고 이해시킴으로써 안심하도록 해줘야 한다. 그런 다음에 다른 사람이 겁을 극복한 일을 실례를 들어서 설명해 준다. 그리고 본인이 원하는 것을 상징적으로 표현하는 구호를 되풀이하도록 하여 동기를 유발시키도록 한다. 이 세일즈맨의 경우는 아침마다 또는 낮에도 틈틈이 되풀이할 구호는 '적극적으로 행동하자! 적극적으로 행동하자!'이다. 적극적 행동이 필요한 상황에서 심리적으로 겁을 먹고 있다면 필수적인 구호이다. 당연히 심리적인 자기암시가 작동한다. 그리고 마지막으로 '곧 시작하라!'는 셀프스타터를 쓰면 큰 도움이 될 것이다.

다음에는 부하직원 중에 거짓말을 자주하고 정직하지 못한 사람이 있는 경우에 관리자가 그 문제를 고치는 경우이다. 관리자는 먼저 똑같은 상황에 있었던 다른 사람이 어떻게 문제를 해결했는지 얘기해 준다. 다음 단계로는 부하직원에게 사람을 분발시키는 책이나 논문 또는 시를 주고 읽도록 한다. 성경의 한 구절을 추천해 주는 것도 좋은 방법이다. 내 경험에 따르면 《나는 할 수 있다》와 같은 책이 효과적이었다.

그리고 이 경우에도 부하직원이 아침마다 그리고 낮에도 틈틈이 '성실하라! 성실하라!'는 구호를 소리 높여 되풀이하도록 시킨다. 정직해지기 어려운 고민을 하든가, 남을 속이려 할 때와 같은 경우에는 특히 그렇게 할 필요가 있다. '곧 시작하라!'는 셀프스타터와 진실에 직면하는 '용기를 가지라!'는 이 양쪽의 방법을 병용할 일이다.

지금 이야기한 방법들은 책에서 가끔 설명된 내용이기 때문에 누구라도 쉽게 이해할 것이다.

어쨌든 당신이 지금 자기 자신이나 다른 사람의 마음을 움직여서 행동하게 만드는 방법을 깨우쳤다면 부자가 되기 위한 대문의 열쇠를 얻을 준비가 되었음을 의미한다.

■■■ 다른 사람의 마음을 움직이는 법칙

☞ 인생에서 손에 넣을 가치가 있는 것은

그것을 얻기 위해 노력할 가치가 있다고 설명하라.

자신에게 동기를 유발시키는 법

동기 유발이란 도대체 무엇인가? 동기 유발이란 '행동하게 만드는 것 또는 선택하여 결정하게 만드는 일'이다. 그리고 지금부터 설명하려는 '동기를 가지는 것'이다. 동기란 생각, 감정, 욕망, 충동 등 사람이 행동하도록 이끄는 내부적 자극이다. 사람의 내부에만 있는 심리적 자극이며, 특정한 결과를 얻을 수 있도록 시도하려는 희망이기도 하다.

자신과 타인을 행동하게 하는 방법을 알자

'자신을 움직여서 행동하게 만드는' 원칙을 깨달으면 다른 사람을 움직여서 행동하게 만드는 원칙도 알게 된다. 반대로 다른 사람을 움직여서 행동하게 만드는 원칙을 알면, 자신을 움직여서 행동하게 만드는 원칙도 알게 된다.

이 장에서 자신을 스스로 움직여 행동하게 만드는 방법을 설명하고 있다. 즉 적극적 마음가짐으로 자신을 움직여서 행동하게 만들고 이어서 다른 사람도 움직여서 행동하게 만드는 방법을 알려주는 것이 이 책의 목적이다. 여러 사람들의 다양한 성공과 실패 경험을 소개하는 이유도 여러분들이 바람직한 행동을 실행하도록 하기 위한 도구이다.

PMA를 가지고 스스로 자신을 행동하도록 함으로써 생각을 이끌어내고 감정도 컨트롤하여 운명을 스스로 결정할 수 있다.

▌▌▌ 보이지 않는 힘으로 자신과 타인의 동기를 유발하자 ▌▌▌

보이지 않는 힘이란 어떤 것일까? 소개하는 이야기는 보이지 않는 힘을 알고 이용한 사람에 대한 내용이다.

몇 해 전, 화장품 제조업으로 성공한 사람이 65세의 나이로 은퇴했다. 그로부터 매년 그의 생일에는 친구들이 모여서 축하 파티를 열어주었다. 파티가 열릴 때마다 친구들은 그에게 성공의 비결을 알려 달라고 졸랐다. 그러나 그는 매번 애매모호한 말로 대답을 회피했다. 75세 생일을 축하하는 파티에서도 친구들은 다시 성공 비결을 밝혀달라고 말했다. 그러자 드디어 그가 친구들의 요구에 이렇게 말하였다.

"지금까지 여러분에게 큰 신세를 졌으니까 이야기를 하겠습니다. 아실까 모르겠습니다만, 다른 화장품 회사에서 하는 방법 외에 나만의 특별한 마법의 성분을 덧붙였습니다." "그 마법의 성분이란 무엇입니까?" "우리 회사의 화장품은 여성들을 아름답게 만들어 준다는 말을 절대로 하지 않습니다. 그럼으로써 언제나 그녀들에게 희망을 주는 겁니다."

성공 비결이란 바로 '희망'이라는 '마법 성분'이었다. '희망이란 욕심 나는 것을 얻을 수 있다는 기대와 그것이 손에 넣을 수 있다는 신념을 동반하는 욕망'이다. 사람들은 대개 욕심나는 것, 믿는 것, 도달할 수 있는 것에 의식적으로 반응한다.

일반적으로 잠재의식에 내재되어 있던 힘이 주위로부터의 충동에 반응하면 외부로 발휘되어 행동으로 표출된다. 이런 잠재적 힘은 암시, 자기암시, 자동암시 등에 의해서 만들어진 내부 충동에도 무의식적으로 반응하여 행동으로 나타나는 것이다. 바꿔 말하면, 타인의 마음을 움직여서 행동하게 하는 요인은 내부와 외부의 충동에 따라 다양하게 반응하고 그때마다 반응의 정도에도 차이가 있다. 그러나 결과가 어떠하든지 반드시 특정한 원인이 있다. 어떤 행동을 할 때는 이면에 특정한 원인 즉, 동기의 결과이다. 예컨대 앞의 사례에서 여성들의 희망은 화장품 제조업자에게 사업상의 행동을 하도록 동기를 유발시켰으며, 그렇게 유발된 행동은 여성들이 스스로 화장품을 사도록 마음을 충동하는 동기가 되었다.

▌▌▌ 행동을 유발시키는 열 가지 기본적 동기 ▌▌▌

사람이 느끼는 모든 생각 또는 자발적으로 행하는 모든 행동은 특정한 동기가 있기 때문에 생긴다. 반대로 동기가 결여되어 발생하는 경우도 있다. 따라서 모든 행위는 동기의 결과이다. 이런 모든 생각과 자발적인 행동을 일으키는 기본적 동기에는 열 가지가 있다.

모든 사람들이 행하는 행동은 열 가지에 해당하는 동기의 결과이다. 이 중에 하나의 동기도 없이 행동하는 사람은 없다. 따라서 어떤 목적을 위해서 자신이 행동하는 방법을 배우기 위해서는 열 가지 기본적 동기를 이해해야 한다. 열 가지의 기본적 동기는 타인을 움직여서 행동하게 만드는 방법을 배우기 위해서도 필수적으로 알아야 한다.

열 가지 기본적 동기를 열거해 보자.

첫째, 인정받고 싶다는 것과 자기표현의 욕망

둘째, 물질적 이익에 대한 욕망

셋째, 죽은 뒤의 세계에 대한 욕망

넷째, 몸과 마음의 자유에 대한 욕망

다섯째, 노여운 감정

여섯째, 미운 감정

일곱째, 성적인 감정

여덟째, 사랑의 감정

아홉째, 공포의 감정

열째, 자기 보존의 욕망

▮▮▮ 감정을 조절하는 법 ▮▮▮

인간은 외부 힘이 강제로 작용하기 전에, 자신의 의식에 의해서 내부의 감정을 자발적으로 조절할 수 있는 유일한 존재이다. 따라서 인간이 감정 반응의 습관도 스스로 바꿀 수 있다. 문명이 발달한 사회의 인간일수록 보다 더 쉽게 감정을 조절할 수 있다고도 말한다.

감정은 이성과 하나로 결합된 행동으로 표현되어야만 컨트롤된다. 공포의 감정을 예로 들어보면, 공포란 확실한 이유가 없거나 유해한 경우라도 이성을 통해서 지워버릴 수가 있다. 그리고 그런 감정은 지워버리지 않으면 안 된다. 그렇다면 어떤 방법으로 그렇게 할 수 있을까?

사람의 감정이 반드시 이성과 직접적으로 연결된 대상은 아니지만, 행동의 대상임은 확실하다. 소극적인 감정은 필요 없다는 것은 이성으로 이해할 수 있다. 이성으로 이해함으로써 스스로 행동하도록 동기를 유발시킬 수 있다. 그리고 어떤 상황에 대한 공포를 지우고 적극적인 감정으로 일에 임할 수도 있다. 어떻게 하면 가능할 것인가? 가장 효과 있는 방법 중의 하나는 스스로 원하는 것에 대한 신념을 가지고 자기 암시를 하는 것이다. 즉 '자기 자신에게 명령을 내린다.'는 뜻이다.

예를 들어서 당신이 무엇인가에 두려움이 있는데 용기를 가지고 싶다고 생각한다고 하자. 그렇다면 '용기를 가져라.'는 말을 빠르게 몇 번 되풀이해 본다. 그리고 그 즉시 행동으로 실천한다. 용기 있는 사람이 되고 싶다고 생각하는 그 순간에 바로 용감하게 행동하는 것이다.

어떻게 할 수 있을까? '곧 시작하라!'는 셀프스타터를 사용해서 즉시 행동으로 옮기는 것이다. 이 장에서는 계속적으로 자기암시를 통해서 감정과 행동을 컨트롤하는 방법에 대해서 설명하고 있다. 그리고 그 방법을 실천하기 위해 중요한 것은 바로 이것이다. "내가 하고 싶다고 생각하는 것에 정신을 집중하라, 그리고 하고 싶지 않은 것은 즉시 잊어버려라."

▍▍▍ 성공의 공식 ▍▍▍

당신은 《프랭클린 자서전》을 읽어 보았는가? 또 프랑크 베드가의 《나는 어떻게 판매 세일즈에 성공했는가?》를 읽었는가? 만일 아직 읽지 않았다면 꼭 읽으라고 권한다. 이 두 개의 책에는 언제나 성공할 수 있는 공식이 담겨 있기 때문이다.

프랭클린 자서전에는 세상에서 가장 위대한 존재가 자신을 도와주려고 노력했다고 말하고 있다. 세상에서 가장 위대한 존재는 스스로 돕는 것으로써 그뿐만 아니라 당신도 도와주려고 할 것이다. 프랭클린의 말을 들어보자.

"나는 그런 여러 가지 덕을 모두 지니고 싶다고 생각했다. 그런데 그 덕들을 한꺼번에 몸에 붙이려고 한다면 그저 산만하기만 할 뿐이지 실제적 효과는 없을 것이다. 그래서 우선 하나의 덕을 먼저 익숙하게 지닐 수 있도록 노력하는 것이 낫다고 생각했다. 그런 후에 다시 또 다른 덕을 몸에 익히는 것이 좋은 방법이라는 판단이었다. 이런 생각에서 여러 가지 덕들을 몸에 지니기 위한 계획을 세웠다.

그리고 매일의 반성이 필요하다고 생각했다. 기록을 통해서 반성을 실천하기 위해 다음과 같은 방법을 사용했다. 작은 수첩을 여러 개 준비해서 몸에 익히려는 덕목을 각각 하나씩 나누어 설정했다. 각 수첩의 페이지는 덕목을 익히기 위해서 실천할 내용을 기록했다. 각 페이지는 세로로 일곱 칸, 가로로 열세 칸이 되도록 빨간 잉크로 줄을 쳤다. 세로 일곱 칸에는 요일을 적었고, 가로 열세 칸에는 실천 항목을 적었다. 매일 스스로 반성하고 검사해서 지키지 못했다고 생각한 날에는 해당하는 칸에 조그맣게 검은 점을 찍어 나갔다."

벤자민 플랭클린이 몸에 익히려고 노력한 13가지 덕목은 절제, 침묵, 규율, 결단, 검약, 근면, 진실, 정의, 중용, 청결, 침착, 순결, 겸양이다. 이런 방법을 씀으로써 원하는 것을 몸이 지닐 수 있게 될 것이다. 이런 성공의 공식을 이용하는 방식을 아는 것도 중요하고, 다음에는 이 공식을 활용해서 어떻게 행동으로 실천하는지 아는 것도 매우 중요하다.

▦ 행동의 공식 ▦

일주일 동안 하나의 덕을 지키는 원칙에 집중한다. 언제든지 행동해야 할 기회가 오면 바른 행동으로 답한다. 그리고 두 번째 주에는 그다음 제2의 덕으로 옮겨간다. 이때 첫 번째 덕의 원칙은 잠재의식에 맡겨 버린다. 이런 방법으로 매주 한 가지 원칙에 집중하고 다른 원칙들은 잠재의식 속에 확립된 습관이 실천하도록 맡겨두는 것이다.

원하는 덕에 대해서 집중하는 과정이 모두 끝나면 다시 처음부터 되풀이한다. 이렇게 지속하면 일 년에 전 과정을 4회 정도 되풀이하게 된다. 습관화시키고 싶다고 생각했던 특성이 습관화되었다면, 더 발전시키고 싶은 새로운 덕이나 태도 또는 활동을 덧붙여서 다시 공식에 따라 실행한다.

벤저민 프랭클린이 스스로 자신을 돕기 위해 사용한 방법을 배웠다. 당신도 행동의 공식을 적용하는 방법을 터득하여 실천함으로써 프랭클린처럼 성공의 길을 갈 수 있다. 만일 스스로 계획을 세워놓고도 어떤 원칙부터 시작하면 좋을지 잘 모르는 사람이라면 프랭클린의 13가지 덕목으로부터 시작해도 좋다. 또는 다음 장에서 설명할 성공의 17원칙을 써도 효과적이다.

앞서 사람의 기본적 동기의 유발에 관해 설명한 것을 다시 되풀이 해보자.

인정받고 싶다는 것과 자기표현의 욕망, 물질적 이익에 대한 욕망, 죽은 뒤의 세계에 대한 욕망, 몸과 마음의 자유에 대한 욕망, 노여움과 미움의 감정, 성적인 감정과 사랑의 감정, 공포의 감정 그리고 마지막이 자기 보존의 욕망이다.

■■■ 스스로에게 동기를 유발시키는 법칙

☞ 희망을 가지고 실천하고 행동하라고 스스로 설득하라

DALE CARNEGIE

2
부(富)를 얻으려면

- 부를 얻을 수 있는 지름길

- 부를 대하는 마음 자세

- 신용을 잘 이용하라

- 불만을 만족으로 이끌어라

DALE CARNEGIE

2. 부(富)를 얻으려면

> 나는 건강하다, 행복하다, 상쾌하다. 행복하고 만족하는 사람은 자기 마음
> 을 컨트롤할 줄 안다. 자신이 처해 있는 상황에 대해서 적극적인 태도를 취
> 한다. 자기 재능을 살려서 다른 사람에게 즐거움을 주는 것에 만족하라.

부(富)를 얻을 수 있는 지름길

〈부(Wealth)의 지름길〉이란 과연 가능한 것일까? 지름길이란 일반적인 순
서에 따르지 않고 곧바로 더 빠르고 정확하게 어떤 일을 해내는 방법을 말한
다. 따라서 보통 방법보다도 더 〈직접적인 길〉을 의미한다.

그래서 지름길을 취하는 사람은 그 목적지를 알고 있어서 부딪히는 장애
라든가 불행을 이겨나가야만 목적지까지 도달할 수 있다는 것도 안다. 클레
멘트 스톤이란 세일즈맨이 여러 해에 걸쳐서 성공의 원칙에 대해 강의하고
교육했다. 그 프로그램의 명칭은 '적극적 사고(Positive Mental Attitude : PMA)'로 일
명 '성공의 과학'이라고 한다.

그가 제시하는 성공의 17원칙은 다음과 같다.

❶ 적극적 마음가짐(PMA)으로 행동하라

❷ 목표를 명확하게 가져라

❸ 한 가지를 덧붙여서 차별화하라

❹ 정확하게 생각하고 판단하라

❺ 철저하게 자기관리를 하라

❻ 타인은 물론이고 스스로를 이끄는 지도력을 지녀라

❼ 바른 신앙심을 지녀라

❽ 사람의 마음을 끄는 매력적 성격을 키워라

❾ 자발적 자세로 임하라

❿ 성심성의껏 열심히 하라

⓫ 자신을 조절하는 자제력을 키워라

⓬ 협동하는 정신을 가져라

⓭ 모든 실패에서 배우라

⓮ 창조적인 비전을 가져라

⓯ 시간과 돈을 계획적으로 활용하라

⓰ 항상 건강을 유지할 수 있는 습관을 키워라

⓱ 우주와 세계가 움직이는 힘을 이용하라

여기에 17가지의 성공 원칙을 제시하는 것은 당신에게 부자가 되는 지름길을 알려주려는 것이다. 성공 원칙을 따라 가장 빠르고 직접적인 방법으로 성공을 찾아가기를 바란다.

빠르고 직접적인 방법을 활용하기 위해서는 반드시 적극적 마음가짐을 가져야 한다. 적극적 마음가짐을 적용해서 성공의 원칙들을 실행하면 적극적 마음가짐은 더욱 커지게 된다. 어떤 생각을 가진다는 말은 상징적 의미이다. 그 의미는 당신이 어떤 사람인지에 따라서 다르다.

그렇다면 당신은 누구인가? 그것은 당신의 육체와 유전자는 물론이고 의식과 잠재의식, 경험, 시간과 공간에서 특정한 위치와 방향, 알고 있는 지식의 힘 등 모든 것에 의해 결정된다.

만일 당신이 적극적 마음가짐으로 생각하고 행동한다면 17가지 성공 원칙을 잘 이용하고 조화시킬 수 있다. 오직 자신만이 자기를 위해 생각할 수 있다. 당신에게 부의 지름길의 의미는 이렇게 표현할 수 있다. "적극적인 마음가짐으로 부를 만들어야 한다."

■■■ 그러므로 부를 향한 마음의 법칙

☞ 할 수 있다고 믿으면 그것은 가능한 것이다.

부(富)를 대하는 마음 자세

우리는 누구든지 연령, 교육 정도, 직업 등과는 전혀 관계없이 부를 끌어당길 수 있다. 그리고 스스로 배척해서 밀어낼 수도 있다. 따라서 이렇게 말해도 된다. "부를 배척하지 말고 끌어당겨라!"

이 장에서는 돈을 만드는 방법을 알려주려고 한다. 당신은 부자가 되기를 원하고 있지 않은가? 진솔하게 대답해 보라. 당연히 당신은 원할 것이다. 그렇지 않다면 부자가 되는 것을 두려워한단 말인가?

아마도 당신은 부를 얻는 것이 불가능하다고 생각할지도 모른다. 만일 그렇다면 반신불수임에도 불구하고 PMA를 적극 활용해서 소시지 사업에 성공한 밀 C. 존스의 사례를 찾아서 읽어보라. 혹은 당신이 병원에 입원하고 있는 환자라면 다음에 소개하는 조지 스테페크가 실천한 것처럼 공부하고 생각하고 계획하는 시간을 가짐으로써 자기 주위로부터 부를 끌어당길 수가 있을 것이다.

▎▎▎ 어떤 환경에서든지 생각해라 ▎▎▎

우리는 성공한 사람들의 이야기를 들을 때마다 성공의 실마리가 된 것은 그들이 부에 대한 자신만의 개념을 습득하기 위해 손에 책을 잡았다는 사실을 발견했다. 책의 효용성을 과소평가해서는 안 되며, 책은 당신에게 대담하게 새로운 계획을 세울 수 있는 도전의 기회를 열어줄 것이다. 책은 새로운 계획을 펼쳐나갈 때 수반되는 어려움을 극복해낼 수 있는 영감을 공급해 주는 도구이다.

조지 스테페크는 하이네 베레탕 병원에 입원하고 있었는데, 그때 우연히 생각하는 시간의 가치를 발견하게 되었다. 조지는 아무것도 가진 것이 없었다. 입원하자 시간은 한가할 만큼 많았지만, 읽거나 생각하는 것을 제외하면 그 외 아무 일도 할 것이 없었다. 그는 《생각하라, 그러면 부자가 될 수 있다》라는 책을 읽고 성공을 위한 마음의 준비를 하게 되었다.

책을 읽어나가는 동안 머리에 좋은 아이디어가 떠올랐다. 그 당시 많은 세탁소에서 새로 다린 와이셔츠를 모양이 흐트러지거나 주름이 잡히지 않도록 두꺼운 종이로 싼다는 것을 알고 있었다. 두세 개 세탁소에 편지를 써서 알아본 결과, 세탁소에서 이 종이봉투를 1,000장에 4달러씩 주고 사서 쓰고 있다는 것을 알았다.

그의 아이디어란 바로 그 종이봉투를 1,000장에 1달러에 판다는 것이었다. 대신 어느 봉투에나 광고를 게재하는 조건이다. 물론 광고주는 광고료를 지불하고 조지는 그것으로 이익을 올리게 되므로 남보다 적은 돈을 받더라도 유지가 될 것이라고 생각했다.

조지는 이와 같은 아이디어를 떠올리고 그것을 실행하려고 서둘렀다. 병원에서 퇴원하자마자 곧 실천에 옮겼다. 이는 새로운 광고 분야로써 참신한 아이디어였으나 그것대로 여러 가지 문제점을 안고 있긴 했다. 하지만 그는 사람들이 시행착오라고 염려하는 일도 실천해나가는 과정에서 성공으로 변화시켜나갔다. 그는 입원 중에 집요하게 생각하는 몸에 밴 습관을 여전히 지켜 나갔다.

그의 사업이 급속히 번창하고 있을 때에도 그는 서비스 효과를 더욱 증가시킴으로써 매상을 높이려 노력했다. 손님들은 보통 와이셔츠의 포장지에서 와이셔츠를 꺼내면 그것을 내버렸다.

그래서 조지는 자신에게 다음과 같은 질문을 해보았다. "어떻게 하면 각 가정에서 광고가 실린 종이봉투를 쉽게 버리지 않고 보존시켜 둘 수 있을까?" 깊게 생각을 거듭하던 조지는 드디어 해결책이 머리에 떠올랐다.

과연 어떻게 했을까? 종이봉투 한쪽 면에는 이제까지와 같이 흑백 또는 천연색으로 광고를 인쇄했다. 그리고 다른 한쪽 면에 새로운 아이디어를 실었다. 예를 들자면 어린이들을 위한 재미있는 게임이라든가, 주부들을 위한 맛있는 요리 만드는 방법이라든가, 온 가족을 위한 주말여행 안내 또는 가족들이 함께 즐기는 게임 방법 등을 인쇄했다.

조지가 기억하기를 어떤 남자가 세탁비가 갑자기 엄청 많이 지출된 것을 이상하게 여기고 알아보았다. 그랬더니 그는 조지가 인쇄해 넣은 요리법을 좀 더 많이 모으기 위해 아직 맡기지 않아도 좋은 와이셔츠를 자꾸 세탁하려고 내놓았다고 한다.

그러나 조지의 도전은 여기서 멈추지 않았다. 그는 보다 더 야심차게 큰 포부를 펼치려고 스스로에게 자문해보았다. "어떻게 하면 그걸 할 수 있겠는가?" 그리고 이번에도 대답을 찾아낼 수 있었다.

조지 스테페크는 세탁소에서 받는 1,000장에 대한 1달러의 돈을 전부 아메리카 클리닝협회에 기부했다. 그러자 협회에서는 곧바로 조지의 와이셔츠용 종이봉투를 독점적으로 사용하여 조지의 일을 도와주라고 회원들에게 권유하였다. 이런 경험을 토대로 조지는 좋고 마음에 드는 것을 많이 주면 줄수록 당신도 보다 많은 것을 손에 넣을 수가 있다는 또 하나의 중요한 사실을 발견하였다.

▮▮▮ 생각한 것을 메모하는 습관을 길러라 ▮▮▮

조지 스테페크는 병상에서 자신의 계획에 대해 깊게 생각에 잠겼던 시간이 그에게 막대한 부를 가져다주었다. 뛰어난 아이디어가 떠오른 것은 항상 조용한 환경에 있을 때였다. 시끄러움 속에서야 뛰어난 자아를 발견할 수 있다는 것은 잘못된 생각이다. 또 생각하는 시간을 갖는 것이 시간 낭비라는 생각은 금물이다. 사색은 그 위에 다른 모든 것들을 쌓아 올리는 토대이기도 하다.

그렇다고 해서 바람직한 계획을 실행하게 하는 책을 읽거나 책을 읽고 나서 생각하는 습관을 붙이기 위해서 당신이 굳이 병원에 입원할 필요는 없다. 또 생각하거나 공부하거나 계획하는 등등의 시간도 반드시 아주 긴 시간이 필요하지 않다. 공부하거나 생각하거나 계획하는 시간의 약 1%만 있어도 당신의 목표에 도달하는 스피드에 놀라운 성과가 나타날 것이다.

당신의 하루를 정확히 계산하면 1,440분이다. 매일 하루의 '1%를 연구하고 생각하고 계획하는 시간으로 사용하라.' 그러면 당신은 하루 1%의 시간이 당신에게 얼마나 새로운 일을 불러일으키는가를 알면 크게 놀랄 것이다. 왜냐하면 당신이 이 습관을 몸에 붙이면 언제 어떤 곳에 있거나 가능하기 때문이다. 식사하고 있을 때, 버스를 타고 있을 때, 목욕하고 있을 때 등등, 언제 어디서나 건설적인 아이디어가 생기는 데 깜짝 놀랄 것이다.

토머스 에디슨과 같은 천재는 인류가 이제까지 발명한 것 중에 가장 위대한 발명을 연필과 종이를 활용하여 이루어냈다. 이 얼마나 간단하고 편리한 도구인가? 에디슨이 한 것처럼 연필과 종이를 활용하는 방법을 이용하여 항상 머리에 떠오른 아이디어를 기록하라. 그러면 부를 끌어당기는 일이 생겨날 것이다. 부를 끌어당기는 또 하나의 필요조건은 자기 목표를 세우는 방법을 터득하는 일이다. 이를 이해하는 것은 당신에게 매우 중요한 일이다. 비록 그 사람이 이 일의 중요성을 인식하고 있다 해도 목표를 설정하는 방법을 정말로 이해하고 실행하는 사람은 극히 드물기 때문이다.

▌▌▌ 목표를 설정하라 ▌▌▌

당신의 마음에 간직해 두어야 할 중요한 일은 다음 네 가지이다.

■■■ **첫째**로 당신의 목표를 적어 보라. 연필로 목표를 적어보면 당신의 생각이 구체화된다. 종이에 목표를 적으면서 생각하는 것은 당신의 기억에서 사라지지 않는 인상을 남긴다.

■■■ **둘째**로 당신의 목적을 달성할 때의 기한을 분명히 하라. 이것은 당신의 목표를 향해 출발하여 계속 당신을 움직이게 하는 동기를 부여하므로 중요하다.

■■■ **셋째**로 기준을 높은 곳에 두어라. 목표를 달성하려는 당신의 성취 동기가 매우 강하다면 일은 쉽게 이루어진다는 관련 보고가 있다. 당신의 성취 목표를 높은 곳에 두면 둘수록 그것을 달성하기 위해 기울이는 노력은 더욱 집중될 것이다.

■■■ **넷째**로 높은 가치를 지향해야 한다. 인생에서 높고 귀한 가치를 지향하며 성공과 번영을 이루기 위해 기울이는 노력은 실패에 이르는 노력보다 지나치게 많지 않으므로 성공을 위해 노력해야 한다.

이제부터 당신은 용기를 내어 당신 인생에서 현재 당신이 가치 있다고 생각하는 것보다도 더 많은 가치를 구해야 할 것이다. 왜냐하면, 인간이란 자신에게 부여된 요구에 부응하기 위해 노력해나가는 경향이 있기 때문이다.

▎▎▎ 첫걸음이 중요하다 ▎▎▎

목표를 정한 다음 중요한 것은 행동으로 실천하는 일이다. 찰스 필리피아 부인(63세)은 뉴욕에서 플로리다의 마이애미까지 걸어갈 계획을 세우고 드디어 그것을 실현했다. 그후 그녀는 신문 기자와 인터뷰했다. 기자들은 긴 도보 여행을 한다고 생각한 것만으로도 '어떻게 그렇게 대단한 용기를 가질 수가 있었는가?' 하고 물었다. "첫걸음을 내딛는 데 용기는 필요 없어요." 하고 필리피아 부인은 대답했다. "내가 한 것은 그뿐입니다. 나는 한 걸음을 내디뎠습니다. 그리고 다음에 또 한 걸음을 내디뎠습니다. 그리고 또 한 걸음, 또 한 걸음 이렇게 해서 드디어 여기까지 도착하게 된 것입니다."

그렇다. 어느 계획에 돌입하더라도 당신은 그 첫걸음을 내딛지 않으면 안 된다. 당신이 어느 정도 생각하거나 공부하는 시간을 많이 잡을까 하는 것은 문제가 아니다. 계획과 동시에 실천이 수반되지 않으면 아무리 계획이 원대할지라도 아무런 소용이 없을 것이다.

적극적인 마음가짐은 부를 끌어당기지만, 소극적인 마음가짐은 그 반대의 결과를 가져올 것이다. 적극적인 마음가짐을 가지고 있으면 당신은 찾고 있는 부를 손에 넣을 때까지 계속 노력할 것이다. 지금 당신은 적극적인 마음가짐으로 출발하여 첫걸음을 내디디려 하고 있다.

　그러나 당신이 아무리 적극적인 마음을 먹더라도 당신의 소극적인 면 때문에 목표에 도달하기 바로 한 걸음 앞에서 그만 멈춰버리기도 한다. 성공의 열일곱 가지 원칙 중의 하나를 활용하는 데 실패할지도 모른다. 그 좋은 실례가 다음의 이야기이다.

　예를 들어 그 사람을 오스카라 부르기로 하자. 무덥던 여름이 지난 어느 날, 그는 오클라호마시의 정거장에 내렸다. 그는 몇 시간 후에 올 동부 행 기차를 기다려야 했다. 찌는 듯한 더위가 계속되는 서부의 사막 속에서 수개월이나 지냈다. 그는 어떤 동부 회사를 위해 석유를 찾고 있었던 것이다.

　오스카는 매사추세츠 공과대학 출신으로, 석유 매장량을 발견하기 위해서 광맥 탐지기를 개량하여 만든 새로운 장치를 가지고 있었다. 지금 오스카는 그가 근무하는 회사가 파산했다는 기별을 받았다. 파산 원인은 사장이 거액의 회사 현금을 주식 시장에서 투기로 유용했다가 실패했기 때문이었다. 당시 주식시장은 경제공황(1929년)으로 인해 전부 무너지고 말았다.

　이런 상황으로 오스카는 집으로 돌아오는 도중이었다. 그는 직업을 잃었으므로 앞날에 아무런 희망도 없는 것같이 보였다. 그때 NMA의 힘이 그에게 강력한 영향을 미치기 시작했다. 그는 몇 시간 동안을 역에서 기다려야 했기 때문에 그 동안 가지고 있던 광맥 탐지기를 조립해보려고 하였다. 그런데 그것이 좀처럼 쉽게 되지 않았다. 화가 치솟은 오스카는 그 장치를 발로 차서 망가뜨리고 말았다. "석유 따위는 똥통에 빠져버려라! 에라이."

　그는 화가 치미는 듯 되풀이해 소리쳤다. 욕구불만이었던 그는 소극적인 마음가짐 상태에 놓여 있었다. 그렇기 때문에 자신에게 찾아온 기회가 바로 발밑에 있음을 알지 못했다. 그것을 붙잡으려면 오직 한 걸음만 더 디디면 되는 일이었다. 그러나 NMA의 영향 탓으로 그는 그것을 인정하기를 거부했던 것이다.

이 사건으로 그는 석유 탐지를 할 수 있는 자기 발명품에 대해서 자신감을 잃고 말았다. 만일 그가 PMA의 상태에 있었다면 그것을 부정하지 않고 인정하려고 노력했을 것이다. 따라서 신념을 갖는다는 것은 성공의 17원칙의 하나이다. 당신의 신념을 테스트하는 방법은 가장 필요로 할 때 그것을 쓸 수 있느냐의 가부를 결정하는 일에 있다.

NMA는 오스카를 그가 믿고 있던 일이 잘못되어 있다고 믿는 방향으로 이끌고 갔다. 당신도 기억하겠지만, 큰 불경기는 많은 사람의 마음속에 공포심을 심어 놓는다. 오스카도 그중의 한 사람이었다. 이제까지 그 가치를 실증해온 기계도 한낱 쇠붙이에 불과하게 되었고 오스카는 그만 소극적인 마음가짐으로 욕구불만이 폭발한 상황에 놓이게 되었다.

그날 오스카는 오클라호마시의 정거장에서 열차에 올라탔을 때 망가진 그 석유 탐지기도 버리고 말았다. 그리고 최대의 석유 매장지와는 영구히 작별했을 것이다. 그 후 얼마 안 되어 오클라호마시는 문자 그대로 석유 위에 떠 있는 땅이 되었다. 오스카는 다음과 같은 두 가지 원칙 적용을 실천한 실례가 된 것이다. 적극적인 마음가짐은 부를 끌어당기지만, 소극적인 마음가짐은 부를 배척한다.

이런 말을 듣는다면 당신은 이렇게 반문할지도 모른다. "적극적인 마음가짐이나 소극적인 마음가짐에 대해 말하는 이러한 일은 모두 100만 달러를 만드는 능력이 있는 사람에게는 대단히 좋은 일이겠지요. 그러나 그런 환경에 있지 않은 나에게는 100만 달러를 만든다는 것은 어림없는 일입니다."

"물론 나도 경제적 안정을 원합니다. 좋은 생활도 하고 싶고, 퇴직하고 나서 필요한 것을 마련하고 싶습니다. 하지만 내가 샐러리맨이라면 어떻게 합니까? 그리 대단치도 않은 급료를 받고 있다면 그건 불가능한 일이 아닐까요."

이에 대한 우리의 대답은 다음과 같다. 어떤 사람이라도 재산을 손에 넣을 수가 있다. 경제적 안정을 유지하기에 그치는 재산뿐만 아니라 부자가 되는데 충분한 재산까지도 모을 수가 있다. 그러기 위해서는 당신의 마스코트인 PMA의 영향이 당신에게 작용하도록 하기만 하면 된다.

이것이 가능하다는 것을 증명해 보이겠다. 그리고 만일 당신이 아직 충분히 납득되지 않았다면 《바빌론의 최대의 부호》라는 책을 읽으라고 권유하겠다. 그리고 충분히 납득한 다음에 첫걸음을 내디뎌 주기 바란다. 계속 진전시켜서 당신이 필요로 하는 재산이라든가, 경제적 안정을 성취하기까지는 어떤 경우라도 전진을 멈추어서는 안 된다. 오즈번이 취했던 것도 바로 그것이었다.

오즈번의 직업은 샐러리맨이었는데 많은 재산을 손에 넣었다. 재산을 얻기 위해 오즈번이 사용했던 원칙은 대단히 뚜렷한 것이었다. 그것은 누구의 눈에도 보이지 않았고 오즈번의 마음속에서 일어났다. 그가 사용했던 그 원칙이나 당신이 사용할 수 있는 원칙은 단 몇 마디 말로 나타낼 수 있다. 《바빌론의 최대 부호》를 읽고 있는 사이에 오즈번은, 재산이란 다음과 같은 일을 함으로써 손에 넣을 수가 있다는 것을 발견했다.

❶ 당신이 손에 넣는 1달러 중에서 10센트를 저축할 것.

❷ 6개월마다 당신의 저축이나 이익금 중에서 그에 따른 배당금을 투자할 것.

❸ 투자는 안전한 투자를 위해서 전문가의 조언을 구하고, 안정적이지 않은 투자를 해서 원금을 잃는 어리석은 일은 하지 말 것.

오즈번이 한 것은 바로 이것이었다. 이것을 잘 생각하라. 오즈번의 경우처럼 당신은 당신이 손에 넣은 1달러 중에서 10센트를 저축하고 그것을 안전하게 투자함으로써 경제적 안정을 이룰 수 있고 재산을 증식시켜 나갈 수 있다. 그러면 언제 시작하면 좋을까? 지금 곧 시작해야 한다. 그럼 오즈번의 경험과 다른 사람의 경험을 비교해 보자. 비교하려는 다른 사람은 몸도 튼튼하고 사람을 분발시키는 책도 읽은 사람이다. 그가 나폴레옹 힐을 만났을 때 그의 나이는 50세였다.

이 사람은 이렇게 말하고 미소 지었다. "나는 당신의《생각하라, 그러면 부자가 될 수 있다》는 책을 몇 해 전에 읽었습니다. 그러나 나는 지금도 부자는 아닙니다." 그 말을 들은 나폴레옹 힐은 진지한 얼굴로 이렇게 대답했다. "그러나 당신은 부자가 될 수 있을 것입니다. 당신의 미래는 지금부터입니다. 당신은 부자가 되기 위해 준비하지 않으면 안 됩니다. 그리고 당신이 그 기회를 위한 준비를 하기 위해서는 먼저 적극적인 마음가짐을 가지고 있어야 합니다."

이 사람은 저자의 충고를 머리에 담아 두었다는 것이다. 그것은 지금으로부터 5년 전의 일이었다. 그는 아직 부자가 되지는 않았지만, 지금은 적극적인 마음가짐을 몸에 지니고 부자가 되어가는 과정에 서 있다. 그러한 증거로 그에게는 수천 달러의 부채가 있었는데, 지금은 그것을 깨끗이 청산하고 저축한 돈으로 투자를 하려 하고 있다. 지금에서야 그는 PMA를 가진 사람이 되었다.

그의 마스코트인 PMA가 그에게 영향을 주고 있었을 때 그는 자기 도구가 나빠서 불평만 하는 직공과 같았다. 이제까지 당신은 자기 도구에 대해 불평을 말한 일이 있는가?

만일 당신이 제대로 된 카메라를 가지고 적당한 필름을 사용하여 촬영했다고 해보자. 다른 사람은 그 카메라로 완전한 사진을 찍고 있고 당신은 실패했다고 하면 그것은 도대체 어디에 오류가 있었을까? 카메라에 결함이 있는 것일까? 설명서를 읽었지만, 그것을 잘 이해하지 못했을까? 또는 이해하고 있었지만, 설명서 대로 하지 않았을까?

이런 경우와 마찬가지로 당신의 인생 전 코스를 바꿀 수가 있는 그런 책을 이미 읽고는 있었지만, 그것을 이해하고 그 원칙을 배워서 적용하는 수고를 아끼지 않았던 일도 있을 수가 있다. 지금이라도 배우는 데 너무 늦은 것은 아니다. 이제까지 배우지 않았다면 이제부터라도 배울 수 있다. 당신은 그 원칙을 알고 이해하지 않으면 성공할 수는 없을 것이며, 그것을 적용하지 않으면 성공은 불가능할 것이다. 그러니까 당신이 이 책에서 지금 읽고 있는 것을 이해하고 적용하기 위해서는 아무래도 시간이 걸려야 할 것이다. 그러면 PMA가 당신을 도와줄 것이다.

우리는 PMA로 재산을 끌어당기라고 말한다. 그렇지만 당신은 돈을 만드는 데는, 돈이 필요한데 나에게는 한 푼의 돈도 없다고 말할지도 모른다.

이것이 소극적인 마음가짐이다. 만일 당신이 돈을 가지고 있지 않다면 다른 사람의 돈을 쓰면 된다. 다음 장에서 그것에 대해 적어 보겠다.

■■■ 그러므로 부를 얻기 위한 일반적인 법칙
☞ 연구하고 생각하고 계획하는 시간을 가져야 한다.

신용을 잘 이용하라

"비즈니스? 그것은 매우 간단한 일이다. 그것은 남의 돈을 쓰는 것이다!" 알렉산드로 뒤마 2세는《돈의 문제》라는 희곡에서 이렇게 말하고 있다.

그 말대로이다. 그것은 단순히 OPM 즉, 타인의 돈(Other People's Money)을 쓴다는 말이다. 그것이 큰 재산을 손에 넣는 길이다. 우리가 알고 있는 벤자민 프랭클린도 그렇게 했고, 윌리엄 니커슨도 그렇게 했고, 힐튼도 그렇게 했을 뿐만 아니라 헨리 카이저도 그렇게 했다. 그리고 만일 당신이 부자라면 당신도 그렇게 했을 것이다.

벤자민 프랭클린은 다음과 같이 충고하고 있다. 프랭클린은《젊은 상인에게 하는 충고》를 집필했는데, OPM의 이용에 대하여 다음과 같이 논하고 있다. "돈은 자기를 불어나게 하는 성질을 가지고 있다는 것을 알아 둘 일이다. 돈은 돈을 낳을 수가 있다. 그리고 그 결과가 더 돈을 낳는 것이다."

프랭클린은 또 이렇게 계속하고 있다. "1년에 6파운드의 돈은 하루로 치면 겨우 4펜스 은화 한 개에 지나지 않는다는 것을 기억해 둘 일이다. 이 얼마 안 되는 액수로 돈을 빌린 사람은 100파운드를 가지고 끊임없이 이용할 수가 있다."

프랭클린의 이 말은 곧 돈을 빌려 그것을 이용하는 것이 좋지 않은가 이야기하고 있다. 그의 충고는 오늘날에도 도움이 된다. 당신은 몇 센트를 가지고 일을 시작해 그것을 사용함으로써 500달러나 되는 돈을 언제나 가질 수가 있다. 또는 이 아이디어를 확대하여 수백만 달러의 돈을 항상 소유하는 것까지 가능해진다.

콘래드 힐튼이 한 것도 그런 것이었다. 그는 신용을 활용한 사람이다. 최근에도 힐튼 호텔스 사단법인이 큰 공항에 비행기 여행자용의 호화로운 호텔을 건설하기 위해서 그는 2,500만 달러의 신용을 자기 이름으로 해결하였다. 그때 무엇을 담보로 했을까? 성실성의 대명사라고도 할 만한 힐튼의 이름을 담보로 삼아 문제를 해결할 수 있었다.

성실성이란 그 무엇과도 바꿀 수 없다. 그것은 다른 많은 인격적인 특색보다도 훨씬 인간의 마음에 깊이 파고드는 것이다. 따라서 성실성이 있느냐 없느냐는 말하는 사람의 말끝에서 또는 사상이나 행위 속에 틀림없이 나타난다. 또 얼굴에 나타날 수도 있어서 성실성의 정도는 꼭 정확하다고는 할 수 없으나 대개 알게 된다. 한편, 불성실한 인간은 목소리, 얼굴 표정, 이야기하는 방법이나 얘기의 내용, 서비스 태도 등에 그 결점이 나타나는 것이 보통이다.

윌리엄 니커슨도 '돈은 돈을 낳을 수가 있다. 그리고 그 결과가 또 돈을 낳는다'라는 것을 깨닫고 신용과 명성을 얻은 사람이다. 그는 자기가 쓴 책 속에서 그 부분에 대해 언급하고 있다. 그는 '백만장자를 소개해 주십시오' 하고 적고 있다. '반드시 크게 돈 빌릴 사람을 소개하겠습니다' 그가 언급하고 있는 크게 돈 빌리는 사람이란 헨리 카이저라든가, 헨리 포드라든가, 월트 디즈니와 같은 큰 부자를 두고 하는 말이다.

이제부터 소개하는 찰리 서먼즈도 은행에서 돈을 빌려 10년 동안에 4,000만 달러의 돈을 버는 사업을 하게 된 사람이다. 그러나 그 전에 콘래드 힐튼, 윌리엄 니커슨, 찰리 서먼즈 등의 사람들에게 돈을 빌려주어 사업을 도와준 사람들의 일에 대해 서술해 두겠다.

은행이란 돈을 융통해 주는 것이 장사이다. 가능하면 돈을 성실한 사람에게 빌려주어 통화를 늘리고 있다. 모든 은행들은 돈을 빌려주는 일이 기본적인 사업 목표이므로 헛된 융자는 허용되지 않는다.

은행은 전문가이다. 그만큼 당신의 소중한 파트너이다. 은행은 당신을 도와주고 싶어한다. 간절히 당신이 성공하기를 바라는 사람 중의 하나이기 때문이다. 자기 일을 맡고 있는 은행이라면 은행이 하는 말에 귀를 기울이라. 따라서 상식이 있는 사람이라면, 빌린 돈의 힘이나 전문가의 충고를 경시하는 일은 결코 하지 않는다.

미국의 찰리 서먼즈라는 평범한 소년이 큰 부자가 된 것도 OPM과 성공으로 이끄는 계획, 거기에 진취적 기질, 용기, 상식 등으로 이루어져 있는 PMA의 성공 원리를 효과적으로 이용했기 때문이다.

댈러스의 찰리 서먼즈도 백만장자이다. 아니, 이 밖에 몇 사람의 텍사스인과 마찬가지로 그는 천만장자이다. 그는 19세 때까지만 해도 다른 많은 10대의 소년처럼 금전적으로는 여유가 없었기 때문에 조금씩이라도 일을 해서 돈을 저축하는 수밖에는 도리가 없는 환경에 놓여 있었다.

그런데 서먼즈가 매주 토요일 모은 돈을 예금하러 다니던 은행 간부가 그에게 흥미를 가졌다. 왜냐하면 돈의 가치를 알고 있는 앞날이 기대되는 소년이라고 생각했기 때문이다. 돈을 좀 가진 서먼즈가 혼자서 〈솜 매매〉를 시작할 결심을 하자 은행가는 그에게 신용을 주었다. 그것은 찰리 서먼즈가 OPM을 이용한 최초의 경험이었다.

그때 서먼즈는 '은행은 내 편이다'라고 확신할 수 있게 되었다. 〈솜 매매〉를 시작한 지 1년 반쯤 되어 서먼즈는 〈말과 용암(溶岩)〉을 매매하게 되었다. 그가 인간의 본질에 대해 많은 것을 배운 것은 그 무렵이다. 그리고 돈에 관한 지식을 보태어 인간의 이해가, 현재 성공한 사람이나 장래 성공할 사람에게서 공통적으로 볼 수 있는 극히 건전한 철학을 찰리 서먼즈 사상 속에 길러 내었다. 젊은 시절에 차지했던 이 철학을 몸에 지니고 두 번 다시 그것을 잃지 않은 서먼즈는 지금도 계속 가지고 있다.

그 철학이란 다름 아닌 상식이라는 이름으로 알려져 있다. 몇 년 후, 서먼즈는 다른 두 사람과 설립한 보험회사의 주식을 전부 매수하기에 이르렀다. 그는 그 돈을 어떻게 해서 조달했을까? OPM과 저축한 돈을 활용했다. 그것으로도 부족한 거액의 돈은 물론 은행에서 빌렸다. 이미 설명한 바와 같이 그는 전부터, '은행은 그의 편'이라는 것을 알고 있었다. 이윽고 그의 회사가 연간 4,000만 달러 가까운 보험 적금을 모은 해에, 그는 드디어 오랫동안 찾고 있던, 급속히 성장하기 위한 성공 공식을 찾아냈다.

이것으로써 준비는 갖추어진 셈이다. 1년 동안 4,000만 달러의 보험 적금을 판매한 것은 그 공식과 OPM 때문이었다. 서먼즈는 시카고의 보험회사가 리드 방법에 의한 판매 계획을 개발하여 성공하고 있다는 것을 알고 있었다. 오래전부터 세일즈 매니저가 사용하고 있던 방법은 판매 개척을 위한 리드 시스템을 의미하는 것이다.

세일즈맨은 충분한 리드를 얻어 가끔 많은 수입을 얻고 있었다. 리드란 관심을 보이는 개인이 먼저 문의하는 것을 말한다. 이것은 어떤 종류의 판매촉진 계획에서든 얻을 수 있다.

앞의 경험에서도 알 수 있듯이, 본래 인간은 모르는 사람이나 전에 개인적인 접촉이나 커뮤니케이션이 전연 없는 사람에게 무엇을 팔려고 하면 두려움을 느낀다. 그 때문에 많은 세일즈맨들이 그들이 목표로 하는 손님에게 무엇인가를 팔려는 데 헛되이 많은 시간을 보내고 있다.

그러나 보통 세일즈맨이라도 리드가 있는 손님을 먼저 방문할 생각이 드는 것이다. 그 까닭은 자기 자신은 세일즈 트레이닝을 받거나 세일즈의 경험이 없다 하더라도 충분한 리드를 얻을 수 있다면 많은 판매에 성공한다는 것을 알고 있기 때문이다. 게다가 방문하는 장소나 만나는 상대도 알고 있다. 그는 면담하기 전부터 목표로 하는 손님이 어떠한 관심을 가지고 있는가를 알고 있다.

그러니까 사전 준비를 조금도 하지 않거나 팔려는 계획이 반드시 필요한 경우처럼 두려움을 느끼는 일은 없다. 일부 회사에서는 판매 계획 전체가 이와 같은 리드에 기초를 두고 구성되어 있고, 그것을 얻기 위해 광고를 이용하고 있다. 그러나 광고는 돈이 든다.

찰리 서먼즈의 경우는 은행 담보가 될 만한 아이디어를 가지고 있을 때는 돈을 조달하기 위해 어디 가면 좋은가를 알고 있었다. 은행이 텍사스에서는 잘 알려져 있었기 때문이다. 그리고 찰리 서먼즈과 같은 계획을 가지고 그것을 살리는 방법을 알고 있는 성실한 사람에게 돈을 빌려주는 장사를 하고 있었다.

일부 은행 중에는 융자 희망자에 대한 조사에 시간이 얼마 걸리지 않는 데도 있다. 리퍼블릭 내셔널 은행의 오란 카이트 같은 간부들이 바로 그런 경우이다. 서먼즈는 그들에게 계획을 설명한 결과, 〈리디 시스템〉으로 보험 사업을 구축해 내기 위해 신용을 얼마든지 활용할 수 있었다.

찰리 서먼즈는 미국의 〈크레디트 시스템〉 덕분으로 생명보험회사를 설립할 수가 있었다. 이 같은 방법으로 10년간이란 단기간 내에 모은 보험 적금을 40만 달러에서, 4,000만 달러로 늘릴 수 있었다. 호텔·사무실 빌딩 제조 공장 등에 투자하여 기업의 경영권을 손에 넣을 수가 있었다. 그러나 OPM 활용은 특별히 텍사스에만 국한된 것은 아니다. W. 클레멘트 스톤은 파는 측의 돈을 써서 자산 160만 달러의 보험회사를 매수했다. 그는 볼티모에 있는 이 회사 매수에 대해 다음과 같이 기술하고 있다.

한 해가 저무는 섣달 그믐날이었다. 나는 여러 가지를 조사하거나 생각하면서 계획을 세우고 있었다. 내년의 주된 목표는 몇몇 주에서 영업할 수 있는 보험회사를 가지도록 하자는 것이었다. 또 목표 달성의 기한은 내년 12월 31일로 정해 놓았다. 그때 내가 알고 있던 것은 내가 무엇을 찾고 있는가와, 목표 달성의 기한이 결정되었다는 것뿐이었다. '목표를 어떻게 하면 달성할 수 있는가?' 하는 것은 알지 못했다. 그러나 이것은 대단한 것은 아니다. 나는 방법을 찾아낼 수 있다고 생각하기 때문이다.

먼저 해야 할 일은 내 요구를 채워 줄 회사를 찾는 일이었다. 나의 요구란, 첫째로 상해보험을 팔 수 있는 면허를 가지고 있고, 둘째로 거의 모든 주에서 영업할 수 있는 인가를 얻었냐 하는 것이다. 나는 기존의 사업은 필요없었다. 필요한 것은 전달 수단이었다. 여기에 물론 돈 문제도 있었다. 그러나 돈 문제가 생겼을 때는 그때 가서의 일이다. 실제로 그 문제가 일어났을 때에, 나는 그래도 유능한 세일즈맨이니까 필요하다고 생각되면 회사를 매수하는 계약을 맺고, 그 회사가 취급하는 보험을 전부 어느 정도 큰 회사의 보험에 재보험하고, 유효한 보험 이외의 것은 모두 내 것으로 만든다는 1단계의 준비를 하고 나면 거래하면 안 되는 경우는 없다고 생각했다.

그러므로 나에게는 기존의 사업은 필요 없었다. 전달 수단이 있으므로, 나에게는 상해보험을 시작할 경험과 능력이 있었다. 이 일은 전국적인 보험 판매 조직을 설치함으로써 이미 증명된 것이다. 나는 당장 직면할지도 모르는 문제를 분석하고 있는 동안에, 내가 무엇을 찾고 있는가를 세상에 알릴 것을 생각해 냈다. 그렇게 하면 세상이 도와주리라고 생각했다. 먼저 내가 실행한 일은 무엇을 찾고 있는가를 세상에 알리는 일이었다. 정보를 제공해 줄 환경에 있는 동업자를 만날 때마다 내가 찾고 있는 것을 얘기했다. 엑세스 보험회사의 조 깁슨도 그 중 한 사람이었다.

새해가 되면서 출발 테이프를 끊었다. 큰 목표가 서 있고 그것을 향해 걸어나갔기 때문이다. 한 달이 지나고 두 달이 지나고 여섯 달이 지났다. 그리고 드디어 열 달이 지나가 버렸다. 나는 많은 가능성을 열어두고 내밀한 탐색을 지속해보았지만, 나의 두 가지 기본적인 요구를 채워 주는 것은 하나도 없었다.

10월의 어느 토요일, 나는 되돌아온 서류를 가지고 책상 앞에 앉아 여러 가지로 조사해 보고 계획을 짜거나 그해 목표 리스트를 체크해 보았다. 목표는 일단 전부 조성되어 있었지만, 달성되지 않은 중요한 목표가 하나 남아 있었다.

그런데 이틀 뒤에 뜻하지 않은 일이 생겼다. 책상 앞에 앉아 문서를 꾸미고 있을 때 전화가 울렸다. 수화기를 들자 상대방의 목소리가 들려왔다. "여보세요. 클레멘트 씨입니까? 조 깁슨입니다." 그때 주고받은 대화는 비록 짧은 것이었지만 나는 잊을 수가 없다. 이어 깁슨은 빠른 말로 이렇게 말했다.

"볼티모어의 상업 신용회사는 큰 적자를 냈기 때문에 펜실베이니아 상해보험회사를 정리하는 모양이라는 이야기가 있는데 흥미가 있지 않을까? 합니다. 펜실베이니아 상해보험회사가 상업신용회사라는 건 물론 아시겠죠? 내주 목요일에 볼티모어에서 중역회의가 열리는 모양입니다. 펜실베이니아 상해보험회사가 취급하고 있는 보험은 전부가 상업신용회사가 가지고 있는 두 개의 다른 보험회사의 보험에 이미 재가입하고 있어요. 상업신용회사의 부사장은 워하임이라는 사람입니다."

당시 나는 워하임이라는 사람과 안면이 없었으므로 웬만해서는 그를 찾아볼 마음을 내기 힘들었다. 그러나 지금 서둘러야 내 것으로 만들 수 있음을 깨달았다. 이윽고 다음과 같은 생각이 나를 행동으로 이끌었다. "맞부딪쳐서 시험해 보아도 잃는 것은 아무것도 없다. 시험해서 성공하여 모든 것이 얻어질 수 있다면 모든 방법으로 시험해 보자. 아무튼 도전해 볼 일이다!"

이제는 주저할 것이 없다고 판단되자 수화기를 들어 볼티모어에 있는 워하임에게 장거리 전화를 걸었다. "워하임 씨! 여쭤볼 게 있습니다." 하고 나는 당찬 목소리로 말을 꺼냈다. 그런 다음에 내 소개를 하고, 펜실베이니아 상해보험회사의 처분 방법을 물었다. 나는 좀 더 빨리 목적이 달성되도록 협력할 수 있다는 생각을 알렸다. 이튿날 오후 2시에 볼티모어에서 워하임과 만날 약속을 했다.

이틀 후 오후 2시, 고문 변호사인 러셀 아린틀과 함께 워하임을 만났다. 펜실베이니아 상해보험회사는 내 요구를 충족시키는 곳이었다. 이 회사는 35개 주에서 영업할 수 있는 면허를 가지고 있었다. 취급하고 있던 보험은 이미 다른 보험회사에 재가입하고 있었으므로 유효한 보험은 전혀 없었다. 상업신용회사 쪽은 이 판로 확대만으로도 가장 빨리 확실하게 목적을 달성할 수가 있었다. 그밖에 면허의 권리금으로 나에게서 25,000달러를 받아 갔다. 결국 유가증권과 현금으로 160만 달러의 유동 자산이 상업신용은행의 손에 들어갔다. 나는 그 160만 달러를 어떻게 해서 얻었을까, OPM을 이용했는데, 다음과 같은 방식으로 한 것이다. "160만 달러면 어떨까요?"하고 워하임이 말했다.

나는 이러한 질문이 나오리라는 것을 미리 짐작하고 있었으므로 바로 대답했다. "상업신용은행은 돈을 빌려주는 것이 장사지요? 그러니 160만 달러를 여러분들에게 빌려서 사용했으면 합니다." 모두 웃었지만 나는 이야기를 계속 이어갔다. "여러분은 얻는 것은 있어도 잃는 것은 없습니다. 지금 사려는 400만 달러의 회사까지 포함해서 내가 가지고 있는 것을 몽땅 차입금의 담보로 사용할 수 있기 때문입니다." 그러자 의아한 눈으로 나에게 집중했다. "게다가 여러분은 돈을 빌려주는 것이 장사입니다. 나에게 팔아 주시려 하는 회사보다도 더 좋은 담보가 어디 있을까요? 게다가 이자도 붙는 겁니다. 여러분에게 가장 중요한 것은 이 방법을 따르면 가장 확실하게 여러분의 문제가 해결된다는 것입니다."

내가 말을 머뭇거리고 있자 워하임은 또 중요한 점을 다시 물었다. "당신은 어떻게 해서 그 차입금을 갚을 생각입니까?" 나는 이 질문에 대한 대답도 준비해 놓고 있었으므로 즉각 대답했다. "60일 이내에 완전히 갚을 생각입니다."

"아무튼 펜실베이니아 상해보험회사가 인가를 받은 주에서 상해보험회사를 경영하는 데 50만 달러 이상은 필요 없습니다. 펜실베이니아 상해보험회사가 전부 내 것이 되면, 자본금을 160만 달러에서 50만 달러로 줄어들게 됩니다. 그렇게 하면 독점 주주로서 남은 110만 달러를 차입금 갚는 데 충당할 수가 있습니다."

여기까지 말하고 나서 나는 다시 말을 이어나갔다. "문제는 말할 것도 없이 수입 지출을 불문하고 모든 거래에 부과되는 소득세입니다. 그러나 이 거래에서는 소득세를 지불할 필요는 없겠지요. 그 이유는 간단합니다. 펜실베이니아 상해보험회사는 이익을 올리고 있지 않으며, 따라서 자본금을 줄일 때 내가 받는 돈도 이익금으로 잡히지 않기 때문입니다."

그러자 또 질문이 계속되었다. "그렇다면 자본금 50만 달러는 어떻게 갚을 생각입니까?" "그것은 간단합니다. 펜실베이니아 상해보험회사에는 현금, 국세, 높은 값을 부르고 있는 유가증권만으로 구성되는 자산이 있습니다. 펜실베이니아 상해보험회사에 내가 가지고 있는 주와 차입금 갚을 것을 좀 더 확실히 하는 의미에서 내 다른 자산도 붙여서 담보로 넣으면, 내 거래처 은행으로부터 50만 달러는 빌릴 수 있습니다."

우리는 오후 다섯 시에 상업신용회사 사무실을 나왔다. 이 거래는 매우 만족한 결과로 끝났다. 이와 같이 스톤의 경험을 자세히 소개한 것은 OPM을 이용해서 목표를 달성하기 위해 거쳐야 되는 단계를 이해시키기 위해서이다. 이 이야기는 OPM 이용이 도움이 된다는 것을 보여주고 있다. 그러나 어떤 경우에는 신용이 화근이 되는 일도 있다. 여기까지는 신용을 이용하는 장점에 대해 서술했다. 돈을 만드는 것을 목적으로 돈을 빌리는 실제 사례에 대해 서술했다. 돈을 만들기 위해서 돈을 빌리는 것이야말로 자본주의요, 사업의 성공을 위해 좋은 일이다.

그러나 신용이라는 것이 좋은 것인가 나쁜 것인가 하는 문제는 한마디로 단언할 수가 없다. 어떤 때는 OPM에 의해 남에게 화를 입히게 하는 일도 생긴다. 이 신용도 예외는 아니다. 신용이 성실한 인간을 불성실한 인간으로 만들어 버리는 일도 있을 수 있다. 신용의 오남용은 번뇌, 욕구불만, 불행, 불성실을 낳는 큰 근원의 하나가 될 수도 있는 것이니까.

여기서 서술하는 신용은 공여자가 자발적으로 주는 신용이다. 신용 공여자가 남에게 신용을 주는 경우 상대가 신용을 주기에 적합한 인물이라 생각하거나 그 성실성을 신뢰하고 신용을 준다. 이와 같은 신뢰를 배신하는 자가 불성실한 사람이다. 이런 사람은 한 번 승낙한 지불을 이행하거나, 대출금을 전부 갚을 마음도 없이 돈을 빌리거나 상품을 사들이거나 한다. 그러나 성실한 사람이라도 사정이 있어 지불 기일에 지불하지 못하고 대출 변제나 구입 상품의 대금 지불을 게을리하면 불성실한 사람이 된다.

적극적인 마음가짐의 마스코트가 효력을 드러내고 있는 사람이라면 사실을 직시할 용기를 가지고 있기 때문에 이러한 일은 일어나지 않는다. 만일 사정이 있어 약속한 기일에 갚지 못하면 될 수 있는 한 빠른 시일내에 그 일을 채권자에게 통고해야 한다. 그리고 채권자의 동의를 얻어 만족할 만한 계약을 다시 체결해야 한다. 그밖에 어떤 일이든 부채가 완전히 없어질 때까지는 채권자에게 성심성의를 다할 것이다.

상식 있는 성실한 사람은 신용공여의 은혜를 남용하지 않는다. 반면에 상식에 어긋난 불성실한 사람은 괜히 빚을 얻는 일이 있다. 채권자에게 대출금을 갚을 이렇다 할 방법을 생각하지 않으니까 마스코트인 NMA의 효과가 그를 불성실한 인간으로 만들어 버리는 그런 무서운 결과를 낳는 것이다. 그는 곤란해졌지만 어떻게 할 도리가 없다고 안이한 생각을 하고 있을지도 모른다. 비록 그는 대출금이 있다고 감옥에 들어가는 일은 없다는 것을 충분히 알고 있다. 그러나 아무리 벌 받는 일은 없다고 해도 실제로 부채 때문에 번뇌, 불안, 욕구불만으로 고통을 받기 때문에 그것이 벌이라고 할 수 있다.

그는 마스코트에 강한 PMA의 효과(그에게 부채를 깨끗이 갚게 해줄 만한 효과)가 나타나기까지는 불성실한 인간일 것임에는 변함이 없다. 신용공여가 주는 혜택을 남용하는 것은 글자 그대로 육체적, 정신적, 도덕적인 병을 가져온다. 그러나 OPM의 이용은 가난하지만 정직한 사람이 부자가 되는 수단이 된다. 돈은 사업을 성공으로 이끄는 중요한 열쇠이다.

■■■ 그러므로 우리가 가진 돈이 없을 때 사업을 계획할 때의 법칙

☞ 사실을 직시하는 용기를 가져라.

불만을 만족으로 이끌어라

과연 우리가 만족할 수 있는 직업이란 어떤 것일까? 당신의 직업이 경영자이든, 종업원이든, 공장장이든, 공장 노동자이든, 의사이든, 간호사이든, 교사이든, 학생이든, 무엇이든 상관없이 당신이 직업에 만족하는 것은 당신이 그 직업에 종사하고 있는 한 당신 자신에게 달려 있다. 그렇다면 당신도 할 수 있는 일이다. 만족은 마음가짐이다. 당신 자신의 마음가짐은 당신이 소유하여 완전히 지배할 수 있다. 당신은 자기 직업에서 만족을 찾을 결심을 하고 구체적인 방법을 찾아낼 수가 있다.

본인이 희망하는 직업, 즉 원하던 직업은 자연스런 태도를 취할 수 있고 애착도 느낀다. 이런 경우에서는 만족을 얻기 쉽다. 그러나 원하지도 않았는데 어쩔 수 없이 택한 직업의 경우는 정신적, 감정적 갈등이나 욕구불만 등이 생겨난다. 그러나 PMA를 살려 자기 직업에 만족하고 숙달하기 위해서 경험을 쌓는다는 기분으로 몰두하다 보면 그런 갈등이나 욕구불만을 상쇄시켜나가면서 충분히 극복할 수가 있다.

젤리 아삼은 적극적인 사고(PMA)를 가졌으며 자기 일을 사랑하고 있다. 곧 자기 직업에서 만족을 얻고 있다는 것이다. 젤리는 하와이 왕가의 자손

이다. 그가 마음으로부터 진심으로 좋아하고 희망하는 직업이란 국제적인 큰 회사 하와이 사무소의 세일즈맨이었다.

젤리가 자기 일을 사랑하는 것은 자기 일을 잘 알고 있었으며 이미 숙달되어 있기 때문이다. 따라서 그가 하는 일에는 무리가 없다. 그러나 이러한 젤리에게도 무엇인가 바람직하지 않은 날이 있었다. 세일즈맨 일은 이와 같은 날이 곤란을 극복하고 PMA를 잃지 않도록 하면 막을 수가 있다. 그래서 젤리는 일하고 싶은 기분을 내주고 기운을 불러일으키는 책을 읽었다. 젤리는 책에 적혀 있는 교훈을 믿고 실천했다. 그리고 그것을 스스로 실험해 보았다. 그는 회사의 판매 매뉴얼을 연구하고 실제 판매 활동에서 배운 것을 실천으로 옮겼다. 그는 높은 목표를 설정하고 그것을 달성했다.

그리고 아침마다 자기 자신에게 이렇게 타이르며 마음을 다잡았다. "나는 건강하다. 행복하다. 기분이 상쾌하다." 실제로 그날의 그는 건강하고 행복하고 기분이 상쾌했다. 따라서 그의 판매 성적도 상쾌함, 그 자체였다.

세일즈 일에 자신을 가지게 되자, 젤리는 세일즈맨들을 모아 그가 공부한 대로 교육을 실시했다. 훈련은 회사의 훈련 매뉴얼에 제시되어 있는 가장 새롭고 가장 뛰어난 판매 방법을 써서 실행하게 되어 있다. 그는 그들을 하나씩 데리고 나와서 올바른 방법을 쓰고 계획을 세워 PMA로 매일 교육하여 세일즈 기법을 쉽게 터득하도록 가르쳤다.

젤리의 그룹은 아침마다 모여 전원이 목표를 달성하도록 가르쳤다. "나는 건강하다. 나는 행복하다. 나는 기분이 상쾌하다."라고 큰 소리로 외친다. 다음으로는 다 같이 큰소리로 웃으며 어깨를 두들겨 주며 서로 격려하고 저마다 그날의 판매 할당량을 달성하기 위해 나간다. 그들이 내거는 목표는 국내 제일의 노련한 세일즈맨이나 세일즈 매니저가 깜짝 놀랄 만큼 높이 평가받게 되었다. 이런 하루하루가 지나 각 주말에 세일즈맨은 전원 젤리의 회사 사장이나 세일즈 매니저를 기쁘게 하는 판매 실적을 올리고 있었다.

과연 젤리와 그 부하는 자기들의 직업에서 행복감을 느끼고 만족을 맛보고 있는 것일까? 정말 그들은 만족하고 있다. 다음에 그 이유를 몇 가지 들어보자.

❶ 그들은 자기들의 일을 충분히 연구하고 있으며 법칙이나 기술, 응용 방법을 잘 알고 이해하고 있으므로 자기들이 하는 일에 자연스럽고 만족할 만한 느낌을 가지고 있다.

❷ 확고하게 목표를 정하고 그것을 달성할 수 있다고 믿는다.

❸ 자기의 마음을 움직여 적극적인 마음가짐으로 활동하고 있다.

❹ 성과가 좋으니까 일에 만족을 느낀다.

젤리 아삼과 그의 부하인 세일즈맨들에게 그들의 직업에 대한 만족을 찾아내게 한 것도 모두가 마음가짐 그것뿐이었다. 이제 당신 주변을 살펴보자. 자기 일에 만족하고 있는 사람과 만족하고 있지 못한 사람을 비교해 보라. 그들의 장단점은 무엇일까?

행복하고 만족해하는 사람들은 자기 마음을 컨트롤할 줄 안다. 그들은 처해 있는 상황에 대해 적극적인 태도를 취한다. 그리고 좋은 것을 찾고 좋지 않은 것이 있으면 우선 자기 스스로가 어떠한 경우인지 확인한다. 그들은 자기 일에 대해 열심히 연구하므로 그만큼 일에 숙달되고 자기 자신은 물론

이요, 경영자에게도 보다 만족감을 느끼게 하는 일을 할 수 있게 된다. 그러나 불행한 사람은 NMA가 그들의 마음을 지배하고 있다. 마치 자기 스스로 불행해지고 싶다고 바라는 것과 같다. 무엇이든 불가능하다고 믿으며, 가능하지 않은 것을 찾고 있는 셈이다.

근무시간이 너무 길다든가, 점심시간이 너무 짧다든가, 상사의 마음이 자기 마음에 들지 않는다든가 회사가 충분한 휴가나 보너스를 주지 않는다든가, 어느 것이든 불평불만의 재료가 그득하다. 또는 누구는 매일 똑같은 옷차림을 하고 다닌다든가, 누구는 읽기 힘든 글씨체로 글씨를 쓴다든가, 자기와는 아무 관계가 없는 것까지 투덜거리며 불평한다. 그에게는 이렇게 무슨 일이든 불만의 씨앗이 될 뿐이다. 따라서 그들은 자기도 모르는 사이에 불행한 삶을 누리는 사람으로 살아간다.

하지만 어느 순간 그들도 멋진 성공을 거두는 일이 있다. 그러나 직업 그 밖의 다른 점에서도 그는 불행한 인간임에는 변함이 없다. 완전히 NMA에 휘말려 빠져나오지 못한다. 이것은 직업의 종류에 관계 없이 모두 마찬가지이다. 당신이 행복감과 만족감을 찾고 싶다면 그렇게 될 수가 있다. 마음가짐을 컨트롤해서 마스코트를 소극적인 마음가짐에서 적극적인 마음가짐으로 변화시켜 행복을 불러오는 방법을 찾아야 한다. 행복과 열정으로 일한다면, 당신은 다른 사람들이 할 수 없는 일을 해낼 수 있을 것이다. 그러면 일이 즐거워지고 직업에 대한 만족감은 높아질 것이다.

우리가 〈성공의 과학 — PMA〉에 대한 강의 시간에 자기 일에 열의를 찾게 하는 법칙에 대해 이야기할 때, 교실 뒷자리에 있던 젊은 여성이 손을 들었다. 그녀는 일어서서 이렇게 말했다.

"저는 남편을 따라 여기에 왔습니다. 여러분이 말씀하시는 것이 직장에서 일하는 사람에게는 맞을지 모르겠습니다만, 가정주부에게는 맞지 않습니다. 여러분은 매일 새로운 도전이나 흥미로운 일에 도전하고 있겠지만 집안일은 그렇지 않습니다. 가사 문제는 늘 같은 생활이라서 매일매일 자신이 바보같이 느껴집니다."

이 말은 우리에게 진짜 도전처럼 여겨졌다. 직장인이라도 일상에서 자신이 바보 같고 어리석게 느껴지는 경우도 상당히 많이 나타나기 때문이다. 이런 경우의 젊은 여성을 구제하는 방법을 발견한다면 자신이 하는 일이 매우 똑같다고 생각하는 사람들도 모두 구제할 수 있을지도 모른다.

무엇이 가사노동을 그렇게 매일매일 똑같은 일상으로 만드는가를 물어보았다. 그녀는 하루 일상이 옷가지를 세탁하고 설거지를 하며 마루를 문지르는 등등의 되풀이뿐이라는 것이다. 그녀는 진지한 얼굴로 이렇게 말했다. "여러분에게 이런 일을 시켜도 제대로 될 리가 없습니다." "잘 안 될 겁니다." 하고 강사도 그녀의 의견에 동의했다. "그래도 가사를 즐겁게 돌보고 있는 여성이 있을까요?" "물론 있습니다." "그럼 그 경우에는 무엇 때문에 가사를 재미있게 생각하고 가사에 큰 관심과 열의를 잃지 않는 것일까요?" 그 젊은 여성은 잠깐 생각한 뒤에 이렇게 대답했다. "아마도 그것은 일에 임한 태도 때문이라고 생각합니다. 그러한 여성은 자기 일을 귀중하게 생각하고 일상적인 것을 초월한 무언가에서 의미를 발견하고 있는 것 같습니다."

이것이 그 강의의 핵심이 되었다. 직장에 만족을 느끼는 비결의 하나는 일상적인 것을 초월해 보는 것이다. 그것은 자기 일이 자기를 어디론가 다른 세계로 인도해주는 것을 알아차리는 일이다. 이것은 당신이 가정주부이든,

총무과 경리든, 엔지니어이든, 큰 기업체의 경영자이든 모두 마찬가지다.

일상의 사소한 일을 주춧돌이라고 본다면 거기에서 만족감을 발견할 수 있으리라. 사소한 일 하나하나가 각각 한 개의 주춧돌이요, 그것이 선택한 방향으로 인도해주는 것이다. 그 젊은 여성에 대해서는 정말로 달성하고 싶은 목표가 무엇인가 찾아내고, 매일 하는 정해진 가사가 그 목표를 달성하는 일이라는 답이 나왔다.

그녀는 언제나 가족과 함께 세계 일주를 하고 싶다고 생각한다고 말했다. "좋습니다." 라고 강사는 말했다. "그러면 그걸 목표로 하지요. 자기 스스로 기한을 결정해 주십시오. 언제쯤 떠나고 싶습니까?" "우리 아이가 12세가 되었을 때입니다." 하고 그녀는 말했다. "즉, 지금부터 9년 후입니다."

"그렇기는 하지만 큰일이군요. 우선 돈이 많이 필요해요. 또 남편은 1년간 휴가를 받아야 하고요. 여행 계획도 세워야 하고요. 방문할 국가에 대한 조사도 필요합니다. 그런데 세탁기를 돌리고 설거지를 하며 거실을 청소하는 일을 하면서 목표를 달성하는 연습을 했다고 생각하지 않으시나요? 가사를 해내는 경험을 통해서 세계일주도 어떻게 추진해나갈지 방법을 찾을 수 있다고 생각하지 않으십니까?"

몇 개월 후에 그 주인공 여성이 우리 교실에 나타났다. 그녀가 교실에 들어온 순간, 성공했다는 것을 직감할 수 있었으며 그 방법을 만족스럽게 생각하고 있다고 느꼈다. "인생에 디딤돌이 되지 않는 사소한 일은 하나도 없다는 것을 알았습니다. 저는 청소 시간을 생각하거나 계획을 세우거나 하는 시간으로 사용합니다. 쇼핑 시간은 시야를 넓히기에 알맞는 시간입니다. 저는 여행 중에 먹게 될 여러 식품을 수입품으로 구입하기 때문입니다. 식사 시간은 교육 시간으로 활용하고 있습니다. 계란이 든 중국 우동을 먹으려고 할 때는 중국에 대한 책을 읽어서 식사 때 그 이야기를 가족에게 들려줍니다." "앞으로 재미없는 일은 없습니다. 다시 예전처럼 따분하게 돌아가는 일은 없겠지요."

만일 당신의 직업이 아무리 단조롭고 따분하더라도, 궁극적으로 지향하는 목표가 있으면 그 직업은 당신에게 만족을 줄 수가 있다. 이것은 어느 직업이든 모두 다 마찬가지라고 말할 수 있다.

어떤 젊은이가 의사가 되고 싶은 소망을 가지고 있다고 해보자. 그러면 그 젊은이는 의과 대학에 진학해야 한다. 그가 선택한 직업은 시간, 개업 장소, 소득 정도 등 수많은 요인에 의해 직업에 대한 만족도가 달라진다. 이것이 바로 직업을 가지는 데 오로지 적성만이 문제가 되지 않는 이유이다. 이렇듯 직업을 가질 때 영향을 미치는 여러 요인 때문에 아무리 머리가 좋고 야심이 있는 젊은이라도 세차를 하거나 육체노동을 하며 보낼 수도 있다. 직업은 맞서거나 자극을 주거나 해주지는 않는다. 다만 목적을 달성하기 위한 수단에 지나지 않는다. 그것도 자기 희망 대로 나가는 것은 확실하니까 직업으로 인한 어떤 고생이 따르더라도 최종 결과는 그 사람이 만족할 만한 것이다.

때로는 주어진 직업에 지불하지 않으면 안 되는 희생이 지향하는 목표에 비해 너무 비쌀 수가 있다. 공교롭게도 그런 직업을 갖게 되었을 때는 그 직업을 바꿔라. 비참한 생각으로 일하고 있으면 그 불만에서 생겨나는 독소가 생활의 모든 면에 오염시켜 수습할 수 없는 지경에 이르게 된다.

아무리 희생을 감수한다 해도 여전히 자기 직업이 싫어서 견딜 수 없으면, 자신에게 번득이는 영감을 주는 분야로 바꿀 필요가 있다. 때로는 저항이나 변화가 조건 여하에 따라서 플러스가 되기도 하고 마이너스가 되기도 한다. 좋아질 수도 있고, 나빠질 수도 있다. 언제나 적극적인 마음가짐은 주어진 상황에 맞는 마음가짐이라는 것을 생각하라.

프랭클린 생명보험회사의 찰스 베이커 사장은, "나는 다른 사람에게 불만을 가지라고 권유하고 있다. 불만이라 해도 불평불만의 의미에서의 불만이 아니라, 세계의 온 역사를 통해 모든 참된 진보와 변혁을 낳게 하는 성스러운 의미의 불만이다. 그러므로 만족하는 것은 금물이다. 끊임없이 자기 자신만이 아니라 자기를 둘러싼 세계를 개혁하여 완전한 것으로 만들고 싶다는 충동에 사로잡히도록 하는 편이 좋다고 생각한다."

이런 종류의 불만은 사람들에게 죄 많은 인간을 성자(聖者)로, 실패를 성공으로, 빈곤을 부유로, 패배를 승리로, 불행을 행복으로 바꾸는 동기를 줄수가 있다. 나폴레옹 힐은 말하고 있다. "어떠한 불운에도 그와 대등한 이익을 낳는 씨앗이 있다."고. 과거에 심한 고생이나 불행한 경험으로 생각했던 것이 뜻하지 않게도 성공이나 행복을 지향하여 뻗치는 용기를 준다는 것은 믿을 만한 사실이 아닐까?

아인슈타인은 〈뉴턴의 법칙〉이 모든 문제에 해답을 주지 않는 것에 불만을 가지고 있었다. 그래서 그는 자연이나 고도의 수학적 탐구를 계속해 드디어 〈상대성 원리〉를 발견했다. 그리고 이 이론을 기초로 해서 〈세계는 원자를 파괴하는 방법〉을 개발하며 '에너지를 물질로, 물질을 에너지로' 바꾸는 비밀을 알아내어 우주에 도전하고 정복하는 데 성공한 것이다.

이렇듯 경이로운 발견이 대개 그렇듯, 만약에 아인슈타인이 '번득임을 주는 불만'을 기르지 않았더라면 〈상대성 원리〉는 발견되지 않았을 것이다. 그러나 '번득임을 주는 불만'만 가지고 세계를 바꾼다고는 할 수가 없다. 또 자기 세계를 바꾸어 자기가 나아가고 싶은 방향으로 나가게 할 수는 있다. 클라렌스 란체가 자기 직업에 불만을 가졌을 때 그에게 어떤 일이 일어났는가를 얘기해 보자.

클라렌스 란체는 오랫동안 오하이오주 캔튼에서 시내 전차의 차장 노릇을 하고 있었다. 어느 날 아침, 그는 눈을 뜨자 자기가 하는 일이 싫다고 생각했다. 그는 직업상 하는 일은 매일 똑같은 일을 되풀이하는 것이므로 싫증이 난 상태였다. 그렇다고 생각하면 생각할수록 불만이 점점 더해질 뿐이었다. 생각을 그만두려고 해도 머릿속에서 사라지지 않았다. 불만이 쌓여 강박 관념에 사로잡힐 것 같았다. 이때 클라렌스가 가슴에 품고 있던 불만은 대단히 강한 것이었다.

누구든지 자기처럼 긴 세월을 시내 전차의 회사에 근무하고 있다면 불행하다고 생각할 것이라고까지 느끼자, 자기가 불행하다는 생각이 좀처럼 그의 머리에서 떠나지 않았다. 그런데 그는 적극적인 사고 - PMA - 성공의 과학 강좌를 받고 있고, 가능하다면 어떤 직업에도 만족할 수 있다는 것을 배우고 있었다. 지금 그가 해야 될 일은 올바른 태도를 취하는 것이었다. 클라렌스는 일의 상황을 뚜렷이 파악하고 거기서 무엇을 할 수 있는가를 생각하기로 했다.

"어떻게 하면 일이 즐거워질 것인가?"하고 그는 자신에게 물어보았다. 그리고 아주 좋은 대답을 떠올렸다. 바로 타인을 행복하게 해주면 자기도 행복해질 것이라는 생각이다. 그의 주위에는 행복하게 해줄 수 있는 사람이 너무나 많았다. 왜냐하면 매일 전차 속에서 많은 사람을 만나고 있기 때문이다. 언제나 누구와도 쉽게 친구가 될 수 있는 성격의 소유자였기 때문에 이렇게 생각했다. "이런 나의 특기를 살려서 전차를 타는 사람들의 하루하루를 조금이라도 행복하게 만들어 주면 어떨까?" 승객들은 클라렌스의 생각이 매우 훌륭하다고 생각했다. 그의 꾸밈새 없는 쾌활한 인사는 그들을 매우 즐겁게 해주었기 때문이다. 따라서 그들이 즐거워하면 당연히 클라렌스도 즐거워졌다. 그러자 상사는 그와 반대 태도를 취했다. 상사는 클라렌스를 불러서 필요 이상의 서비스를 멈추라고 경고했다.

그러나 클라렌스는 귀를 기울이지 않았다. 그 후에는 더욱 정성을 기울여 고객들을 행복하게 해주려고 힘썼다. 그렇게 함으로써 그는 승객들과의 인간관계에서 큰 성공을 거두었다. 그러나 클라렌스는 지나친 친절을 멈추라고 경고했던 상사에게 해고를 당했다.

클라렌스는 커다란 문제가 생겼다. 그러나 그것은 좋은 일이었다. 적어도 PMA - 성공의 과학 강좌에서 배운 바로는 그런 현상은 좋은 일을 이룰 수 있는 변화의 조짐이었다. 이렇게 된 이상 클라렌스는 나폴레옹 힐을 찾아가 해고된 이유를 분명히 알아두고, 이 문제를 어떻게 하면 좋을지 상의해야겠다고 생각했다. 그래서 캔튼에 살고 있는 힐에게 전화를 걸어서 이튿날 오후에 만날 약속을 했다. "힐 씨, 저는 《생각하라, 그러면 부자가 될 수 있다》는 책을 읽고, PMA 〈성공의 과학〉을 공부했는데, 어디부터인지 길을 잘못든 것 같습니다." 그리고 자초지종을 나폴레옹 힐에게 얘기했다. 그리고 마지막을 이렇게 마무리 지었다.

"저는 지금 어떻게 하면 좋을까요?" 그의 물음에 나폴레옹 힐은 미소 지으며 말했다. "당신의 문제를 잘 생각해 봅시다. 당신은 하고 있던 일에 불만을 가지고 있었습니다. 그것은 분명히 옳은 일입니다. 당신은 사람들과 쉽게 친해지는 좋은 성격을 가진 사람입니다. 당신은 그런 재능을 살려 더욱 노력함으로써 직업에서 만족을 얻음과 동시에 남에게도 큰 만족을 주려고 했지요. 문제는 당신의 상사가 당신이 하던 일을 삐딱하게 보는 데서 비롯되었어요. 그렇지만 그것은 괜찮습니다. 왜냐하면 지금 당신은 전보다 더 큰 목표를 위해 당신의 훌륭한 개성을 살릴 수 있기 때문입니다."

나폴레옹 힐은 클라렌스 란체에게 전차 차장보다 세일즈맨이 되는 편이 좋겠다고 말했다. 그의 훌륭한 능력이나 사람들과의 뛰어난 친화력이 특징인 그의 개성을 살릴 수 있을 것이라고 가르쳐 주었다.

그는 뉴욕 생명보험회사의 세일즈맨으로서 직업을 얻었다. 직업을 바꾼 클라렌스가 최초로 방문하기로 작정한 첫 번째 손님은 그가 근무하고 있던 시내 전차회사의 사장이었다. 클라렌스는 사장에게 자기의 개성을 있는 그대로 드러내 보였다. 이윽고 그가 사무실을 나설 때 10만 달러의 생명보험에 든 신규 가입서를 손에 쥐고 있었다. 마지막으로 힐이 란체와 만났을 때에는 그는 이미 뉴욕에서도 일류의 보험 세일즈맨이 되어 있었다.

어떤 환경 속에서 당신을 행복하게 하거나 성공시키는 개성이나 재능이나 능력은 서로 반대 작용을 미치게 하는 것이 있다. 당신이 하고 싶다고 생각하는 것은, 이미 그것을 잘 할 수 있는 성향이 당신 내부에 잠재해 있는 것이다. 만약 내키지 않는 일을 억지로 하거나 어딘지 모르게 마음에 들지 않는 일을 하고 있으면, 당신은 〈둥그란 구멍에 네모진 나무못〉이란 말을 듣게 된다. 이러한 불행한 처지에 놓여 있을 때는 직업을 바꿈으로써 당신은 즐거운 환경으로 옮길 수가 있다.

그러나 직장을 바꿀 수 없는 경우도 있다. 그때는 당신의 개성, 재능, 능력에 맞도록 직장을 조정할 수가 있으니까 역시 즐겁게 일하게 될 것이다. 즉, 앞서 말한 둥그란 구멍을 네모난 구멍으로 만들면 된다. 이 해결법은 소극적인 태도에서 적극적인 태도로 바꾸는 데 도움이 될 것이다. 그렇게 하고 싶은 소망을 끌어내어 계속 품고 있으면 당신의 성격이나 습관을 없애거나 바꿔서 새로운 성격이나 습관을 몸에 습득할 수 있게 된다.

진심으로 그럴 생각이라면 정신적, 도덕적, 갈등에 견딜 각오를 해라. 그만큼의 대가를 치를 의지가 있으면 갈등은 극복할 수 있다. 그러나 대가를 전부 지불하면 새로이 몸에 지닌 특성이 눈에 띄게 될 것이다. 그렇게 되면 당신은 행복해질 수가 있다. 개운치 않은 감정이 나중까지 남게 되는 일 없이 원하는 일을 하게 되기 때문이다. 적극적인 마음가짐으로 계획하는 일에 성공하려면 내면에서의 싸움이 계속되는 동안 육체적, 정신적, 도덕적 건강을 유지하도록 노력할 필요가 있다.

■■■ 직업에 불만이 있을 때 그것을 이겨내는 법칙
☞ 자기의 재능을 살려 남에게 즐거움을 주는 것에 만족하라.

DALE CARNEGIE

3
평화와 행복을 얻는 방법

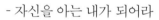

3. 평화와 행복을 얻는 방법

> 자기 자신을 발견하고 자기 자신이 되라. 그리고 일에 흥미를 가져라. 그
> 러면 번민에서도 해방되게 마련이고, 결국은 승진도 하고 월급도 오르게
> 된다. 그보다는 피곤을 최소한으로 줄이게 되고 그 여가에 즐거움을 느끼
> 게 되는 것이다.

자신을 아는 내가 되어라

나는 얼마 전 노스캐롤라이나주 마운트 에어리의 에디스 얼레드 부인한
테서 편지 한 통을 받았다. 그 사연은 이러하다.

"저는 어렸을 때 지나치게 감정이 예민하고 수줍기 짝이 없었습니다. 제
몸이 너무 뚱뚱한데다가 양쪽 볼이 축 처져서 실제보다 몸이 더 비대한 것처
럼 보였습니다. 저의 어머니는 구식이라 고운 의상이 필요 없다고 생각하였
으며, 언제나 '크고 넉넉한 옷은 입을 수 있어도 작은 옷은 찢어진다(Wide whill
wear while narrow will tear)'는 말을 하고 제 옷도 큼지막하게 만들어 주었습니다.

저는 절대로 어떠한 파티에도 참석하지 않았고, 친구들과 함께 하는 과외활동이나 운동경기 같은 데도 참가하지 않았습니다. 부끄러움 타는 게 거의 병적이었으며, 스스로도 '모자라는 사람'이라고 자책했고 다른 사람들에게 따돌림당한다고 생각했습니다.

성인이 되어 저보다 나이가 많은 어떤 남자와 결혼했지만, 제 성격은 변하지 않았어요. 시집 식구들은 퍽 점잖고 자부심이 강한 사람들이었죠. 모든 점에서 아무것도 나무랄 데 없는 사람들이었으나, 저는 도무지 그들 사이에 끼어들지 못했습니다. 그들과 친해지고 싶었으나 그렇게 되지 않았어요. 그들이 저를 가까이하면 할수록 점점 저는 위축되어갔지요. 신경질적인 성향을 눈에 띄게 두드러졌고, 화를 내기 시작했습니다. 저는 사람 만나는 것도 무조건 회피했어요. 심지어 문밖에서 초인종이 울리는 것도 무서울 지경이었지요. 저는 완전히 낙오자가 되었습니다. 저 자신도 열등감에 사로잡혀 있었으며, 그것을 남편이 알까 봐 두려웠습니다. 그래서 외출을 할 때면 일부러 화려한 차림을 하고 쾌활한 시늉을 했지만, 과장된 행동을 의식적으로 취한 후에는 마음이 도리어 전보다 더 비참해졌습니다. 그러다가 나중에는 세상에 사는 의미조차 잃어버리게 되어 자살까지 생각할 정도였습니다.

그렇다면 무엇이 이 불행한 여자의 생활을 고쳐 주었을까? 우연한 기회에 들은 한 마디의 말이었다고 얼레드 부인은 이야기를 계속 이어갔다.

우연한 기회에 들은 한 마디 말이 제 생활을 근본적으로 고쳐 주었습니다. 어느 날 저의 시어머니는 어떻게 자녀를 길러냈다는 이야기를 하다가, 어떠한 일이 있든지 간에 언제나 자식들에게 '자기 자신이 되라고 강조했다.' 고 말하였습니다. '자기 자신이 돼라!' 바로 이 말이었습니다. 그 자리에서 나의 머리에 문뜩 떠오른 것은 저의 모든 불행이 제게 맞지 않는 테두리 속에 자신을 억지로 맞추려고 하는 데 있다는 것을 깨달았어요.

저는 하룻밤 사이에 마음을 고쳐먹고 저 자신이 되기를 결심하였죠. 자신의 개성을 연구하였어요. '저의 생긴 그대로'를 찾아보려고 한 거죠. 자신의 장점을 발견하는 동시에 제 의상 색깔과 모양을 될 수 있는 데까지 잘 연구하여 제 몸에 맞게 만들었어요. 또한 친구도 사귀고 사회단체에도 가입하였어요. 처음에는 조그마한 모임에 참가하였으나 나중에는 그들이 저를 강연자로 선택하게 되었지요. 처음에는 두려움에 떨었으나 한두 번 해나가는 동안에 용기를 얻었어요. 물론 오랜 세월에 걸쳐 이루어진 것이었지만 지금 와 생각하니 전에는 꿈에도 생각해 보지 못할 만큼 행복해졌습니다. 지금 자녀를 기르면서도 그와 같은 쓰라린 경험에서 얻은 교훈을 항상 그들에게 가르치고 있는 자신을 발견하게 됩니다. 즉 '어떠한 일이 있더라도 언제나 자기 자신이 돼라!'

이처럼 자기 자신다워야 한다는 문제에 대해, '역사와 같이 오래되었고 인간 생활과 같이 보편적인 것'이라고 제임스 고든 길키 박사는 다음과 같이 말하고 있다. 자기 자신이 되기 싫어하는 문제는 모든 신경증과 정신이상, 강박관념의 원인이 된다.

안젤로 패트리는 아동 교육 문제에 관하여 13종의 책을 쓰고 수많은 칼럼을 쓴 사람이었다. 그는 '누구보다도 제일 비참한 인간은 자기의 몸과 마음속에 있는 자기 자신이 되려고 하지 않고 그와 다른 무엇이 되기를 원하는 사람이다'라고 말하였다.

자기와 다른 그 무엇이 되려는 사람들은 특히 할리우드에서 많이 볼 수 있다. 할리우드에서 유명한 영화감독 샘 우드는, 열성적인 젊은 배우들 때문에 골머리를 앓고 있는 문제는 그들이 '온전히 그들 자신이 되게 하는 문제'라고 말하였다. 그들은 모두 라나 터너의 이류, 클라크 케이블이 삼류가 되기를 원한다. 그러나 우드 감독은 항상 그들에게 "대중은 이미 그러한 배우에 대한 성향을 경험하였음으로, 이제는 그와 색다른 무엇을 요구하고 있다."고 말하고 있다.

우드 감독은《군바이, 미스터 칩스》,《누구를 위하여 좋은 울리나》등의 영화를 감독하기 전까지 여러 해 동안 부동산 매매업에 종사하였기 때문에 세일즈맨의 판매방법을 잘 알고 있었다. 그는 온전히 자기 자신이 되는 문제는 영화계는 물론 사업에서도 똑같이 응용할 수 있다고 말하였다. 우리가 원숭이를 흉내 낸다고 해도 아무 소용이 없으며, 결코 앵무새가 되어서도 안된다. "제 경험에 비추어 자기가 아닌 사람이 되려는 사람은 될 수 있는 대로 빨리 해고하는 것이 상책이라는 것."이라고 말했다.

나는 소커니 베큐임 석유회사의 인사부장 폴 보인튼에게, 취업 희망하는 자들이 범하는 가장 큰 실수가 무엇이냐고 물어본 일 있다. 그는 이미 6만 명 이상의 취업 희망자와 면담하였으며,《취업하는 여섯 가지 방법》이라는 책을 쓴 사람이기 때문이다. "취업을 희망하는 자들이 범하는 가장 큰 실수는 자기 자신이 되려고 하지 않는 데 있습니다. 그들은 솔직한 말을 하지 않고 구직자가 면접자의 비위를 맞출 궁리만 하는 것이 문제입니다." 그것은 아무 소용이 없다. 왜냐하면 아무도 위선자를 원하지 않으며, 위조지폐를 가지려는 사람은 한 사람도 없기 때문이다.

어떤 전차 차장의 딸이 상당히 노력한 끝에 그러한 교훈을 알았다. 그녀는 가수 지망생이었는데, 외모가 뛰어나지 못한 것이 흠이었다. 입이 굉장히 크고, 이는 뻐드러져 밖으로 튀어나와 보였다. 뉴저지 나이트클럽에서 대중 앞에서 처음으로 노래할 때, 그녀는 윗입술로 이를 감추려고 애쓰고 있었다. 그녀는 실력을 다해 완벽한 공연을 마치려 했지만, 결과는 도리어 웃음거리가 되고 말았으며 그녀의 소망은 실패로 돌아갔다.

그런데 나이트클럽에서 그녀의 노래를 듣고 훌륭한 소질이 있다고 생각한 남자가 있었다. 그는 "나는 당신 공연을 보고 당신이 무엇을 감추려고 하는지 알았소. 당신의 이를 부끄러워하는 것이 아니겠소?"하고 물었다. 여자는 무안하였다. 그러나 남자는 말을 이어갔다. "그것이 무슨 관계가 있단 말이오. 뻐드렁니를 가진 것이 무슨 죄가 되겠소. 절대로 그것을 감추려고 하지 말고 입을 크게 벌리시오. 그러면 청중은 부끄러워하지 않는 당신의 마음씨를 보고 도리어 당신을 칭찬할 것입니다. 당신이 감추려고 하는 그 이빨이 당신의 팔자를 고쳐 줄는지도 모르오."라고 말하였다.

캐스 달리는 그 남자의 충고에 따라 더 이상 자기의 이빨을 신경 쓰지 않게 되었다. 이때부터 그는 청중에게만 관심을 기울였다. 가능하면 입을 크게 벌리고 명랑하고 쾌활한 목소리로 노래를 부르기 시작하여 마침내 영화와 라디오에서 스타가수가 되었다. 그러자 오히려 다른 연예인들이 캐스 달리 캐릭터를 흉내 내려고 하는 상황이 연출되었다.

유명한 윌리엄 제임스가 보통 사람은 자기의 숨은 정신적 능력을 10%밖에 발휘하지 못한다고 말한 것은 바로 자기 자신을 발견하지 못하는 사람들을 두고 한 말이다. 그는 이렇게 말했다.

"우리는 자기가 타고난 그릇을 겨우 절반밖에 채우지 못하고 있다. 우리의 육체적, 정신적 능력의 극히 일부분만을 이용하고 있다. 대체로 이것을 보면 인간은 자기 자신의 한계보다 훨씬 못 미치는 안전한 지점에서 살고 있다. 사람은 여러 가지 다양한 능력을 가지고 있건만 관습적으로 그것을 충분히 활용하지 못하고 있다."

우리는 모두 다양한 능력을 가지고 있다. 따라서 남과 같지 않다고 해서 조금도 걱정할 필요는 없다. 그대는 이 세상에서 새로운 그 무엇이다. 세상이 처음 생길 때부터 현재 오늘에 이르기까지 그대와 똑같은 사람은 하나도 없었으며, 앞으로 수억 년을 가더라도 그대와 똑같은 사람은 역시 하나도 나오지 않을 것이다.

오늘날의 새로운 유전과학은, 당신의 몸은 아버지에게서 받은 23개의 염색체와 어머니에게서 받은 23개의 염색체로 이루어진 것으로써 이 46개의 염색체가 당신의 유전을 결정한 모든 요소이다.

그리고 앰럼 샤인펠트는 이렇게 말했다. "각 염색체 속에는 어느 부분을 막론하고 수십 개부터 수백 개에 이르는 유전자가 있는데, 경우에 따라서는 그 한 개의 유전자가 한 인간의 전 생명을 변경시킬 수 있다." 과연 우리의 몸은 이렇듯 '놀라울 정도로 위대하게' 만들어져 있다.

그대의 어머니와 아버지가 같이 만나 당신과 같이 지정된 인간이 태어날 확률은 300조의 기회의 단 한 번의 기회가 있을 뿐이다. 다시 말하면 그대가 300조의 형제자매를 가졌다 하더라도 그대를 빼놓고서는 전부가 그대와 다를 것이다. 이것은 결코 나의 주먹구구식 계산에서 나온 이야기가 아니고 과학적 사실에 의하여 증명된 것이다. 이에 대해 좀더 자세하게 알고 싶다면 앰럼 샤인펠트의 《인간과 유전》이라는 책을 참고하기 바란다.

그러므로 그대는 우선 그대 자신이 되어라. 그리고 어빙 벌린이 조지 거쉰에게 말한 현명한 충고처럼 행동하라. 벌린이 처음 거쉰을 만났을 때 벌린은 이미 유명한 작곡가가 되어 있었고 거쉰은 뒷골목에서 일주일에 35달러를 받고 일하는 가난한 작곡가였다. 벌린은 거쉰의 재주에 감격하여 당시 거쉰이 받던 급료의 거의 3배나 되는 보수를 주고 자기의 음악 비서가 되어 달라고 부탁했다. 그리고 벌린은 이렇게 조언했다. "그러나 그대는 이 직업을 가지지 말게, 만일 이것을 직업으로 가진다면 그대는 벌린의 아류밖에 되지 못할 거야. 그대가 어디까지나 자기 자신이 되도록 가꿔간다면 그대도 어느 날 일류 거쉰이 될 수 있을 것일세." 거쉰은 이 충고를 귀담아듣고 자기 자신이 되기를 꾸준히 노력한 결과 마침내 당대에 가장 유명한 작곡가의 한 사람이 되었다.

찰리 채플린이 처음으로 영화계에 발을 디뎠을 때 영화 감독은 채플린에게 당시의 인기 있던 독일의 어떤 희극 배우를 흉내내 보라고 권유하였다. 그러나 찰스 채플린은 누구의 흉내도 내지 않고, 꾸준히 연마하여 자기 자신만의 독특한 연기를 하여 전 세계에 이름을 알리게 되었다. 밥 호프도 채플린과 같이 어려운 시절을 겪었다. 여러 해 동안 노래와 함께 춤을 추는 연기를 했으나 유명해지지 못했고, 재담 있는 기술로써 자기 자신을 표현하면서 큰 인기를 누리게 되었다.

월 로저스는 수년 동안 아무 말 없이 보드빌에서 줄만 꼬고 있었다. 그러나 결국 남을 웃기는 자기만의 독특한 재주를 발견하여 줄을 요리조리 휘두르며 익살을 부리기 시작한 다음부터 비로소 유명해지기 시작했다. 메리 마가렛 맥브라이드가 처음 방송을 시작했을 때, 아일랜드 희극 배우의 흉내를 내려다가 실패하였다. 그러나 자기가 생긴 그대로를, 즉 미주리주 태생의 두메산골 아가씨의 태도를 그대로 드러내자, 단번에 뉴욕에서 가장 인기 있는 라디오 스타가 되었다.

진 오틀리가 처음 텍사스 사투리를 쓰려고 하지 않고, 도시 청년이 입는 옷을 입어 마치 자기가 뉴욕에서 온 사람처럼 행세하려 할 때 사람들은 등 뒤에서 비웃었다. 그러나 한 번 벤조를 안고 카우보이 민요를 부르자, 진 오틀리는 영화나 라디오를 통하여 세계에서 제일 인기 있는 카우보이 가수가 되었다.

당신은 이 세상에서 유일한 사람이다. 당신은 그것을 기뻐하라. 조물주가 당신에게 부여한 것을 가장 적절하고 유효하게 활용하라. 결국 모든 예술은 자전적인 요소로 이루어진다. 당신은 오직 그대만의 이야기를 노래하고 그대만의 이야기를 그릴 수 있을 뿐이다. 당신은 자신의 경험과 환경과 유전자가 만들어 놓은 당신 자신이 되어야 한다. 좋거나 나쁘거나 당신은 자신의 조그마한 정원을 가꿔야 할 것이며, 좋든 싫든 당신은 인생이라는 오케스트라에서 당신 자신의 작은 악기를 연주해야 할 것이다.

에머슨은 《자기 신뢰》라는 그의 에세이에서 이렇게 말하고 있다. "모든 사람의 교육에서 반드시 다음과 같은 신념에 도달할 때가 있다. 즉, 질투는 무지의 소치이며, 모방은 자살 행위이다. 그러므로 좋든 싫든 자기 자리에 자기 자신을 앉혀야 한다는 것과 아무리 넓은 우주 사이에 좋은 것이 가득 차 있더라도 자기에게 경작하라고 내어 준 땅 위에 자기의 노력을 제공하지 않고서는 기름진 곡식 한 톨도 자기에게 돌아오지 않는다는 신념이다. 자기 육체 안에 부여된 힘은 오직 자기만이 가지고 있는 유일한 능력이다. 따라서 자기가 할 수 있는 것을 아는 사람은 자기 자신 이외에 아무도 없다. 또한 자신이 실행해보기 전에는 그것이 무엇인가를 알 수 없다." 이것이 에머슨의 말이다. 그러나 시인 더글라스 말록은 이렇게 표현하였다.

언덕 위에 소나무가 되지 못 하거든
산골짜기의 구부러진 잡목이 되어라
그러나 시냇가의 아름다운 나무가 되어라.
나무가 되지 못하거든, 덩굴이 되어라.

그대 만일 덩굴이 될 수 없거들랑
한 주먹 작은 풀이 되어 큰길을 아름답게 할지어다.

그대 만일 노루의 사향이 되지 못한다면 갈대가 되어라.

그러나 호수에서 가장 생생한 갈대가 되어라.

모두가 선장이 못 되니

선원이 되어라

그대들은 이곳에서 제각기 할 일이 있나니

어떤 것은 큰일이오, 어떤 것은 작은 일이로되

그대들이 해야 할 일은 거의 모두 같다.

큰 길이 되지 못하거든 작은 길이 되어라.

태양이 못 되거든 별이 되어라.

그대의 성공과 실패는 크고 작은 데 있는 것이 아니니

그대의 생긴 대로 최선을 다하라!

■■■ 우리에게 평화를 가져오고 근심 걱정을 물리쳐 주는 정신적 태도를 기르기

위한 법칙

☞ 남을 모방하지 말라. 자기 자신을 발견하고 자기 자신이 되어라.

피로와 번민을 막는 좋은 작업 습관

시카고에 있는 노스 웨스턴 철도회사 사장인 롤랜드 L. 윌리엄스는 말
했다.

> 66 여러 가지 서류를 책상 위에 산같이 쌓아 두는 사람이 있으
> 나, 지금 즉시 필요치 않은 것을 모두 치워버린다면 업무를 더 수
> 월하고 정확하게 해낼 수 있다. 나는 이것을 가장 중요한 습관이라
> 고 본다. 이것이야말로 작업의 효율성을 향상시키는 첫걸음이다."

워싱턴에 있는 국회도서관 천장에는 시인 포프의 "질서는 하늘의 제1법
칙이다"라는 시구가 새겨져 있다. 질서는 모든 일의 제1법칙이기도 하다. 그
러나 대부분의 비즈니스맨의 책상 위에는 일주일 내내 볼 일이 없을 것 같
은 서류가 널려 있다. 사실 한 신문사 발행인이 내게 이야기한 것인데, 그의
비서가 책상 하나를 치웠더니 2년 전에 잃어버렸던 타자기가 나왔다는 것이
다. 답장 보내지 않은 편지, 보고서, 메모지 등이 잔뜩 쌓여 있는 책상은 보
기에도 혼란스럽고 긴장과 어지러움을 일으키는 데 충분하다.

그보다 더 좋지 않은 것이 또 있다. 그것은 이런 것! "하지 않으면 안 되
는 잡다한 일은 많고, 그것을 할 시간이 없다."는 것이다. 이것은 사람에게
긴장과 피곤을 가중시켜서 고혈압·심장병·위암 등을 발생시키는 원인이
될 수도 있다.

펜실베니아 대학 의학부 교수인 존 H. 스도크 박사는 지난 미국의학협

회에서 "장기에 관련된 병, 기능적 노이로제"란 논문에서 〈환자의 정신상태에 대한 고찰〉에 대해서 11개의 조건을 제시했다. 그의 제1의 항목은 다음과 같다.

"하지 않으면 안 된다는 강박관념, 혹은 의무감, 직접 하지 않으면 못 견디는 끝이 없는 긴장감."

그러나 '책상 위를 정돈하는 결단을 내릴 수 있는 기본적인 방법'은 매우 중요하다. 유명한 정신병학자인 윌리엄 L. 새들러 박사는 이 간단한 공부를 함으로써 신경쇠약을 치료한 환자의 이야기를 들려 주었다.

그는 시카고에 있는 대기업의 임원이었는데 새들러 박사를 찾아왔을 때는 긴장하고 조급하고 번민하고 있는 모습이 마치 죽음 직전과 같았다. 그렇지만 사업을 그만둘 수는 없었다. 그래서 의사의 조언을 구한 것이다.

새들러 박사는 말했다. "그와 이야기를 나누고 있을 때 전화벨이 울렸습니다. 그것은 병원에서 온 것이었어요. 저는 그 용건을 즉시 처리했습니다. 그것이 제 방침이었거든요. 그런데 그 일이 끝나자마자 또 전화가 걸려왔습니다. 긴급한 문제여서 이번에는 이야기를 길게 계속했습니다. 세 번째의 방해자는 제 동료의 방문이었습니다. 그는 중환자의 조치에 필요한 저의 의견을 듣고자 찾아왔습니다. 그 일을 마치자, 저는 손님에게 너무 오래 기다리게 하여 미안하다고 사과했습니다."

그런데 그는 상당히 밝은 기분이 되어 있었다. 그는 새들러 박사에게 말했다. "괜찮습니다. 선생님. 이젠 어떤 방법인지 알 것 같습니다. 선생님을 기다리는 20분간에 저는 저의 잘못을 찾아낸 것 같습니다. 저는 사무실에서 돌아가서 곧바로 일하는 습관을 고치겠습니다. 그 전에 선생님, 실례지만 책상 속을 좀 보여 주시겠습니까?"

새들러 박사는 책상 안을 보여 주었다. 아주 깨끗했다. "처리하지 않은 서류는 어디에 있습니까?" 하고 환자는 물었다. "모두 처리했습니다."하고 새들러 박사는 대답했다. "답장을 보내지 않은 편지 같은 것은요?" "한 통도 없습니다. 저는 즉시 답장을 해주고 있습니다."

그리고 6주 후에 그 대기업 임원은 새들러 박사를 그의 사무실로 초대했다. 그는 변해 있었다. 그리고 그의 책상도 달라져 있었다. 그는 책상을 보여주고, 그 책상 서랍 안에서 미결된 서류가 없음을 보여 주었다. 그가 이렇게 말했다. "저는 6주 전만 해도 두 곳의 사무실에 세 개의 책상을 갖고 있었습니다. 책상에는 미해결 서류가 잔뜩 쌓여 있었습니다. 일을 끝마칠 수가 없었습니다. 그 후 선생님과 이야기를 나누고 돌아와서 보고서와 헌책들을 전부 처리해 버렸습니다. 지금 저는 하나의 책상에서 일을 하고, 일이 생기면 즉시 처리하며, 미해결된 일로 쩔쩔맨다든가, 긴장하고 고민하는 일은 전혀 없습니다. 그리고 대단히 놀라운 것은 제가 완전히 회복되었다는 사실입니다. 저는 이제 아무 데도 아픈 곳이 없습니다."

그리고 미국 최고재판소 장관이었던 찰스 에반스 휴즈는 말했다. "인간은 과로가 원인이 되어 사망하지는 않는다. 쓸데없는 정력 소모와 고민이 원인이 되어 사망한다." 다시 말하자면 인간의 죽음이란 정력의 낭비와 일을 마치지 못할 것이라는 고민에서 비롯된다는 것이다.

시티즈 서비스 회사의 창립자인 헨리 L. 도허티는 돈으로는 살 수 없는 귀중한 재능이 두 가지 있다고 말했다. 여기서 대단히 귀중한 능력이란 첫째 생각하는 능력이고 둘째는 중요한 것부터 일을 처리하는 능력이다. 최하위직부터 시작하여 20년 만에 펩소던트 회사의 사장으로 출세한 찰스럭맨은 헨리 L. 도허티가 말한, 보이지 않는 두 가지 재능을 가지고 성공했다고 단언했다.

그리고 찰스럭맨은 말했다. "나는 아침 5시에 일어납니다. 왜냐하면 이른 아침에는 생각이 잘 되기 때문입니다. 하루의 계획을 세우고, 일의 중요도에 따라 처리할 계획을 세우는 것은 아침에 해야 하는 일입니다. 계획을 세우는 데는 아침 5시를 넘으면 안 됩니다."

미국에서 가장 성공한 보험 판매원인 프랭크 베트거는 하루의 계획을 세우는 데 아침까지 기다리지도 않았다. 그는 이미 전날 밤에 그것을 계획하여, 다음날 처리할 보험 액수를 결정한다. 만일 처리하고 남은 금액이 있으면 그것은 다음날의 목표액에 추가시키는 것이다.

나는 나의 오랜 경험을 통해, 인간은 당연히 모든 일을 그 중요성에 따라 처리하기 어렵다는 것을 알고 있다. 그러나 가장 중요한 일을 가장 먼저 한다는 계획이 '이것을 할까, 저것을 할까' 하는 것보다 어디까지나 효율적이라는 것을 알고 있다.

조지 버나드 쇼가 제일 중요한 일을 가장 먼저 한다는 엄중한 법칙으로 정하지 않았다면 그는 틀림없이 작가로서 실패하였으며, 일생 동안 은행의 출납계에서 일했을지도 모른다.

그의 계획은 반드시 하루에 5페이지 글을 쓰는 것이었다. 이 계획으로 그는 매일 노력해서 하루 5페이지를 계속해서 썼다. 그가 성공하지 못한 작가로 벌어들인 9년간의 소득은 30달러로, 하루 1센트씩이었다. 그러나 이렇게 매일 5페이지의 글을 쓰는 생활 규칙이 새로운 영감을 가져다 주었던 것이다. 심지어 로빈슨 크루소도 매일의 일을 계획하고 실천했던 것이다.

나의 반 학생이었던 고 H. P. 하웰은 나에게 이렇게 말했다. 그가 U. S. 스틸의 임원이었을 때, 임원회의에서 언제나 긴 시간에 걸쳐 많은 안건을 심의해야 되니까 대부분 의결할 것이 남게 되었다. 그 결과 각 임원들은 많은 보고서를 집에까지 가지고 가서 연구해야 했다.

그래서 하웰 씨는 한 번에 한 의안을 내놓고 심의 결정하자고 제안하기로 전원을 설득했다. 연기한다든가 집에 가지고 가지 말 것, 새로운 보고서를 써야 하거나 어떤 일을 실행할 때나 실행하지 않을 때 등등, 어하튼 그것을 결정짓지 않고서는 다음의 안을 꺼내지 않도록 했다.

그 결과는 실로 놀라웠다. 모든 서류는 정리되고, 일정표는 깨끗이 처리되고, 보고서를 집에까지 가지고 갈 필요가 없게 되었다. 더욱이 미해결 문제로 머리를 어지럽히지 않는다는 점이었다. 이것은 스틸의 중역회의에서만 아니라 우리들에게도 좋은 방법이다.

많은 경영인들이 자기의 일을 다른 사람에게 위임할 줄을 모르고 있다. 자기 혼자서 전부 끝내려고 덤벼들다가 아직 그럴 나이가 아닌데도 사망하기도 한다. 자질구레한 일로 정신을 차리지 못하게 되고 번민, 불안, 긴장, 초조감에 쫓기는 일상을 반복하다 보니 큰 병에 걸리거나 요절하기도 한다.

물론 자기의 책임을 타인에게 위임하는 것을 배우는 것이 어렵다. 나의 경험상으로 타인에게 권위를 위임함으로써 생기는 재앙도 알고 있다. 그러나 권위를 위임하는 것이 어려운 것이지만 중역들이 번민과 긴장, 피로를 느끼지 않으려면 그것을 실행해야 한다. 큰 사업을 하는 사람으로 조직화, 권한 위임, 지휘 감독하는 방법을 배우지 못한 사람은 50세나 60세 초기에 긴장과 고민으로 인해 어느 날 갑자기 심장병으로 사망하는 일도 흔하다. 만약 당신이 그 실례를 알고 싶다면 신문의 부고란을 주의 깊게 살펴보기 바란다.

무엇이 사람을 피로하게 만드는가, 그 대책은?

여기에 놀랄 만하고 의미심장한 사실이 하나 있다. 그것은 다름이 아니라 정신적인 작업만으로는, 우리 인간은 피곤하지 않다는 것이다. 어쩌면 바보 같은 소리를 한다고 할는지 모르겠지만 사실은 과학자들이 인간의 두뇌가 피곤하려면 어느 정도 긴 시간을 필요로 하는가? 그것을 발견하려고 실험한 적이 있었다. 그들이 발견한 것은 뇌를 스쳐 가는 혈액이, 즉 활동 중에는 전연 피곤한 기색을 보이지 않았다.

그날그날 힘든 일을 하는 노동자들의 몸에서 뽑은 혈액에서는 피곤을 유발하는 독소가 가득 차 있었으나 알베르트 아인슈타인의 뇌에서 뽑은 혈액에서는 그것이 하루가 끝나는 시간에서도 피곤을 유발하는 독소는 보이지 않는다. 뇌에서는 하루 8시간이나 12시간을 활동하고 난 후에도 처음 활동을 시작할 때와 마찬가지로 뇌는 조금도 피곤할 줄 모른다. 그러면 무엇 때문에 인간은 피곤해지는가, 피곤함을 느끼는 원인은 무엇인가?

정신병학자가 말하는 것을 인용하자면, 우리들이 피곤을 느끼는 대부분은 다름이 아니라 우리들의 정신적이며 감정적인 태도에 원인이 있다고 단언하고 있다. 영국의 유명한 정신병학자의 J. A 하드필드는 그의 저서 《힘의 심리》에서 말하기를, "우리의 괴로움인 피곤의 대부분은 정신적인 원인에서 온다. 순수한 육체적인 원인에서 오는 피곤은 실은 아주 적은 것에 불과하다."라고 서술했다.

미국의 저명한 정신병학자의 한 사람인 브릴 박사는 이보다 한층 발전적인 학술로, "건강한 사무원의 피로는 100% 심리적 요소로, 다시 말하면 감정적 요소가 원인이다."라고 단언했다. 그렇다면 어떤 종류의 감정적 요소가 사무원을 피곤하게 하는 것일까? 즐겁다든가, 만족하다든가, 또는 불쾌하다든가, 유쾌하다든가, 굴욕과 원한, 정당하게 평가받지 못하고 있다는 기분과 계속 일을 하고 있다는 기분, 초조, 불안, 번뇌 등 이러한 감정적인 요소가 사무원들을 피곤하게 하여 감기에 걸리고 일의 능률이 낮아져서 신경질이 나고, 따라서 두통을 앓는 채 집으로 돌아가는 것이다. 우리는 자기의 감정이 신체 내에서 신경 세포를 긴장시킴으로써, 피곤해지는 것이다.

이러한 사실을 지적한 책자에 기술하기를, "격심한 업무에서 비롯된 피곤함을 종합해 보면 충분한 수면과 휴식을 취함으로써 회복된다. 번뇌와 긴장과 감정의 혼란이 피곤의 3대 원인이다. 육체나 정신적으로 부담을 자주 느끼고 있는 그것 자체가 커다란 원인이다. 긴장해 있는 근육, 즉 활동하고 있는 근육이라는 것을 잊어서는 안 된다. 그러므로 우리는 많은 일을 하기 위한 에너지를 간직하여야 한다." 지금 즉시 일을 멈추고 자기 자신들을 검토해 보라.

이 책을 읽는 동안에 당신은 책을 뚫어지게 바라보고 있지 않은가? 눈과 눈 사이에 긴장을 느끼고 있지 않은가? 긴장한 자세로 의자에 앉아 있지 않는가? 어깨를 으쓱 올리고 있지는 않은가? 얼굴에 굳은 표정을 짓고 있지 않는가? 만일 당신은 전신이 헝겊으로 만든 인형처럼 자연스럽고 부드럽지가 않다면 당신은 이 순간에도 정신적인 긴장과 육체적인 긴장을 하고 있는 것이다. 다시 말하자면 당신은 신경적인 긴장으로 인한 피곤과 육체적인 긴장으로 인한 피곤을 느끼고 있다. 그렇다면 왜 우리는 정신적인 노동을 하는데, 긴장하는 것인가?

조스린은 말하기를, "어려운 일일수록 노력하는 정신이 필요하다. 그 노력이 없다면 뭔가 이루어지지 않는다는 것을 우리는 알고 있다. 노력이 필요하다는 것을 알고 있는 것 자체가 커다란 장애이다."라고 했다. 그러므로 우리들은 정신을 집중하여 책을 읽을 때는 얼굴 표정을 찡그리고 어깨를 추켜세운다. 이 행동은 이미 노력을 하겠다는 동작이므로 근육에 힘을 주게 된다. 그러나 그것은 어디까지나 뇌 움직임의 도움이 없어서는 이루어지지 않는다. 즉 뇌의 활동이 동시에 일어난 것이다.

여기에 놀랍고도 가슴 아픈 진리가 있다. 돈을 낭비한다고는 꿈에도 생각지 못하는 대부분의 사람들이 술을 마시고 취해서 비틀비틀하는 것과 같이 그들은 또한 에너지를 낭비하고 있다는 것이다.

그렇다면 이 신경의 피곤에 대하여 어떠한 대책은 없는가! 그것은 바로 휴식이다. 휴식! "일을 하려거든 휴식하는 재주를 배워라!" 쉬운 일이라고? 천만에! 아마 당신은 당신의 습관을 크게 전환하지 않고서는 되지 않을 것이다. 그러므로 그것은 노력해야 할 가치가 있다. 그리하여 당신의 생애에

일대 혁명이 올지도 모르는 일이 아닌가.

윌리엄 제임스는 그의 《휴양의 복음》이라는 에세이에서 다음과 같이 서술하고 있다.

"미국인은 지나치게 긴장하고, 작은 일에도 기를 쓰고 쉽게 탄식하고 강박감을 느끼고 통탄스런 표정을 짓는다. 이것은 실로 아주 나쁜 습관으로서 반드시 고쳐야 한다."

긴장은 습관이다. 휴식도 습관이다. 나쁜 습관은 버려야 하는 것과 마찬가지로 좋은 습관은 잘 키워야 한다.

그렇다면 나쁜 습관을 어떻게 버려야 하는가? 어떻게 고쳐야 하는가? 마음부터 고쳐 나가야 하는 것일까? 그러나 어느 쪽도 아니다. 항상 근육을 쉬게 하는 것부터 시작해야 한다.

그럼 어떻게 근육을 쉬어야 하는가? 한 가지 시도해 보기로 하자. 눈부터 시작하자. 이 구절을 다 읽고 나면 눈을 감아라. 그리고 조용하게 눈을 향하여 말하라. "쉬어라, 쉬어라. 긴장하지 말라. 얼굴을 찡그리지 말라. 그리고 쉬어라, 쉬어라." 1분간 몇 번이라도 이렇게 조용히 말을 계속하라. 2,3초 계속하면 당신은, 눈의 근육이 그것으로 끝인지 시작인지 직감할 수 없지만, 또는 누구의 손이 와서 긴장을 가져갔는지 느낄 수 없지만, 아마 이런 것들을 믿지 않을지도 모르지만, 하여튼 당신은 1분간에 휴양하는 기술의 모든 핵심요소와 비결을 얻을 것이다. 턱과 얼굴의 근육, 목, 머리, 어깨 등도 똑같은 방법으로 휴식을 취하게 한다. 그러나 제일 중요한 곳은 눈이다.

시카코 대학의 에드문드 자콥슨 박사는 모든 사람은 눈의 근육을 완전히 풀 수 있다면 모든 번뇌를 잊을 수 있다고까지 말하였다. 그렇다면 어째서 눈의 신경적 피곤을 없애는 것이 그렇게 대단히 어려운가, 말한다면 눈은 우리 몸에서 소비하고 있는 전체 신경 에너지의 4분의 1을 소비하고 있다. 시력이 완전한 대부분의 사람들이 눈의 피로로 고민하는 이유도 여기에 있다. 그들은 눈을 긴장시키고 있다.

유명한 소설가 비키 바움은 어린 시절에 한 노인으로부터 아주 중요한 교훈을 얻었다는 이야기이다. 그녀는 잘못하여 넘어져서 손목에 상처를 입었다. 그때 그 노인은 서커스단의 소품을 챙기는 일을 맡은 사람이었는데 그녀를 도와 일으켜 주고 그녀의 몸을 털어 주면서 이렇게 말했다. "네가 넘어져 다친 것은 편히 하는 방법을 모르고 있기 때문이에요. 다시 말하자면 고무줄처럼 늘어나는 나일론 양말처럼 부드럽게 하고 있지 않은 탓이지요. 그럼 내가 그 방법을 보여 줄 테니 잘 보도록 하여라."

그 노인은 그녀와 다른 아이들에게 넘어지는 법과 재주넘는 요령, 그리고 물구나무서기 동작을 보여 주었다. 그리고, "자기 자신을 늘어나는 고무줄로 생각하는 것이다. 그리고 언제나 어깨를 편안히 해야 한다."라는 말을 들려 주었다. 당신은 언제 어디서든 어디를 가든지 아주 여유 있게 행동하라. 그러나 여유 있게 하려고 노력해서는 안 된다. 여유 있게 하고 일체의 긴장과 노력이 없게 할 것이다. 어떠한 잡념도 없는 상태에 이르는 것이다. 먼저 눈과 얼굴의 근육을 쉬게 하면서 몇 번이고, "쉬어라…… 쉬어라…… 아주 여유 있게 쉬어라." 라는 말을 되풀이하는 것이다.

그렇게 하면 에너지는 얼굴의 근육으로부터 시작하여 몸 전체에까지 천천히 흘러 들어가는 것을 알게 된다. 그리고 갓난아기처럼 긴장으로부터 해방되는 것이 틀림없다.

대단히 유명한 소프라노 가수인 갈리 크루치도 그렇게 했다. 헬렌 젭슨이 내게 말하기를 언제나 그녀는 무대가 열리기 전에는 의자에 깊숙이 앉아 있었는데 몸의 모든 곳을 잠을 자듯이 축 늘어뜨리고 있었다고 했다.

다음으로, 여유 있게 하는 방법을 알기 전에 우선 효과 있는 다섯 가지를 서술하자.

❶ 이 문제에 관하여 가장 좋은 책 중의 하나인 힌크 박사의《신경적 긴장에서 해방》을 읽을 것. W. 조스린의《왜 피곤해 있는가》를 읽어 볼 가치가 있다.

❷ 언제든지 여유 있으라. 몸을 고무줄처럼 탄력 있는 자세를 취하라. 나는 언제나 헌 나일론 양말 한 짝을 책상 위에 올려놓고 있다. 언제든지 축 늘어뜨리고 편안하게 있는 것을 잊어버리지 않게 하려는 것이다. 양말이 없을 때는 고양이라도 좋다. 따뜻한 날 잠을 자고 있는 어린 고양이를 본 일이 있을 것이다. 그럴 때 고양이의 두 발은 아래로 축 늘어져 있을 것이다.

나는 오늘날까지 피곤한 고양이나 신경쇠약증에 걸린 고양이나 불면증, 번뇌, 위험 등에 처하는 고양이를 본 일이 없다. 당신이 고양이처럼 여유 있는 방법을 알았다면, 분명히 이와 같은 불행을 초래하지 않았을 것이다.

❸ 될 수 있는 한 편안한 자세에서 활동하라. 신체의 긴장은 어깨에 남아서 신경피로를 불러일으킨다는 것을 잊지 마라.

❹ 하루에 4, 5회씩 자기를 검토해 볼 것. "나는 이 일을 실제 이상으로 피

곤하게 만들고 있지 않은가? 나는 이 일에 관계없이 근육을 사용하고 있지는 않은가?"라고 자기 자신에게 물어보라. 이것은 여유 있는 습관을 만드는 방법의 하나이다.

❺ 하루가 끝날 때 자기에게 물어보라. "어떤 것이 나를 피곤하게 하는가. 만일 피곤해 있다면 그것은 내가 한 정신적 노동 때문이 아니고 그 하는 방법이 나쁜 것이다."

다니엘 조스린은 말하고 있다. "나는 하루가 끝날 때 일의 결과로 얼마만큼 피곤해 있는가를 따지지 않고 얼마만큼 피곤해 있지 않은가를 따진다. 하루가 끝날 때, 이상하게 피곤을 느끼는 날이면, 그 날은 일한 양과 질이 전부 효과가 없는 날이었다는 것을 알게 된다."

이와 같은 교훈을 배운다면, 지나친 긴장으로 인한 사망률이 상당히 줄어들 것이다. 그리고 피곤과 걱정에 찌들어 낙오되거나 지친 사람들로 요양소나 정신병원이 만원이 되는 일은 없을 것이다.

피곤, 번민, 원한을 일으키는 권태를 없애는 방법

피로의 주원인의 하나는 권태이다. 그것을 설명하기 위해 엘리스라는 속기사를 등장시켜야 하겠다. 어느 날 저녁 엘리스는 피곤한 몸을 이끌고 집으로 돌아왔다. 그녀는 정말 피로한 상태였다. 두통이 있고 등과 허리가 아팠다. 그녀는 저녁밥도 먹지 않고 곧바로 자리에 들고 싶었으나 어머니의 성화에 하는 수 없이 식탁 앞에 앉았다. 그때, 전화벨이 울렸다. 남자 친구에게서 걸려온 전화였다. 댄스파티에 초대한다는 것이다. 그녀의 눈은 빛났다. 갑자기 기운이 났다. 그녀는 2층으로 뛰어 올라가 무도회 복장으로 갈아입고 집을 나섰다. 그리고 날이 밝을 무렵 새벽 세 시까지 춤을 추었다. 그녀가 집에 돌아왔을 때는 조금도 피로한 기색이 없었다. 오히려 그녀는 너무나 즐겁고 기운이 솟구쳐서 잠을 자고 싶지 않을 정도였다.

그러면 엘리스는 8시간 전에는 정말 피로한 상태였던 것일까? 그때는 분명 피곤했다. 그녀는 자기의 일에 싫증을 느끼고 있었다. 또한 그녀는 인생 자체에 싫증을 느꼈을 것이다. 이렇듯 엘리스와 같은 사람이 우리 사회에는 수 백만 명일 것이다.

당신도 그 가운데 한 사람인지도 모른다. 인간의 감정적 태도가 육체적 노력보다 한층 피로를 가져온다는 것은 분명한 사실이다. 수년 전에 철학박사 조셉 E 바맥 씨는 〈심리 기록〉에서 권태가 피로의 원인이 된다는 것을 입증하는 보고서를 발표했다. 그는 많은 학생들에게 전혀 흥미롭지 않은 테스트를 했다. 그 결과 학생들은 피로를 느끼고 졸음이 오고 두통과 눈의 피로를 호소하며 매우 초조한 기분이 되었다. 그중에는 위장의 통증을 호소하는 사람도 있었다.

이것은 상상이 아니라 현실이다. 이 학생들을 상대로 신진대사 테스트를 실시한 결과 사람은 권태를 느끼면 인체의 혈압과 산소의 소비량이 현실보다 감소되고, 사람이 자기의 일에 흥미와 즐거움을 느끼면 그 즉시 신진대사의 속도가 증가한다는 사실이 밝혀졌다.

인간은 무언가에 흥미를 느끼고 흥분되는 일에 몰두하고 있을 때는 전혀 피로를 느끼지 않았다. 예를 들면, 나는 최근 루이스 호반에 있는 캐나다의 로키산맥에서 휴가를 보냈다. 며칠간 코럴 그리크의 연안에서 몸보다 굵고 긴 나무가 빽빽한 숲을 헤쳐가며 나무뿌리에 걸려 넘어지거나 베어놓은 나무둥치 밑으로 빠지기도 했다. 그렇게 8시간을 계속해서 낚시질을 했는데도 나는 지칠 줄 몰랐다. 왜 그럴까? 내가 흥분하고 마음이 춤을 추고 있었기 때문이다. 나는 더 이상 뭐라고 형용하기 어려운 성취감에 취해 있었기 때문이다. 꽤 큰 물고기를 6마리나 잡았기 때문에 신이 나 있었다. 만약 내가 낚시에 싫증을 느꼈다면 어떤 기분이었을까? 나는 해발 7천 피트의 고지에서 힘에 벅찬 일을 해도 전혀 피로한 줄 몰랐다. 등산과 같은 힘든 활동을 할 때도, 소모적인 일 이상의 권태가 당신을 피곤하게 한다. 미네아폴리스의 은행가인 S. H 킹맨 씨는 나에게 이 사실을 입증하는 이야기를 해 주었다.

1943년 7월, 캐나다 정부는 산악회에 〈특별 유격대원〉의 등산 훈련에 필요한 가이드를 선출해 보내줄 것을 요청했다. 킹맨 씨는 가이드로 선발되었다. 대부분 40세에서 49세 가량의 가이드들은 젊은 군인들을 인솔하여 빙하를 건너고 눈벌판을 지나고 40피트나 되는 절벽을 기어올랐다. 그들은 캐나다 로키산맥에서 두 번째로 높은 미카엘 봉과 소요호 계곡에 있는 이름 모르는 봉우리에도 올랐다. 이렇게 15시간에 걸친 등산을 마친 후 원기 왕성하던 젊은이들도 파김치처럼 피로에 지쳐버렸다.

그들의 피로는 이제까지 훈련되지 않은 근육을 사용했기 때문에 생긴 것이다. 벅찬 유격대의 훈련을 겪은 젊은이들은 처음에는 '이 정도는 충분히 감당할 수 있어.'라고 하면서 코웃음 쳤을 것이다. 그들은 등산에 권태를 느꼈기 때문에 피로해진 것이다. 그들은 피로가 극에 달하여 식사도 하지 않고 잠자리에 든 사람도 적지 않았다.

그러면 병사들보다 20여 살이나 나이가 많은 가이드들은 어떠했을까? 물론 그들도 피로했지만, 완전히 지쳐서 쓰러질 정도는 아니었다. 가이드들은 저녁 식사를 하고 몇 시간을 앉아서 그 날의 경험을 즐겁게 이야기했다. 그들이 지쳐 쓰러지지 않는 것은 등산에 흥미를 가지고 있었기 때문이다.

컬럼비아 대학의 에드워드 손다이크 박사는 피로에 관한 실험에서, 몇 사람의 어떤 청년에게 끊임없이 흥미를 갖게 하여 약 1주일 간을 잠을 자지 않게 하였다. 여기서 박사는, "일에 대한 의욕 감퇴는 권태가 유일한 원인이다."라고 보고했다. 만일 당신이 정신적 노동자라면 일의 양으로 피로해진다고는 할 수 없다. 반대로 하지 않은 일의 양으로 피로해진다고는 할 수 있다. 자기가 하고 싶지 않은 일은 양이 많지 않아도 금방 피곤을 느낀다.

예를 들면, 당신의 일이 쉴새 없이 일에 방해받았던 것을 생각해 보는 것이 좋다. 여러 군데서 온 편지에 답장도 쓰지 못했고, 약속을 지키지 않는 등 어려운 문제가 있었다, 그 날은 어떤 일도 잘 되지 않았다. 당신이 한 일은 모두 헛수고로 끝났다. 그래서 당신은 육체적으로나 정신적으로 매우 피로에 지쳐서 집으로 돌아온다.

그런데 다음 날은 모든 일이 잘 풀려나갔다. 전날보다 40배나 되는 일을 해결하였다. 그래도 끄떡없이 하얀 눈송이와 같은 산뜻한 기분으로 집으로 돌아올 수 있었다. 당신에게 그런 경험이 있었을 것이다. 그런 일이 내게도 있었다.

여기서 나는 배울 수 있는 교훈을 찾았다. 우리가 느끼는 피로는 언제나 일을 하는 데서 비롯되는 것이 아니라 번민과 좌절, 분노 등이 원인이 되어 일어난다는 사실이다. 이 내용을 서술하고 있는 도중 나는 제롬 컨의 코미디 뮤지컬 〈쇼보트〉의 공연을 보았다. 안디 선장은 그의 철학적인 극 중에서 이런 말을 했다.

"스스로 즐기는 일을 하는 사람은 진정으로 행복한 사람이다."라고 말한다. 그들이 행복하다고 말하는 것은 보다 많은 열정을 가지며 행복감을 느끼고, 보다 적은 고민과 피로를 느끼기 때문이다. 당신의 흥미가 있는 곳에 활력이 넘쳐난다. 만약 불평 섞인 말로 가득 찬 아내와 나란히 1마일을 걷는 것은 사랑하는 연인과 10마일 걷는 것 이상으로 지친다.

그러면 어떻게 하면 좋을까? 어느 속기사의 일을 실례로 살펴보자. 오클라호마의 어느 석유회사에 근무하고 있는 속기사였다. 그녀는 한 달에 일주일은 상상도 할 수 없을 정도로 단조롭고 지루한 일을 하고 있었다. 인쇄된 임대차 계약서에 숫자와 통계를 기입하는 것이다. 그녀는 단조롭고 지루한 일에서 벗어나려고 일을 재미있게 바꿔보려고 시도했다. 그럼 어떤 일을 했을까? 그녀는 매일 자기 자신과 경쟁했다. 매일 아침 자기가 작성할 계약서의 수를 정해 놓았다. 그런 다음 오후에는 그 이상의 것을 작성해보려고 노력했다. 하루의 합계를 세고 다음 날에는 그 이상의 것을 작성하려고 노력했다.

그 결과는 어떠했는가? 그녀는 자기의 동료들보다도 많은 계약서를 작성할 수 있는 능력이 생겼다. 그녀는 거기에서 무엇을 얻었을까? 그것은 칭찬이나 감사, 아니면 승진? 혹은 월급 인상? 아니다. 그런 것이 중요한 것이 아니었다. 그것은 권태에서 비롯된 피로를 방지하는 데 더 없는 효율적인 방법이었다. 그것은 그녀에게 정신적인 안정을 가져다주었다. 그리고 권태스러운 일을 흥미로운 일로 바꿔낸 것이다. 그녀는 지금까지 열의를 갖고 그이상의 여가를 즐겁게 보내게 됐다. 나는 이 이야기가 사실이라는 것을 증명할 수 있다. 왜냐 하면 나는 그 속기사와 결혼했기 때문이다.

몇 년 전 하를란 A. 하워드는 큰 결심을 했다. 그 결심은 그의 일생을 완전히 변화시켰다. 처음에 그는 권태로운 일을 잊으려 결심한 것이다. 그의 일은 모두 재미없는 것뿐이었다. 다른 소년들이 야구를 한다든가 여학생들과 짓궂게 장난치며 놀고 있을 때 그는 고등학교 식당에서 탁자와 접시를 닦았고, 아이스크림을 파는 일을 하고 있었다.

하워드는 자기의 일을 경멸하고 있었다. 그러나 일을 계속하지 않을 수 없었기 때문에 아이스크림에 관해서 연구해야겠다고 결심했다. 어떻게 해서 만들어지는가?, 어떤 재료를 사용하는가, 어떻게 해야 더 맛이 좋은가, 어째서 맛이 나쁜가? 등등을 연구했으며, 아이스크림의 화학 구조식을 공부하기도 했다. 그리하여 마침내 고등학교 화학 교과에서 1등을 했다. 그렇게 화학 연구에 빠져든 그는 차츰 영양학에도 흥미를 갖게 되고 매사추세츠주립대학교에 입학해 식품학을 전공했다. 그 당시 뉴욕의 코코아 취급소에서 전국의 학생에게 '코코아와 초콜릿의 이용에 관한 현상 논문' 공모전을 실시하였다. 그때 하워드는 입선하여 상금으로 1백 달러를 받았다.

그러나 취직이 되지 않았으므로 매사추세츠주 암허스트에 있는 고향집에 돌아가 집 지하실에 개인 연구실을 만들었다. 때마침 처음으로 우유 속의 '박테리아 함유량'을 표시해야 되는 새로운 법률이 시행되었다. 하워드는 암허스트에 있는 14개 우유회사로부터 박테리아 함유량을 분석하는 일을 맡게 되었다. 그는 두 사람의 조수를 두고 있다.

그로부터 25년 후에 그는 어떻게 되어 있을까? 현재 영양학에 관해 종사하고 있는 사람들은, 그때 가서는 은퇴를 하든가 저 세상에 가 있으리라. 그리고 창의력과 열의로 불타고 있는 젊은 사람에게 업무가 인계되어 있으리라. 지금부터 25년이 지나면 하를란 하워드는 그가 종사하고 있는 분야에서 뛰어난 지도자 위치에 서 있을 것이다. 이것은 틀림없는 사실일 것이다. 그에게 카운터 너머로 아이스크림을 샀던 그의 친구들은 대부분은 직업을 잃고 실망한 가운데 정부를 저주하며, '우리들은 운이 없었다.'고 불평불만을 늘어놓고 있으리라. 하워드 역시 만일 그가 권태스러운 일을 재미있게 바꿔보려고 노력하지 않았다면 그에게도 성공할 기회는 오지 않았을 것이다.

몇 해 전에 공장 내의 선반 기계 앞에 서서 볼트를 만드는 단조로운 일을 하는 젊은이 샘이 있었다. 그의 이름은 샘이었는데, 일을 그만두고 싶었으나, 다른 직장이 구해지지 않아 일을 계속하고 있었다. 그런데 샘은 지루한 일을 계속해야 한다면, 무언가 바꾸어 재미있게 해보려고 노력했다. 그래서 자기 곁에서 일하고 있는 직공과 경쟁하기로 했다.

한 사람의 일은 고르지 못한 표면을 곱게 깎아내는 일이었다. 다른 한 사람은 볼트를 적당한 길이로 잘라내는 것이었다. 그들은 신호와 동시에 기계에 스위치를 넣고 누가 많은 볼트를 만드는가 내기를 해보았다. 그 결과 현장 감독은 샘이 일을 빠르고 정확하게 한다고 인정하고, 그에게 좀 더 많은 일을 시켰다. 그것이 승진의 첫발이 된 것이다. 30년 후, 샘은 아니 샘 사무엘 보클레인은 볼드윈 기관차 제조공장의 사장이 되었다. 만일 그가 지루한 일을 재미있게 만들려고 노력하지 않았다면 일생 동안 그저 직공으로 살아가야 했을 것이다.

유명한 라디오 뉴스 해설자인 H. V. 칼텐본은 나에게 어떻게 하여 권태로운 일을 흥미있는 일로 바꾸었는지에 대해 이야기해 주었다. 그는 22세 때에 가축을 실어나르는 수송선을 타고 소에게 사료를 주거나 물을 먹이면서 대서양을 건넜다. 영국에서는 자전거 여행을 마친 후 당장 쓰러질 것 같은 공복을 참아가며 겨우 파리에 도착했다. 수중에는 한 푼의 돈도 없었다. 그는 카메라를 5달러에 저당 잡히고 그 돈으로 '뉴욕 헤럴드'의 파리판에 구직광고를 내고 입체 환등기의 세일즈맨이 되었다. 40세 전후의 사람이라면 누구나 그 구식인 입체 사진경을 생각해 낼 것이 틀림없다.

그것을 들여다보면 기적이 일어난다. 입체 사진경의 안에 있는 2개의 렌즈는 제3차원의 작용으로 두 개의 영상이 하나로 보이게 한다. 그래서 물체가 멀고 가까운 것이 분명하게 실물과 같이 눈에 보이는 것이다. 칼텐본은 이 기계를 한 개 한 개 팔러다녔으나 프랑스어를 하지 못했다. 그러나 최초의 1년 동안에 5천 달러를 벌었다. 그는 세일즈맨으로서는 최고의 한 사람이 되었다. 그는 나에게 그때의 1년간 경험은 하버드 대학교에서의 1년보다 더 유익했다고 말했다. 그렇다면 자신감이 넘쳐서였을까? 그 정도라면 프랑스 부인들에게 '국회 의사록'이라도 팔 수 있을 거라고 말했다.

이 경험으로 그는 프랑스인에 대해서 이해가 깊어지고 그것이 후일, 유럽의 시사적인 내용을 해설하는 데 커다란 역할을 한 것이다. 그는 프랑스 말을 하지 못하면서 어떤 방법으로 제일 가는 세일즈맨이 되었을까? 그는 고용주에게 판매할 때 필요한 말들을 완전히 프랑스어로 적어달라고 해서 그것을 암기했다. 현관문의 벨을 누르면 주부가 밖으로 나온다. 칼텐본은 말 같지도 않은 우스꽝스러운 악센트로 암기한 문구를 말한다. 그리고는 사진을 보여준다. 상대가 무언가 질문을 하면 어깨를 들썩이며, "아메리칸 …… 아메리칸 ……" 하기만 한다. 그리고 모자를 벗고는 옆에 끼고 있던 판매용의 프랑스어 팸플릿 문구를 내보인다. 그러면 부인은 웃기 시작한다. 그도 따라서 웃는다. 또다시 다른 팸플릿 사진들을 보여주는 식이었다. 칼텐본은 이 이야기를 할 때, 그 일은 결코 즐거운 것은 아니었다고 했다. 그럼에도 불구하고 그 일을 재미있게 하려고 노력했기 때문에 중단하지 않고 끝까지 해낼 수 있었다고 말했다. 매일 아침 집에서 나가기 전에 그는 거울 앞에 서서 자기에게 자문자답했다고 한다.

"칼텐본, 너는 이 일을 하지 못하면 밥을 먹지 못해 굶게 된다. 하지 않으면 안 되니까, 어차피 해야 되는 일 유쾌하게 해 보지 않겠는가! 집 앞에서 벨을 누를 때, 너는 스포트라이트를 받는 배우라고 생각해라. 모두가 너를 보고 있다고 상상하면 좋아. 결국 네가 하는 일은 무대 위에서 하는 연극과 같아. 재미있는 일이므로, 좀 더 정열과 흥미를 갖고 해보자."

이처럼 칼텐본 씨는 매일 매일 되풀이되는 스스로에게 던지는 격려의 말이 처음에 싫어했던 일을 이겨낼 수 있게 해준 힘이었다고 말했다. 성공을 갈망하고 있는 미국의 청소년들에게 충고의 말을 해달라고 부탁하자 그는, "매일 아침 자기에게 매를 한 대씩 때리세요. 우리는 아침에 선잠에서 깨어나기 위한 육체적 운동의 필요성을 운운하지만, 그보다도 매일 아침 자기 자신을 고무시켜주기 위한 정신적 운동이 가장 필요하다고 생각합니다. 매일 아침 자기에게 채찍을 가하십시오."

매일 아침 자기 자신에게 격려의 말을 한다는 것이 바보 같은 어린아이 짓이 아닐까? 천만에 그렇지 않다. 그것은 믿음직하고 건전한 '심리학의 진수'라고 말할 수 있다.

"우리의 인생은 우리의 생각으로 만들어진다." 이 말은 1800년 전, 마르쿠스 아우렐리우스가 《명상록》에 기록한 것이다. 그것은 지금도 진리임에 틀림없다. 나는 하루 중에 나 자신에게 말함으로써, 용기와 행복에 대해, 힘과 평화에 대해 생각한다. 스스로에게 감사하는 것에 대해 말한다면 힘이 솟아나고 쾌활한 생각에 가슴이 벅차오를 것이다.

무엇이든지 긍정적으로 생각한다면 당신은 싫어하는 일일지라도 흥미롭게 만들 수 있다. 고용주는 당신이 일에 흥미를 가질 것을 희망하고 있다. 그래야만 더욱 이익을 얻을 수 있기 때문이다. 뿐만 아니라, 당신이 자기의 일에 흥미를 갖는 것은 물론 스스로에게 흥미를 갖는 것이 당신에게 어떤 이익이 있는가를 생각해 보자. 당신은 인생에 얻는 행복을 두 배로 얻게 될지도 모른다.

왜냐하면 당신은 낮의 절반을 일을 하며 지내는데. 만일 그 일 속에서 행복을 발견하지 못한다면 어디에서도 그 행복을 발견할 수 없기 때문이다. 일에 흥미를 가지면 고민에서도 해방되게 마련이니, 결국은 직장에서도 승진하고 월급도 오르게 될 것이다. 설사 승진이나 월급이 오르지는 못할지라도 피곤을 최소한으로 줄여 더 풍요로운 여가 시간을 즐겁게 보낼 수 있을 것이다.

지금 자기가 가진 것에 감사하라

나는 여러 해 전부터 해롤드 애보트 군을 알고 있다. 그는 미주리주 웨브시티에 사는데, 오랫동안 나의 강연 매니저 역할을 했다. 어느 날 우연히 캔사스시티에서 그를 만났다. 그는 자동차로 미주리주에 있는 나의 농장에 데려다주었는데, 내가 그에게 어떤 방법으로 걱정 근심을 잊느냐고 물어보았다. 그랬더니 그는 잊지 못할 감동적인 이야기를 나에게 들려주었다.

"지난날 나는 많은 걱정 근심이 있었습니다. 그러나 어느 날 내가 웨브시티의 거리를 걸어갈 때 어떤 장면을 목격하고 모든 걱정 근심이 단번에 사라져버리고 말았습니다. 그것은 단 10초 사이에 일어난 일이었으나, 나는 그 10초 동안에 내가 지금까지 10년을 두고 배운 것 이상으로 어떻게 살아가야 할 것인지에 대해 깨우쳤습니다.

나는 2년 동안 웨브시티에서 식료품 잡화상을 경영하였습니다. 그러나 장사에 실패하여 모은 돈을 모두 잃어버렸고, 그 후 7년 동안이나 빚을 갚아야만 했습니다. 어느 토요일 상점을 폐점해버리고, 다음 주부터 캔사스시티로 가서 일자리를 구하러 갈 여비를 마련하려고 은행에 가던 길이었습니다. 나는 초라한 차림에 얼빠진 사람 모양으로 길을 걸어갔습니다.

그때 마침 다리 없는 사람이 내 쪽을 향하여 다가오는 것을 보았습니다. 그는 롤러스케트용 바퀴를 단 조그만 널조각 위에 앉아 양쪽 손에 쥔 나무토막으로 땅을 찍어대며 굴러오고 있었습니다. 내가 그를 만난 것은 바로 그가 큰길을 건너서 보도 위로 올라서려고 약간 몸을 들었을 때였습니다. 그가 막

널조각을 보도턱에 대었을 때 우리는 서로 눈이 마주쳤습니다. 그는 유쾌한 웃음을 지으면서 먼저 인사를 하더군요. '안녕하십니까? 날씨가 매우 좋습니다그려!' 기운차게 말하였습니다.

나는 우두커니 서서 그를 바라보았습니다. 나는 두 다리가 있고 걸어 다닐 수가 있지 아니한가? 나는 오늘까지 자기 자신을 가엾게 생각하여 온 것을 부끄럽게 생각하였습니다. 나는 자신에게 이렇게 말했습니다. 다리 없는 사람이 저렇게 행복하고 유쾌하고 자신이 넘치는데, 두 다리가 이렇게 멀쩡한 내가 유쾌하지 못할 이유가 어디 있겠나?

나는 문득 그 순간 저절로 용기가 생겼습니다. 처음에 은행에서 단돈 100달러만 빌리려고 하였으나, 금방 200달러까지 빌릴 자신이 생겼습니다. 처음에는 캔사스시티에 가서 '일자리를 찾아보려고 한다.'고 말할 생각이었지만, 나는 캔사스시티에 '직장을 구해서 간다.'고 자신 있게 말할 수 있게 되었습니다. 그러자 은행에서 돈도 빌리고 곧 직업도 얻었습니다.

지금 나는 욕실 거울에 다음과 같은 글귀를 붙여놓았다. 그리고 면도할 때마다 그 글귀를 되새기고 있다.

신발이 없음을 한탄하며 밖에 나오니
거리에는 발이 없는 사람도 있더라.

언젠가 에디 리켄베이커에게, 그가 태평양에서 조난당하여 다른 조난자들과 함께 뗏목을 타고 22일간이나 바다를 표류했을 때 배운 큰 교훈이 무엇이냐고 물었다. "조난을 당한 경험에서 배운 가장 큰 교훈은, 마시고 싶은 깨끗한 물과 먹고 싶은 음식만 있다면 우리는 더 이상 아무것도 불평할 필요가 없다는 것이었습니다."라고 말하였다.

우리는 스스로에게 '대체 무슨 걱정을 하는 것일까?'라고 반성하지 못하는가? 그러면 아마 우리는 걱정이 별거 아니라는 사실을 발견할 수 있을 것이다. 우리 인생에 서 좋은 일은 약 90%요, 나쁜 일은 10%다. 그러므로 우리가 행복하기를 원한다면 90%의 옳은 일에다 마음을 집중하고, 10%의 잘못을 무시하면 된다. 그와 반대로 우리가 걱정 근심과 비관으로 위궤양에 걸리고 싶다면, 정신을 10%의 잘못에 집중하고 보람 있는 90%의 것을 무시하면 된다.

'생각하고 감사하라(Think and Thank).' 이 말은 영국의 크롬웰 종파의 여러 교회에 걸린 현판에 새겨져 있다. 이 말은 우리의 가슴에도 '생각하고 감사하자'는 말을 새겨두어야 할 것이다. 우리가 감사해야 할 모든 것을 생각하고 우리에게 준 모든 복과 은혜를 하느님께 감사해야 할 것이다.

《걸리버 여행기》를 쓴 조나단 스위프트는 영국 문학계에서 가장 대표적인 염세주의자였다. 그는 자기가 이 세상에 태어난 것이 너무도 원통하여 생일날에는 검은 옷을 입고 단식하기도 했다. 그러나 영국 문학에서 제일 염세주의자인 이 스위프트가 그와 같은 절망 속에서도 유쾌하고 행복을 느끼는 거룩한 인간의 힘을 찬미하였다. 그는 "세상에서 가장 훌륭한 의사는 식이요법 의사이고, 평온 의사, 명랑 의사이다."라고 하였다.

우리는 날마다 항상 우리가 가진 보배를 생각해 보라. 알리바바의 재산보다도 훨씬 훌륭한 우리가 가진 재물에 주의를 기울임으로써 '명랑 의사'의 봉사를 무료로 받을 수가 있을 것이다. 우리는 10억 달러에 우리의 양쪽 눈을 팔아버릴 수 있을 것인가? 우리의 두 다리를 주고 무엇을 받을 것인가? 우리의 손을? 우리의 귀를? 우리의 귀중한 자녀들을? 그리고 우리의 가족을? 우리가 가진 재산을 전부 다 헤아려보라. 그러면 록펠러, 포드, 모건 등의 전 재산을 다 한데 뭉쳐서 받는다 해도 우리가 가진 것을 팔 생각이 없다는 것을 알게 될 것이다.

그런데 우리는 실제로 우리가 가진 것들의 진가를 모른다. 쇼펜하우어는 말하였다. "우리는 이미 가진 것에 대해서는 좀처럼 생각하지 않고, 언제나 없는 것만을 생각한다.'라고. 하지만, '우리가 가진 것을 좀처럼 생각하지 않고 언제나 없는 것만을 생각하는' 이 경향이야말로 지상 최대의 큰 비극이다. 이것은 아마 인류 역사상 벌어진 온갖 전쟁과 질병보다도 더 큰 불행을 빚어내고 있다고 말할 수 있다.

로건 피어설 스미스는 여러 가지 진리를 한데 뭉쳐서 다음과 같이 표현하였다.

> 66 인생의 목적에는 두 가지가 있으니, 첫째는 우리가 원하는 것을 얻는 것이요. 둘째는 그것을 즐기는 일이다. 그러나 둘째의 목적은 오직 지혜 있는 사람만이 이룰 수 있다."

부엌에서 접시 닦는 일일지라도 감동스러운 일이 될 수 있다는 것을 그대는 아는가? 만일 그것을 알고 싶으면 불굴의 용기와 감격이 담겨 있는 버그힐드 다알이 쓴《나는 보고 싶었다》라는 책을 읽어 보라.

이 책은 50년 동안이나 눈을 보지 못하고 살아온 한 부인이 집필한 책이다. "나는 한쪽 눈만 가지고 있었다. 그것도 눈자위가 두터운 막으로 넓게 덮어져 있기 때문에, 그 눈 왼쪽에 난 조그마한 구멍을 통하여 겨우 밖을 내다볼 수가 있다. 내가 책을 읽을 때에는 얼굴에 바싹 들이대고 눈동자를 왼쪽으로 힘껏 몰아서 글자를 보곤 하였다."

그러나 그녀는 슬퍼하지 않고 자기가 남과 다르다고도 생각하지도 않았다. 어렸을 때 그는 다른 아이들과 비석치기 놀이를 하고 싶었으나 표적이 보이지 않아 걱정이었다. 그래서 다른 아이들이 모두 집으로 돌아간 후 홀로 남아서 운동장 위에 그려진 표적에 눈을 가까이 대고 엎드려 기어다니며, 다른 아이들이 놀던 땅의 생김새를 낱낱이 기억하여 나중에는 뜀박질 선수가 되었다. 집에 돌아오면 큰 글자로 쓰여진 책을 들고 눈썹이 책장에 스칠 만큼 눈을 책에 가까이 대고 글을 읽곤 하였다. 그리하여 미네소타 대학에서 문학학사 학위를, 컬럼비아 대학에서 문학석사 학위를 받았다.

처음에는 미네소타주 트윈 벨레의 조그마한 시골 마을에서 교편을 잡았으나 나중에는 오거스태너 대학에서 신문학과 교수가 되었다. 이곳에서 13년간 강의를 했으며 부인 클럽에 나가 강연도 하고 자신의 도서와 삶에 대한 방송도 하였다. 그녀는 이렇게 썼다. "언제나 내 머릿속에는 '혹 눈이 전부 멀지나 않을까?' 하는 공포심이 내 머리를 떠나지 않았다. 그래서 공포감을 극복하려고 인생에 대한 태도를 항상 유쾌하게 가지려고 노력하였다."

그런데 52세 되던 해, 기적이 일어났는데, 마요 진료소에서 실시한 수술이 성공하였다. 그 결과 예전보다 약 40배나 좋아진 시력으로 세상을 볼 수 있게 되었다. 새롭고 신기한 사랑의 세계가 눈앞에 펼쳐졌다. 그녀로서는 부엌 설거지통에서 접시를 닦는 일조차도 기막힌 감격을 느끼고 있었다.

"나는 설거지통에 있는 희고 고운 비눗물로 물장난을 해 보았다. 비누 거품 속에 깊이 손을 담갔다가 조그마한 비누 거품 한 덩어리를 들어 햇빛에 비춰 보았다. 비누거품의 방울마다 아름다운 빛을 띤 찬란한 무지개가 떠오르는 것을 볼 수 있었다."

그가 설거지통 너머로 우연히 밖을 내다보았을 때 거기에는 회색빛 참새들이 날개를 치며 함박눈이 꽃송이처럼 탐스럽게 내리는 눈 사이로 이리저리 날아다니고 있었다.

그녀는 비누 거품과 참새 떼를 보고 마음이 황홀하여, 저서에서 다음과 같은 말로 끝을 맺었다.

"나는 이렇게 혼잣말로 속삭였습니다. 사랑하는 하느님, 하늘에 계신 우리 이버지시여! 감사합니다. 나의 하느님 당신께 감사합니다."

접시를 닦으면서, 비누 거품 속에 비치는 무지개와 눈 속을 날아오르는 참새를 보고 하느님께 감사할 수 있을까 생각하여 보라!

우리는 자기 자신을 돌이켜보며 부끄러워해야 할 것이다. 우리는 이미 태어나면서부터 이렇게 아름다운 세상에 살고 있건만, 우리는 너무도 눈이 멀어 그 신비를 알아보지 못하고, 배가 불러 인생의 참맛을 모르고 있다.

만일 당신이 걱정 근심을 잊고 살아가기를 원한다면 여기에 제4의 법칙이 있다.

☞ 그대의 복을 생각하고 걱정 근심을 생각하지 말라.

죽은 개를 걷어차는 사람은 없다

전국적으로 교육계를 뒤흔든 사건 하나가 생겨서 이것을 구경하기 위해 많은 학자들이 미국 각처에서 시카고로 모여들었다. 로버트 허친스라는 청년이 웨이터, 벌목 노동자, 가정교사, 세탁소 종업원 노릇을 하면서 예일대를 마친 것은 그보다 몇 해 전 일이었다.

그로부터 겨우 8년이 지난 후, 이 청년이 미국에서 부유한 대학으로 제4위로 손꼽히는 시카고대의 학장으로 취임하게 되었다. 그의 나이는 겨우 30세, 참으로 믿을 수 없는 일이었다. 나이 많은 교육가들은 머리를 내둘렀고 비판의 소리 또한 높았다. 그 청년은 과거에 이러저러했던 사람이며, 나이가 너무 젊고, 경험이 없을 뿐만 아니라 그의 교육 사상이 아무런 주관이 없다는 것이었다. 신문 사설까지도 그를 공격해댔다.

마침내 그가 학장으로 취임하는 날, 허친스의 친구가 허친스의 아버지 로버트 메이나드 허친스에게 말하였다. "아침 신문에 실린 아드님을 공격하는 사설을 보고 큰 충격을 받았습니다." "글쎄? 좀 심한 비난이더군. 그러나 죽은 개를 걷어차는 사람은 없다는 말을 생각해 보게."라고 허친스의 아버지가 대답하였다.

그렇다. 개가 중요하면 중요할수록 사람들을 그 개를 걷어차는 데 더욱 만족을 느끼는 것이다. 나중에 에드워드 8세가 된 영국 황태자 윈저공도 친구의 발길에 엉덩이를 걷어차인 일을 당했다. 그는 당시 데본서에 있는 다트머스대학교(아나폴리스에 있는 해군사관학교에 해당한다)에 다니고 있었는데 그의 나이는 겨우 열다섯 살 나이였다.

어느 날 해군 장교가 황태자가 울고 있는 것을 보고, 무엇이 잘못되었는가를 물어보았다. 왕자는 처음에 아무 대답도 안 하다가 급기야 사실을 말하게 되었는데, 그는 다른 해군 학생들에게 발길로 걸어 채였다는 것이었다. 학교 교관은 학생들을 한자리에 불러 모아놓고 "황태자는 엉뚱한 불평을 말하는 것이 아니고, 도대체 무슨 까닭으로 자기가 그 험한 장난을 당해야 하는가를 알고 싶어한다."는 것이라고 말했다.

학생들은 한참 동안 주저하고 머뭇거리다가 마침내 고백하길, 자기들이 후일 영국 해군 장교가 되었을 때, 자기가 왕을 걸어찼다는 것을 자랑하고 싶어서 그런 것이라고 말하였다.

그러므로 만약 당신이 남에게 걸어 차였다거나 비판을 받았을 때는, 당신을 걸어찬 상대가 그것으로 자신이 우쭐해지는 기분을 맛보고 싶어서 그랬다는 것을 기억해야 한다. 그것은 그대가 어떤 면에서든지 성공했기 때문에, 당신을 시기 질투하는 대상으로 여기고 있다는 것을 의미한다. 세상 사람들 중에는 자기보다 학문이 많고 자기보다 큰 성공을 거둔 사람을 비난하고 악담함으로써 야비한 만족감을 느끼는 자가 많다.

예를 들면, 내가 이 글을 쓰고 있는 동안에도 나는 어떤 여자로부터 구세군의 창설자인 윌리엄 부스 대장을 비난하는 편지를 받았다. 내가 전에 부스 대장을 칭찬한 방송을 한 일이 있었기 때문에, 아마 그 여자가 이와 같은 편지를 한 것으로 보낸 것이다. 하여간 그녀는 부스 대장이 가난한 사람을 돕는다는 명목으로 800만 달러의 돈을 횡령하였다고 말하였다.

물론 그 편지 내용은 가당찮은 비난이다. 그러나 그녀는 사실을 조사해

보려고도 하지 않고 그저 자기보다 나은 사람을 헐뜯음으로써 저급한 만족감을 느끼려고 하고 있다. 나는 악의에 찬 그 편지를 쓰레기통에 넣어버리고, 전능하신 하느님께 내가 그러한 여자와 결혼하지 않은 것을 감사하였다. 그녀의 편지는 부스 대장에 관한 내 생각에 전혀 영향을 미치지 못했고, 단지 자기 자신이 어떠한 사람이라는 것을 말해 주었을 뿐이다. 쇼펜하우어는 여러 해 전에, "평범한 사람들은 훌륭한 사람의 결점이나 실수에 큰 흥미를 느낀다"라고 말했다.

누구나 예일 대학의 학장이 된 사람을 저속한 인간으로 생각하는 사람은 없을 것이다. 그러나 전 예일대학교 학장 티모시 드와이트는 분명히 미국 대통령으로 출마했던 사람을 비난함으로써 큰 만족을 느꼈던 것 같다. 학장은 그를 비난하여 말하기를 "만일 그 사람이 대통령에 당선된다면, 우리는 우리의 아내와 딸이 법적으로 공인된 매춘부가 되어 희생양이 될 것이다. 우아하거나 도덕성을 지키는 일이 어려워질 것이다. 그는 도덕과 예의를 모르고 하느님과 사회로부터 미움을 받고 배척당할 것이다."라고 경고하였다. 그러면 이것이 혹시 히틀러를 비난하는 말이 아닐까? 아니다. 이것은 바로 토머스 제퍼슨을 비난한 내용이었다. 미국 독립 선언서를 쓴 민주주의 수호신이오, 영구 불멸의 토머스 제퍼슨을 말하는 것이 아닐까? 그렇다. 바로 그 사람이다.

미국인으로서 당신은 위선자, 사기꾼, '살인범보다 약간 나은 인간'이라는 비난을 받은 사람이 누구라고 생각하는가? 한 신문 풍자만화에는 그를 단두대 위에 올려놓고 작두로 목을 자르는 모습이 실렸다. 군중은 그를 길거리로 끌고 다니면서 그에게 욕을 하고 조롱을 하며 혀를 찼다. 그러면 이렇게 조롱과 비난을 받았던 사람은 누구였을까? 그는 조지 워싱턴이었다. 그러나 이러한 사건은 모두 지난 과거의 일이다. 인권이 존중받는 오늘날에는 이런 일이 일어나지 않을 것이라고 생각할 수도 있다. 과연 그럴까? 그러면 잠깐 피어리 제독의 실례를 살펴보자.

피어리는 과거 수 세기에 걸쳐 많은 탐험가들이 겪은 어려움과 굶주림을 무릅쓰고 북극 땅에 1909년 4월 6일, 개 썰매를 타고 도착하여 전 세계를 놀라게 만들었다. 피어리는 추위와 굶주림으로 거의 죽기 직전이었고, 그의 발가락은 동상에 걸려 얼어 터져 여덟 개나 잘라버리게 되었다. 그의 육체적 정신적 고통은, 참을 수 없는 고통으로 인간의 한계에 도전해야 하는 극한 상황이었다.

그러나 워싱턴의 해군 선배들은 피어리 제독에 대한 인기를 시기하여 그를 비난하기 시작했다. 피어리 제독이 과학적 탐험을 한다는 평계를 대고 돈을 타 놓고도, 피어리는 탐험에 집중하지 않고 있다고 거짓말을 퍼뜨렸으며 그는 북극 땅에서 노닐고 있다고 헛소문을 퍼뜨리고 그를 헐뜯었다. 그들은 마음속으로 정말 그렇게 믿었을지도 모른다. 왜냐하면 사람들은 자기가 믿고 싶은 것만 믿는 습관이 있기 때문이다. 그러나 피어리 제독을 모욕하고 방해하려는 그들의 결의가 몹시 맹렬했기 때문에 피어리의 도전은 제지될 위험에 처했다. 그러나 다행히 맥킨리 대통령의 직접 명령으로 겨우 피어리 제독은 북극에서의 활동을 계속 이어갈 수가 있었다. 피어리 제독이 만일 워싱턴 해군부에서 행정 사무를 보고 있었다면 그러한 비난을 받았을까? 그건 전혀 아니었을 것이다. 그냥 평범하게 행정 사무를 보는 사람이었다면, 그는 남의 질투를 살만큼 중요하지 않았을 것이다.

그랜트 장군은 피어리 제독보다도 더 나쁜 경험을 하였다. 1862년에 그랜트 장군은 북군에게 처음으로 큰 승리를 안겨준 인물이다. 이 승리야 말로 반나절 만에 이루어진 승리였으며, 그랜트 장군을 하룻밤 사이에 민족적 우상으로 만든 승리였다. 그 승리는 저 멀리 유럽에까지 무서운 반향을 일으킨 승리였고, 대서양 연안부터 미시시피 강가에 걸친 모든 교회의 종이 울리게 했으며 축하 횃불이 켜지게 만든 승리였다. 그러나 이렇게 큰 승리가 있은 지 6주일도 지나지 않아 장군은 체포당해 군대 지휘권을 빼앗겼다. 그는 굴욕과 절망으로 통곡하였다. 그랜트 장군은 승리의 물결 속에서 체포당했을까? 그 이유는 거만한 상관들의 질투와 시기심을 자극하였기 때문이었다.

부당한 비난에 괴로움을 느낄 때는 다음과 같은 제1의 법칙을 읽어보라.

☞ 부당한 비판은 대개 형식을 달리한 칭찬이라는 것을 기억하라.
　죽은 개를 걷어차는 사람은 없다는 말을 기억하라.

이렇게 하라, 그러면 그대는 비판의 해를 입지 않을 것이다

나는 예전에 '늙은 사팔눈' '늙은 지옥의 악마'라는 별명을 가진 스메들리 버틀러 소장을 만난 일이 있다. 그가 누구인지를 당신은 아는가? 그는 일찍 미합중국 해군을 지휘하던 쾌활하고 호언장담을 잘 하던 사령관이었다.

그는 나에게 자기가 어렸을 때 대중들의 인기를 끌려고 무척 애썼으며, 누구에게나 좋은 인상을 주려고 노력하였다고 말하였다. 따라서 그는 당시에도 대수롭지 않은 비판에도 신경을 쓰면서 마음을 태웠던 것 같다. 그러나 30여 년 동안의 군 생활을 통해 낯가죽이 꽤 두꺼워졌노라고 고백하였다.

"나는 그동안 종종 꾸지람을 들었고 모욕도 당하였으며, 겁보, 독사, 스컹크 등등의 욕설까지도 들었소. 전문가들의 나쁜 비난도 받았을 뿐만 아니라, 차마 말로 표현할 수 없을 만큼 흉악한 욕설을 들어왔소. 그러면 내가 엄청 분통이 터졌느냐고? 천만에! 나는 지금 누가 나를 욕할 때는 어떤 사람이 무슨 말을 하고 있는지 고개도 돌이켜보지 않을 정도라오."

물론 '늙은 사팔눈' 버틀러 장군은 남의 비판에 너무 무관심한 건지도 모른다. 그러나 한 가지만은 확실하다. 우리는 대개 우리에게 던져지는 사소한 조롱이나 악담을 너무 심각하게 생각하는 경향이 있다. 나는 몇 해 전에 뉴욕 〈선〉지의 기자가 나의 성인 교육반 전시회에 나왔다가 나와 나의 사업을 조롱한 기사를 쓴 것을 보았다. 나는 분개하여 나에 대한 인신공격이라 여겨서 집행위원장인 길 하지스 씨에게 항의 전화를 걸었다. 그 기사가 나를 조롱한 기사가 아니라는 사실을 신문에 게재해달라고 요구하였다. 나는 기자에게 끝까지 책임을 물을 생각이었다.

그러나 지금 생각하면 그때 취한 행동이 얼마나 부끄러운 일이었는지 자책할 뿐이다. 그때 신문을 산 사람들 절반은 기사를 읽지도 않았고, 그것을 읽은 절반도 그 기사를 한갓 허물없는 장난으로 알았을 뿐이었을 것이다.

혹시 그중에 흥미를 가지고 읽은 사람들도 있었겠지만, 그도 역시 며칠이 지나면 그 기사 따위는 모두 잊어버린다.

모든 사람들은 결코 남에게 그리 관심이 없다는 것을 뒤늦게 깨달았다. 그들은 모두 아침이나 낮이나 밤늦게까지 오로지 자기 일만 집중해서 생각한다. 그들은 당신이나 내가 죽었다는 소식보다도 자신들의 하찮은 감기가 몇천 배나 중요하게 생각되기 때문이다. 누가 사기를 당하거나, 비웃음을 받았거나 배반을 당하거나, 음해를 당하더라도 자기 연민에 빠져서는 안 된다. 심지어 가장 친한 친구 여섯 명 중에서 한 사람씩 우리를 노예로 팔아먹는 일이 있다 해도 말이다. 오히려 우리는 그와 똑같은 일이 그리스도에게도 있었다는 것을 생각해 봐야 한다.

그리스도에게 가장 신임을 받던 가장 친한 열두 사도 중의 한 사람은 돈으로 계산하면 19달러 정도밖에 안 되는 뇌물을 받고 그를 배반하였다. 또 다른 제자는 예수가 곤경에 빠졌을 때 그를 버리고 달아나서 자기는 예수를 전혀 모른다고 세 차례나 말했고 맹세까지 하였다. 이것이 예수 그리스도에게 일어났던 일이다. 그런데 우리가 예수 그리스도보다 나은 그 이상을 기대하는 것은 무리라고 생각한다.

나는 오래전에 남에게 부당하게 비판받지 않는 것은 불가능한 일일 수도 있다는 생각을 했다. 그러나 그런 부당한 비판을 신경 쓰지 않는 것은 가능하다는 것을 깨달았다. 나는 실제로 모든 비판을 무시하라는 말은 아니다. 절대로 그런 것이 아니라, 오직 부당한 비판만을 무시하라는 것이다. 나는 일찍 엘리너 루스벨트 부인에게 부당한 비판을 처리하는 방법을 물은 일이 있다. 루스벨트 부인이 숱한 비판을 받은 것은 널리 알려진 사실이다. 아마 백악관에서 생활한 다른 어떤 부인보다도 열렬한 팬과 맹렬한 적군을 동시에 가졌던 사람이다.

루스벨트 부인은 내게 자기가 어렸을 때 거의 병적으로 수줍어하는 성격이었다고 말했다. 그는 남의 비판을 너무 무서워하였기 때문에 고모와 의논했다고 한다. "고모? 저는 이런 일을 하고 싶은데 남이 뭐라고 할까 봐 너무 겁이 납니다."라고 말할 정도였다.

시어도어 루스벨트의 누이동생은 엘리너 루스벨트의 눈을 한참 들여다본 후, "네 마음에 옳다고 생각되는 한 누가 뭐라고 하든지 절대로 염려하지 말라."고 말하였다. 엘리너 루스벨트는 내게 자기 고모의 그 한 마디가 백악관의 안주인이 되었을 때 되새겨보는 지침이 되었다고 말하였다. 그는 모든 비판을 피할 수 있는 유일한 방법은 마치 튼튼한 질그릇 같은 인간이 되어 조금도 동요하지 않는 데 있다고 말하였다.

"히여간 타인의 비판은 언제나 있을 것이므로 자기가 옳다고 생각하는 일을 하라. 해도 욕을 먹고 하지 않아도 욕을 먹는다." 이것이 그녀의 충고였다.

딤스 테일러는 한 걸음 더 나아가 비판을 들어도 대중 앞에서 껄껄 웃어버림으로써 그것을 해결하였다. 그가 '뉴욕 필하모닉 심포니 오케스트라'의 라디오 콘서트 해설을 할 때였다. 저녁 방송에서 해설하고 있을 때 그에게 편지를 보내 '거짓말쟁이, 배신자, 독사, 바보, 멍텅구리'라고 하였다. 테일러 씨는 저서《사람과 음악》에서 "아마 나의 이야기가 자기 마음에 안 들었나 보다."라고 적고 있다.

그는 다음 주 방송을 통하여 그 편지를 수백만 시청자 앞에서 읽었다. 그러자 며칠이 지난 후 그 여자가 다시 편지를 보내왔다. 역시 예전과 마찬가지로 테일러가 '거짓말쟁이, 배신자, 독사, 바보 멍텅구리'라는 것이었다. 나는 자신에 대한 비판에 이렇게 냉정하게 처리하는 사람을 보고 놀랐다. 우리는 테일러 씨의 침착성과 평정심, 자신에 찬 자세, 그리고 유머에 경의를 보낸다.

만약 미국의 남북전쟁 당시 링컨이 자기에게 몰아닥치는 무서운 비난에 대답하는 방법을 알지 못했다면 그는 남북전쟁의 긴장으로 파멸할 지경에 이르렀을 것이다. 링컨이 자신을 비판하는 사람에게 어떻게 대처했는가를 기록한 말을 책으로 엮었고, 오늘날에도 문학작품 중 고전으로 평가받고 있다. 맥아더 장군은 전쟁 중에 그 글귀를 써서 자기 사령부에 걸어놓았으며, 윈스턴 처칠도 이것을 액자에 넣어서 자기 서재 벽에 걸어 놓았다고 한다. 그 글귀는 다음과 같다.

> 66 나에게 가해지는 모든 비평에 일일이 신경을 쓰거나 그 내용을 읽는다면, 나는 지금 하던 일을 그만두고 다른 직업을 찾아보는 것이 좋다. 나는 내가 아는 지식을 전부 동원하여 가장 좋은 방법을 취하고 있다. 나는 마지막까지 그렇게 해나갈 것이다. 그래서 만일 결과가 좋다면 나에게 가해졌던 비평은 문제가 되지 않을 것이다. 그러나 만일 결과가 나쁘다면 열 명의 천사가 내가 옳다고 하더라도 아무 소용이 없을 것이다."

당신이 부당한 비판을 받을 때는 다음과 같은 제2의 법칙을 기억하자.

☞ 당신이 할 수 있는 가장 좋은 일을 하라. 그래도 남의 비판은 있을 것이다. 또
자기가 옳다고 생각하는 일을 하라. 아마 그렇더라도 욕을 먹을 것이다.

DALE CARNEGIE

4

건강을 유지하는 방법

- 기분을 조절하는 방법을 배워라

- 건강을 지키는 법을 배워라

- 당신의 행복을 위한 방법

- 신비의 힘, 정신을 탐구하라

DALE CARNEGIE

4. 건강을 유지시키는 방법

> 당신이 현재 행복하다면, 이 훌륭한 행복을 유지하며 그것을 보다 풍부히
> 하고 싶다고 생각할 것이다. 만약 당신이 현재 행복하지 않다면, 어떻게 하
> 면 행복해질 수 있는지 배우고 싶다고 생각할 것이다.

기분 조절하는 방법을 배워라

당신의 오늘 기분은 어떠했는가? 아침에 일어나서 출근하리라고 마음먹
은 뒤에 즐겁게 아침 식사를 했는가. 그리고 출근해서 의욕적임 마음가짐으
로 일에 임했는가?

어쩌면 당신은 앞에 서술한 기분이 아니었을지도 모른다. 그렇다면 당신
은 아마 당분간 당신이 원하고 있던 어떤 활력을 가질 수 없을지도 모른다.
당신은 일을 시작하기 전부터 피로해 있었으며 우울한 기분에 휩싸여서 의
욕도 없이 일에 임하고 있지는 않았는가? 이런 경우에는 어떤 것이라도 좋
으니 당신의 주위에서 선택하여 그 일을 시작해 볼 일이다.

그렇다면 그 예를 적용한 실례를 들어보기로 하자.

버넌 울프라는 사람은 애리조나 피닉스의 노드 피닉스 고등학교에서 트랙경기의 코치 생활을 하고 있었는데, 실제로 그는 그 방면의 전문가로 미국에서도 이름난 코치였다. 그가 코치한 학생으로서는 미국대학 기록을 깨뜨린 사람도 몇 명 있었다.

그러면 그는 선수들에게 어떤 훈련을 시키고 있었던 것일까. 그는 복합적인 효과를 발휘하는 처방을 알고 있었다. 즉, 정신과 육체의 양면을 거의 동시에 조절함으로써 효과를 극대화시키는 것이다. 따라서 버넌 울프는 이렇게 말하고 있다.

"자기가 할 수 있다고 믿으면 거의 모두 해낼 수 있습니다. 바로 그것이 과제를 해결할 때 필요한 마음가짐입니다."

에너지에는 두 종류가 있다. 하나는 육체적인 것이고 또 하나는 정신적인 것이다. 우리가 두 가지를 비교한다면 정신적인 면이 훨씬 중요하다. 그 이유는 잠재의식으로부터 소요 시간에 대비한 힘과 강인함을 이끌어낼 수가 있기 때문이다.

예를 들어 기분이 극도로 긴장 상태일 때 사람이 나타낼 수 있는 괴력이나 인내력에 대해서 생각해 보자. 만일 자동차 사고가 나서 동행하던 남편이 뒤집혔을 때 차 밑에 깔렸다고 가정해 보자. 몸이 작고 힘없는 아내가 취할 행동은 어떠한 것일까. 그 순간은 어찌할 바를 몰라 허둥대겠지만, 곧 마음을 가다듬고 남편이 차 밑에서 빠져나오도록 어떤 힘을 빌려서든지 그차량을 번쩍 들어 올릴 것이다. 이것이 상상하기 어려운 잠재의식의 표현이라면, 평상시에는 생각조차 못 했던 괴력으로 부수거나 던져버리기까지 한 것이다.

〈스포츠 일러스트레이션〉에 기고한 로자 바니스터 박사는 육상 경기의 오랜 꿈을 달성하기 위해서 정신과 육체 양면의 트레이닝을 실행하여 1954년 1마일 달리기에서 처음으로 4분의 벽을 깨뜨렸을 때를 기술하고 있다.

그는 몇 개월간에 걸쳐 그때까지 도달하지 못했던 기록을 반드시 달성할 수 있다는 굳은 신념을 갖고 기분 조절을 했다. 보통 1마일에 4분이란 기록을 벽이라 생각했지만, 바니스터는 그 기록이 시작이라고 생각했다. 한 번 그 기록을 깨뜨린다면 다른 장거리 선수의 신기록을 몇 개씩이나 깨뜨릴 수 있을 것이라 생각했다. 물론 그가 생각하던 대로 이루어진 것은 물론이다. 로자 바니스터가 그 길을 열었다.

처음으로 그가 1마일 달리기에서 4분의 벽을 깨뜨리고 난 후, 4년 동안에 여러 곳에서는 그를 포함해서 그 위업이 46회나 달성되었다. 1958년 아일랜드의 더블린에서 열린 경기에서 다섯 명의 선수가 1마일 달리기에서 4분의 벽을 깨뜨렸다.

이 로자 바니스터에게 이 비결을 전수한 사람은 일리노이 대학 체력 적성 연구소장인 토머스 카크 큐어트 박사이다. 토머스 큐어트 박사는 신체의 에너지에 대해서는 전혀 다른 견해를 갖고 있었다. 그 사고방식은 운동선수에게만 적용되는 것이 아니라 보통 사람에게도 적용된다고 말한다. 이것을 살릴 수 있다면 달리기 선수는 보다 빨리 달릴 수 있고 오래 살기를 원하는 사람은 장수할 수 있다.

큐어트 박사는 이렇게 말하고 있다.

"가령 신체를 단련하는 방법만 알고 있어도 50세의 나이로 20세의 건강을 유지할 수 있다는 것은 말할 것도 없습니다." 큐어트 박사의 이 방법은 첫째 정신적으로 단련하고, 둘째로는 인내심의 한계에 다다를 때까지 단련하여 연습할 때마다 그 한계를 조금씩 더 넓혀 나간다는 두 가지를 기본 원리로 하고 있다. "기록을 깨뜨리는 기술은 무엇인가요?"라고 묻자, "자기의 몸에 내재되어 있는 기본 능력 이상의 것을 끄집어내는 능력입니다. 이길 수 있을 때까지 연습하고 나서 쉬는 것입니다."

큐어트 박사가 로자 바니스터와 알게 된 것은 유럽의 유명한 육상 선수인 러닝의 체력 테스트했을 때의 일이었다. 그는 바니스터의 신체가 부분적으로 굉장히 발달되어 있다는 것을 발견할 수 있었다.

그래서 큐어트 박사는 바니스터에게 정신의 발달에 유의하도록 조언을 했다. 그 말을 듣고 바니스터는 등산을 함으로써 정신을 단련하는 방법을 터득하였다. 등산은 그에게 장애를 뛰어넘는 방법을 가르쳐 주었다. 또한 중요한 것은 그가 세운 큰 목표를 작은 목표로 세분화시키는 것을 배운 것이다. 그의 설명에 의하면, 1마일을 4분의 1로 나누는 것보다도 처음부터 4분의 1마일만 달린다는 생각으로 달리는 편이 훨씬 더 빨리 달릴 수 있다고 생각한 것이다. 그래서 1마일을 4분의 1로 나누어 그것만을 실행하려 노력했다.

먼저 4분의 1을 힘껏 달린다. 그 다음에 약간 스피드를 줄여서 트랙을 한 바퀴 돌고, 한숨을 돌리고 나서 다시 4분의 1을 힘껏 달린다. 그래서 그는 4분의 1마일을 항상 58초 이하로 달리는 것을 목표로 삼았다. 따라서 1마일은 58초의 4배인 232초, 즉 3분의 52초로 달리는 셈이 되었다. 이것은 그가 힘껏 달린 속도였다.

그가 실제로 힘껏 달리다가 스피드를 떨어뜨리고 숨을 돌리는 일을 계속해 나가자, 큰 레이스에서 뛰었을 때는 3분 59초나 걸리는 일이 있었다. 큐어트 박사가 바니스터에게 '체력은 단련하면 할수록 가속도가 붙는 법이다'라고 가르쳐 주었을 때, 그는 지나친 연습이나 연습으로 생겨난 과로는 거짓말이라고 생각했다.

그러나 휴식도 연습이나 운동과 마찬가지로 중요하다는 것을 강조하고 있었다. 신체는 연습으로 소모한 체력을 그전보다 좋은 상태로 회복시키려는 움직임을 취한다. 그 결과 내구력이나 정력이나 에너지가 증강되는 것이다.

육체나 정신이나 모두가 휴식하며 숨을 쉬는 동안에 다시 충전된다. 만일 그렇게 완급을 조절하며 운동하지 않는다면 육체적으로 심한 타격을 받아 어느 순간 목숨을 잃을 수도 있다. 아무리 대단한 부자라 하더라도 목숨을 잃으면 아무 소용이 없다. 또한 위대한 과학자, 의사, 경영자 등 사회적으로 크게 성공한 사람들은 오래도록 그 일을 지속하고 싶어한다. 사랑하는 가족들 역시 행복한 생활을 오래도록 이어가고 싶어한다. 이와 같이 자신이 원하는 행복한 생활을 오래도록 지속해나가기 위해서는 반드시 적절한 휴식을 취해서 건강한 신체를 잘 다스려나갈 필요가 있다.

특히 어린이들은 피로해도 쉽게 피로하다는 것을 느끼지 못한다. 그런데 어린이들이 행동하는 것을 보면 피로한지 아닌지 금방 알 수 있다. 그런데 청소년들은 자신이 과로 상태에 놓여 있다는 것을 느끼면서도 결코 인정하려고 하지 않는다.

그와 같은 마음가짐으로는 성적인 문제나 가정문제 또는 교육 문제와 사회 문제는 해결하기 어렵다. 그런 문제들은 청소년들에게 파괴적인 행동, 즉 자신이나 타인에게 해를 끼치는 행동을 하게 될 가능성이 많다. 만일 당신이 에너지가 적을 때는 건강이나 성격도 좋지 않게 될 확률이 높다. 그리고 배터리가 방전되는 것과 마찬가지로 에너지가 너무 적으면 사망할 수도 있다.

그러면 어떻게 하면 좋은가? 배터리처럼 체력을 다시 충전하는 것은 불가능한 일인가? 그러기 위해서는 어떻게 하면 좋은가? 그때는 당신이 가장 즐기는 방식으로 휴식을 취해야 한다.

다음에 소개하고자 하는 것은 현재 에너지양의 재기 위해 필요한 체크리스트이다. 만일 에너지양이 떨어진다고 생각되면 언제든지 이것을 이용할 수가 있다. 또한 당신이 건전한 정신의 소유자이면서 다음에 열거하는 사례에 해당되면 당신의 배터리를 충전할 필요가 있다.

❶ 졸음이 오며 피곤한 상태이다.

❷ 재치나 애교가 없으며 의심이 많다.

❸ 흥분하기 쉽고 화를 잘 낸다.

❹ 신경질이 많아서 히스테리적인 행동을 한다.

❺ 공포에 떠는 일이 많고 질투가 많다.

❻ 성질이 급하고 이기적이다.

❼ 종종 우울함과 좌절감을 느끼고 있다.

피로한 상태에서는 당신의 바람직한 감정, 정서, 생각, 행동이 변화하여 소극적인 마음가짐이 되기 쉽다. 그것은 몸이 휴식을 취하고 건강을 회복하면 예전과 같이 적극적인 마음가짐으로 변하게 된다.

피로는 신체에 매우 나쁜 영향을 끼친다. 그러므로 당신의 배터리에 충전하여, 에너지양과 적극적인 에너지의 양이 표준까지 상승하면 당신은 더할 수 없이 바람직한 상태가 된다. 이때는 PMA를 생각하고 적극적으로 행동할 때이다.

당신이 자기감정과 행동에서 자기의 뛰어난 자질이 소극적인 자질에 눌려 있다고 판단되면 그때가 자신의 배터리에 충전할 때임을 알아차려야 한다. 물론 육체와 정신의 에너지를 가지려면 신체와 정신을 단련할 필요가 있다.

신체나 정신, 모두 적당한 양의 영양분을 주어야 한다. 신체는 건강에 좋은 영양분이 잘 갖춰진 음식물을 섭취함으로써 유지할 수가 있다. 반면 정신적인 활력은 마음을 격려해 주는 책을 읽거나 그밖에 활동을 통해 정신적 비타민을 흡수함으로써 유지할 수가 있다.

인디애나주에 있는 미국 농업연구협회의 이사 조지 스카세스는 아프리카의 해안부에 있는 마을을 가리켜 이런 말을 했다.

"그 마을은 내륙에 있는 같은 종족의 공동생활체보다 진보하고 있다. 그 이유는 거기 사는 주민이 내륙의 주민보다 육체적으로 강하고 정신적으로도 우월하다. 그 이유는 그들이 육체적으로 잘 발달된 까닭에 에너지가 많기 때문이다."라고 설명하고 있다. 따라서 해안의 종족과 내륙에서 생활하고 있는 종족 사이의 생활 차이는 음식물 차이에서 비롯되고 있다는 것이다. 내륙 마을에 사는 사람들은 단백질을 잘 섭취하지 못하지만, 해안에 거주하는 종족은 생선과 다른 해산물을 통해 단백질을 섭취하고 있기 때문이었다.

《풍토가 인간을 만든다》라는 저서를 쓴 클라렌스 밀즈는, 파나마 지역의 주민 가운데는 정신적 활동과 육체적 활동이 이상하게 둔한 사람이 많다는 사실을 기록하고 있다. 과학적인 조사결과 그들의 주식인 동물이나 식물에는 비타민 B가 전혀 없다는 사실이 밝혀졌다. 따라서 그들의 식단에 비타민 B를 첨가하면 기운을 회복해서 혈기가 왕성해지고 활동적으로 바뀔 것이라고 한다.

만약 당신이 섭취하는 식단에 비타민이나 기타 영양분이 부족하지 않은가 살펴보라. 특히 에너지가 부족하다고 느낀다면 식단에 비타민이나 기타 영양분이 충분히 공급되고 있는가를 따져봐야 할 것이다. 이때 요리책을 참고로 하거나, 저렴하면서도 영양가가 풍부한 식재료를 구매하기 위한 팸플릿도 살펴보면 도움을 얻을 것이다. 마지막에는 병원에서 건강 진단을 받아보는 것도 좋은 해결책이다.

잠재의식도 신체와 마찬가지로 정신적인 비타민을 흡수해야 정상적인 기능을 담당한다. 단 신체와 다른 점은 얼마든지 그것을 소화하고 유지한다는 점이다. 잠재의식은 위처럼 소화불량에 걸리지 않는다. 먹은 것만큼이거나 때로는 그 이상의 양을 섭취하고 흡수할 수가 있다. 그러면 그와 같은 정신적 비타민은 어디에 있는가? 책에서 찾을 수도 있고 종교 생활 또는 철학적인 명상, 또는 휴식 등 다양한 방법으로 해결할 수 있다. 요컨대 잠재의식이란 배터리와 같은 것이므로 이 배터리에서 가끔 육체적인 활력을 변화시키는 많은 양의 정신적 에너지를 얻을 수도 있다.

그러나 이 에너지 충전도 불필요한 소극적인 감정에 의해 충격을 받으면 헛된 일이 되고만다. 만약 건전하게 사용되는 에너지라면 그 에너지는 발전소의 발전기가 막대한 양의 유효한 전력을 내듯이 혼자서 몇 배로 증가되기도 한다.

윌리엄 렝게트는 〈섹서스 앤리미테드〉라는 잡지에 기고한 논문 속에서 그것에 대해 교묘하게 설명하고 있다. 그는 퍼센트 출판의 〈클레스트 북스〉와 〈플레미어 북스〉의 편집 책임자로, 불필요한 번뇌, 미움, 공포, 의혹, 노여움, 복수심 등등으로 에너지를 낭비하는 과정에 대하여 기술하고 있다. "헛되게 낭비되는 에너지는 모두 쉽게 힘을 내는 에너지로 변화시킬 수 있습니다."

토미 볼트라는 골프 선수는 헛되게 에너지를 낭비하고 있었다. 공이 옆으로 빗나가거나 그린에서 빗나가면 화가 나서 어쩔 줄을 몰라 했다. 화를 푸는 방법으로 클럽에 있는 나무를 괴롭혔다. 그러다가《아시지의 성 프린체스코》를 읽고, 에너지를 유익하게 변화시켰다. 그 기도는 토미의 마음에 새로운 안식을 주어, 그 후 기도문을 적은 카드를 포켓에 넣고 다녔다는데, 거기에는 "신이여, 바꿀 수 없는 것을 받아들이는 평온과 바꿀 수 있는 용기의 차이점을 알아차릴 수 있는 지혜를 주시옵소서!"라고 적혀 있었다.

인간은 외부의 힘으로 감정을 억제하기보다 내면의 힘으로 자발적으로 감정을 억제할 수 있다. 따라서 인간은 스스로 감정적 반응의 습관을 얼마든지 바꿀 수 있다. 교양을 갖추고 있으며 예의를 지킬 줄 알고, 세련되면 될수록 정서나 감정을 자기 자신이 원하는 방향으로 억제할 수 있다고 한다. 그러나 인간은 그릇된 감정을 폭발시켜 정신적 에너지를 낭비하고 있는 경우가 많다. 만일 그렇다면 정신적 에너지를 유익한 방향으로 돌려야 한다.

당신은 자신의 배터리에 충전할 수 있는가? 만약 어렵다면 이 책에 소개된 원리를 응용해보면 된다.

■■▪ 그러므로 자기의 일에 만족을 느끼지 못하고 피로해 있을 때, 이를 이겨내는 법칙

☞ 자신의 배터리에 충전하라.

건강을 지키는 법을 배워라

적극적인 마음가짐은 건강 또는 생활에서 일에 필요한 매일의 에너지와 열의를 일으키는 데 매우 중요한 역할을 한다. 그러므로 PMA(적극적인 마음가짐)는 정신과 육체의 건강을 유지하고 오래 사는 데 도움이 될 것이다. 그러나 NMA(소극적인 마음가짐)는 정신과 육체의 건강을 차차로 좀먹고 생명을 단축시킬 것이다. 이것은 마스코트가 어느 쪽으로 기우느냐에 따라 모두 결정된다.

합리적인 PMA는 많은 사람의 생명을 구제하고 있다. 그들에게 가까운 자가 강한 PMA를 취했기 때문이다. 다음 사건이 그 일을 증명하고 있다.

태어난 지 이틀밖에 안 되는 어린애가 의사로부터, "이 애는 살 수가 없

습니다."라는 말을 들었다. 그러자, "이 애는 살 수가 있습니다."라고 부친이 응수했다. 그때 그 아이의 부친은 PMA를 가지고 있고, 기도의 기적을 믿고 있었다.

그는 기도했다. 그리고 믿고 있었다. 다음에는 행동으로 옮겨갔다. 어린애는 그와 마찬가지로 PMA를 가진 소아과 의사의 치료를 받게 했다. 그러자 찾아간 의사는 경험으로써 어떤 육체적 결함에도 자연은 대상(代償 : 다른 것으로 대신 물어 주거나 갚아 줌) 작용을 일으킨다는 것을 알고 있었다. 그 결과 어린애는 살아났다.

"나는 이제 살 수가 없다! 죽음도 두 사람을 하루라도 떼어 놓지는 못했다."

이 글은 〈시카고 데일리 뉴스〉에 나온 표제이다. 이 기사는 62세의 어떤 건축 기사인 그 아내의 죽음을 전하고 있었다. 그는 집에 돌아오자 가슴의 고통과 호흡의 곤란을 느끼면서 잤다. 그보다 10세 젊은 아내는 깜짝 놀라 얼마만큼이라도 혈액 순환을 좋게 하려고 남편을 주무르기 시작했다. 그러나 그는 죽어 버렸다.

"나는 이제 살아갈 수가 없습니다."하고 그녀는 곁에 있는 모친에게 말했다. 그리고 나서 조금 있다가 거짓말처럼 그녀도 사망하였다. 똑같은 날에 죽은 것이다.

이 결과로서 알 수 있듯이 살아난 어린애와 죽은 미망인은 적극적인 마음가짐과 소극적인 마음가짐의 특징을 그대로 드러내 보여주고 있다. PMA가 강해지면 좋은 일을 끌어당기고, NMA가 강해지면 나쁜 일을 가져오게 된다는 것을 당신 자신이 알고 있다면, 적극적인 생각이나 행동이 얼마나 중요한지 깨달았을 것이다.

라파엘 코레아는 이제 겨우 20세이다. 그의 집은 특별히 부자는 아니었지만, 주변 많은 사람들로부터 매우 존경받고 있었다. 그래서 그가 큰 병을 얻게 되었을 때, 6명의 의사와 한 젊은 인턴이 라파엘의 생명을 구하려고 푸에르트리코에 있는 작은 수술실에서 밤을 새우며 악전고투하고 있었다. 그들은 12시간이나 넘도록 쉬지도 못하고 계속해서 간호하고 있었으므로 피로로 지쳐 졸음을 이기지 못했다. 그러나 안타깝게도 그들의 노력이 보람도 없이 라파엘의 심장은 멈추고 말았다. 맥박도 뛰지 않았다.

주치의 외과의사는 메스를 들어 라파엘의 손목 혈관을 잘랐다. 거기서 누런 액체가 뿜어져 나왔다. 그 의사는 마취제를 쓰지도 않았다. 그 젊은이의 몸은 이미 고통을 느끼지 못할 정도로 쇠약해져 있었기 때문이었다.

다른 의사들은 자신들이 주고받는 말이 젊은이에게 들리지 않을 것이라고 여기고, 마치 그가 죽은 것 같은 어조로 얘기했다. "기적이라도 일어나지 않는 한, 이젠 살아나기 어렵다." 주치의는 수술복을 벗으며 수술실을 나갈 준비를 했다. 그때 젊은 인턴이 이렇게 말했다. "제가 여기 있을까요?" "그렇게 해주게."하고 그는 말했다. 이윽고 의사들은 수술실을 나갔다.

그곳에 남아있던 젊은 인턴은 혼자서 중얼거렸다. 그리고 죽은 듯 누워있는 환자는 그 소리를 듣고 있었다. 어떤 책에 이렇게 쓰여 있었다. "우리에게 실망은 없다. 보이는 것은 보지 않고 보이지 않은 것을 보기 때문이다. 보이는 것은 일시적인 것이요, 보이지 않는 것은 영원한 것이다."

그런데 라파엘은 그들의 말을 모두 듣고 있었던 것이다. 그때의 라파엘의 마음에는 무엇인가 정신작용이 생동하기 시작했다.

삶과 죽음의 경지를 헤매고 있는 동안은 의식적으로 몸을 움직일 수가 없다. 그런데 책을 읽어 잠재의식을 심어 두었던 PMA에 의해 그의 마음은 신과 소통하게 되었다. 신과 함께 있는 것 같은 느낌이 들었던 것이다.

그는 친구와 마주 앉아 이야기를 나누듯이 신에게 얘기를 걸었다.

"당신은 저를 알고 계십니다. 당신은 저의 마음속에 계십니다. 당신은 저의 피며 생명이십니다. 이 우주에는 오직 하나의 마음, 하나의 원리, 하나의 실체밖에 없습니다."

그는 계속했다.

"저는 죽어도 아무것도 잃지 않습니다. 오직 형체가 변할 뿐입니다. 그런데 저는 아직 20세입니다. 신이시여, 저는 죽음을 두려워하지 않습니다. 그러나 살고 싶습니다. 어느 날이든 저에게 다시 생명을 부여해 주신다면 당신의 뜻에 따라 보다 올바른 생활을 하며 남을 위해 헌신하는 삶을 살겠습니다."

인턴이 라파엘의 얼굴을 들여다보니, 그때 라파엘의 눈꺼풀이 깜박깜박 움직이고 왼쪽 눈언저리에서 눈물이 고이는 것이 보였다. 인턴은 "선생님, 선생님, 빨리 와 주십시오! 살아 있는 것 같습니다!"하고 흥분해 소리쳤다. 본래의 체력을 회복하기까지 약 1년 이상이나 걸렸지만, 마침내 라파엘 코레아는 살아날 수가 있었다.

우리가 그곳에 갔을 때 라파엘은 그를 밤새도록 간호해 주었던, 지금은 외과의사가 된 당시 인턴이었던 사람을 소개해 주었다. 마침 그는 책 이야기가 나오자 라파엘은 다음과 같이 말했다.

"나는 여러 가지 책을 읽었습니다만, 그날 밤 내 마음을 지배하고 있던 생각은 메리 베이커 에디가 지은 《성서를 중심으로 한 과학과 건강》이었다고 생각합니다."

라파엘의 사례에서도 알 수 있듯이 감명 깊은 서적은 생애를 바꾸는 데 대단히 큰 공헌을 하고 있다. 그리고 감명 깊은 서적이나 마음을 움직이는 책으로 성서보다 좋은 것은 없다.

성서는 육체나 정신의 건강, 도덕적으로 건강한 생활을 하게 만드는 데 큰 도움을 준다. 성서를 읽으면 성서에 기록된 진리를 보다 깊이 이해시켜 올바른 신앙생활을 하도록 인도하는 계기를 만든다. 그것은 성서가 독자에게 적극적인 행동을 하도록 이끌기 때문이다.

존 록펠러는 그간 몰두했던 여러 사업 활동에서 손을 떼자, 건강한 몸과 마음으로 행복하게 생활하려는 목표를 세웠고, 이를 실행에 옮겼다. 그러나 록펠러가 모든 것을 다 돈으로 산 것은 아니었다. 그럼 록펠러는 어떻게 해서 목표를 달성했는지 소개해 보겠다.

- **첫째,** 매주 일요일에 교회에 출석하여 매일 응용할 수 있는 원리를 배운 것을 메모해 왔다.
- **둘째,** 매일 밤 8시간씩 자고 매일 짧은 낮잠을 잤다.
- **셋째,** 매일 샤워를 하도록 노력했다.
- **넷째,** 건강과 장수에 좋은 기후인 플로리다주로 이사했다.

- **다섯째**, 균형 잡힌 생활을 했다.
- **여섯째**, 안정된 마음으로 식사를 하고, 어떤 것이든 잘 씹어서 소화시키며 섭취하였다.
- **일곱째**, 정신적 비타민을 흡수했다.
- **여덟째**, 비간 박사를 주치의로 정했다. 박사는 록펠러의 건강과 행복을 유지하기 위해 고용되었다.
- **아홉째**, 가족들에게까지 영향이 미치도록 동료의 원한을 사는 일 같은 것은 하지 않았다. 록펠러의 동기는 처음에는 이기적인 것이었다. 그러나 그가 설립한 재단은 금후 몇 세대에 걸쳐 인류에 공헌할 것이다.

당신은 PMA가 건강에 도움이 되는 것을 자각해야 한다. 그러나 이밖에 PMA와 함께 쓰지 않으면 안 되는 요소가 얼마든지 있다는 것을 깨달아야 하며, 건강도 그 가운데 하나라는 사실을 알아야 한다.

당신은 위생학에 대해서 어떤 것을 알고 있는가?

위생학을 정의하면, '건강 증진을 목적으로 만들어진 원리와 법칙의 체계'라고 말할 수 있다. 사회 위생학의 경우는 특히 육체적 접촉에 의한 전염병이 대상이 된다. 아무튼 육체와 정신 위생학이나 사회 위생학을 알지 못하면, 질병에 걸리거나 사망할 수밖에 없다.

그러나 알코올 중독 치료는 위생학을 가르치는 것처럼 순조롭지는 않다. 미국에서는 알코올 중독이 보건 문제 중에서 네 번째의 큰 문제로 다루어지고 있다. 알코올 중독은 정신병 다음으로 많은 질병 중 하나이며, 정신적인 병을 불러오는 큰 원인의 하나로 꼽히고 있다. 산업계에서는 알코올 중독에 의해 연간 약 10억 달러가 넘는 돈을 낭비하고 있다고 분석하고 있다. 그러나 금전적인 손실은 알코올 중독에 의해 육체나 정신의 건강을 해치거나 생명을 잃거나 하는 것과 비교하면 아무것도 아니다.

알코올 중독자 가운데 술의 매력을 차단하려고 시도했다가 실패하면, 자기의 알코올 중독은 이제 도저히 고칠 수 없다고 체념하게 된다. 뇌파 기록 장치 등의 과학적인 기계를 써서 조사해 본 결과, 알코올이 뇌파를 바꾼다는 사실이 알려져 있다. 알코올은 신경 세포의 신진대사에 강하게 작용하여 리듬이 늦어지거나 때로는 강한 것까지도 억제시켜 의식까지 바꾸게 한다.

정기(正氣 : 천지의 원리)란 의식과 잠재의식 활동이 적당한 균형을 유지하여 마음이 건강한 상태를 이른다. 이때는 의식과 잠재의식이 동시에 활동해도 제각각 별개로 의무와 금지요소를 수행한다. 때로는 활동하려고 할 때 금지하는 것에 도전하는 것이 건강하고 유익한 결과를 가져오기도 한다. 그러나 판단과 행동은 균형이 맞는 의식과 잠재의식 활동의 결과라야 한다.

의식이 활동하기 시작하면 지성 등의 의식의 힘이 잠재의식을 조정하는 조정기의 역할을 담당한다. 이 조정기는 의식 활동이 둔해지면 제대로 움직이지 않고 인간은 둔한 행동을 취하게 된다. 둔한 행동에는 단순히 바보스러운 행동에서부터 정신병이라고 이름 붙여진 정신 상태까지 다양하다.

알코올이 뇌세포에 작용하면 의식의 억제력이 저하된다. 정서, 정열 등의 잠재의식은, 지성의 평형률으로 적당한 조정을 하지 않고 밧줄을 지나치게 느슨하게 하면 불건전한 사람이 되어, 알코올의 영향으로 바보스러운 짓을 하거나 좋지 않은 행동을 하게 된다.

알코올 중독은 매우 무서운 병이다. 생활이 알코올의 지배를 받게 되면 육체적, 정신적, 도덕적으로 실수를 저지르게 되어 공포나 분노에 휩쓸리게 된다. 어찌 되었든 일단 알코올의 지배를 받기 시작하면 그 지배력에서 빠져나오기란 쉬운 일이 아니다. 그러나 알코올 중독의 치료법은 있다. 어떤 치료법이 있을까?

술 마시는 것을 중지하면 된다. 그러나 알코올 중독의 경우 말하기는 쉬워도 실행하기란 거의 불가능하다. 중요한 것은 하면 된다는 신념이다. 노력하면 반드시 된다.

적극적인 마음을 가지게 되면 금주를 단념하지 않는다. 예전에 실패를 경험했거나 타인이 실패했을 때의 일을 알고 있기 때문이다. 적극적인 마음을 가지게 되면 성공한 경험을 생각해 내고 도전하려는 마음을 갖고 희망을 가질 수가 있다. 걸음마를 배우는 아이는 세 걸음 걷고 넘어졌다고 해서 그 일을 반성하거나 포기하지 않는다. 젖 먹이는 무의식적인 노력에 따라 진보하는 것이다.

알코올 중독자를 구제해 주거나 도움을 주는 기관도 많다. 하지만 무엇보다도 중요한 것은 자기 자신을 이겨내지 않으면 안 된다는 점이다. 그래도 일반적으로 자기 힘으로 스스로 억제할 수 있을 때까지는 여러 가지로 조언하여 붙들어 주는 사람이 필요하다. 또는 PMA가 NMA로 역행하지 않도록 스스로 PMA가 강해질 때까지 지속시킬 필요가 있다. 강력한 PMA는 자기 자신을 살릴 뿐만 아니라 알코올 중독자에게도 기적을 행할 수가 있다. 당신도 마찬가지로 건강이나 장수를 불러오게 할 수 있다는 점에서 적극적인 마음가짐은 기적적인 활동을 할 것이다.

건강에 대한 불안은 자신도 모르는 사이에 PMA를 깨뜨릴 가능성이 있다. 조금이라도 아프거나 괴로우면 걱정하기 때문이다. 이런 불안한 상태가 오래 가면 오래 갈수록 병에 대한 태도는 점점 적극적인 태도에서 소극적인 태도로 변해 간다. 그리고 걱정하던 증세가 실제로 주의를 요하는 상태를 보이는 경우에는, 언제까지나 불안을 느끼고 있으면 그 상태가 더욱더 진행될 뿐이다. 자신의 건강 상태에 불안을 느끼기만 해서는 안 된다. 바로 행동으로 옮겨라. 이에 대한 적절한 사례를 들어보자.

그는 젊고 활동적이며 우수한 자동차 세일즈맨이었다. 그는 앞날이 촉망받는 젊은이였지만 매우 약골이었다. 그래서 진지하게 묘자리를 알아보고, 장례식 절차도 미리 준비해둔 상황이었다. 왜 그랬냐 하면 그에게는 가끔 숨이 끊어질 것 같은 고통이 있었다. 심장의 고동도 빨리 뛰고 목이 막혔다. 그래서 단골 의원을 찾아갔다. 의사는 휴가를 내든가, 좀 더 편안한 생활을 보내든가 하기 위해 자동차 세일즈맨 일을 그만 두라고 권유했다. 따라서 의사의 말대로 잠시 집에서 몸을 쉬며 휴양했지만, 마음이 편치 않았다. 그리고 여전히 숨찬 증세가 일어났다. 그때마다 심장의 고동이 더욱 빨라지는 증세가 일어나고 목이 탁 막혔다.

여름이 되자, 의사는 콜로라도에서 휴가를 보내는 게 좋겠다고 권유했다. 의사의 권유에 따라 그는 특등 침대차를 타고서 콜로라도로 떠났다. 그러나 건강에 좋은 기후와, 기분을 들뜨게 하는 그런 산들이 있는 콜로라도도 그의 불안을 잠재우지는 못했다. 그래서 가끔 숨이 차고, 심장 박동이 빠르고 세어지는가 하면 목이 막히는 느낌을 경험했다. 결국 1주일도 채 못되어 그는 집으로 돌아오고 말았다.

주위에선 모두 이제 그는 죽을 때가 가까워졌다고 믿었다. 언젠가 그가 읽은 책에 〈병은 기분에서〉라는 말이 나와 있었다. "미네소타주 로체스터에 있는 메요 로체스터 병원에 가보면 절대로 헛일이라고 생각지 않을 것입니다. 곧 가 보시오."

그래서 그는 친척 차를 빌려 타고 로체스터로 갔다. 사실 그는 병원에 가는 도중에 죽는 것이 아닌가 걱정했다. 로체스터의 병원에서 일단 진찰이 끝나고 병에 대해 말해 줄 때가 왔다. 의사는 "당신이 나빠진 것은 지나치게 산소를 많이 들이마시기 때문입니다." 그는 웃으면서,

"줄넘기하듯이 50회 뛰어 보시오." 그는 금방 숨이 차고 심장의 고동이 빨라졌다. 목이 막혀 왔다. "이런 짓을 하게 하면 어떻게 합니까?"하고 젊은 이가 물었다. "숨이 차고 심박수가 빨라질 거라고 생각되면, 종이봉투에 숨을 불어 넣든가, 잠시 숨을 쉬지 멈추면 됩니다."

의사는 그렇게 대답하고 종이봉투를 환자에게 내주었다. 환자는 의사가 하자는 대로 했다. 그렇게 해보자 심박수도 정상으로 돌아오고 호흡도 정상으로 돌아왔다. 목이 막히는 증상도 사라졌다. 그는 병원을 나올 때 기분은 아주 명랑해졌다. 그 후 증세가 나타나면 잠시 호흡을 끊어 보았다. 그래도 신체의 기능에 이상은 없었다.

몇 개월 뒤에 그는 병적 불안 증상이 사라졌다. 이것은 약 15년 전에 일어났던 일이지만 다시 병원을 방문한 일은 없었다.

물론 어떤 병이나 모두 이렇게 잘 치료되기만 하는 것은 아니다. 때로는 바람직한 명의를 발견할 때까지 전 재산을 다 탕진하기도 한다. 그러나 강인하게 PMA를 가지고 계속 찾아야 한다. 분명한 결의와 밝은 전망을 가지

면 반드시 희망을 발견할 것이다.

어느 날 신문 기사의 표제에 이렇게 나와 있었다.

'장례식에 급히 가던 여섯 명, 시속 106마일의 폭주로 사망'

그 뒤에 다음과 같은 내용이 실려 있었다.

"일요일에 자동차 사고로 죽은 여섯 사람의 장례식이 거행되었다. 이 여섯 사람은 지인의 장례식에 가다가 운전기사의 과속으로 의외의 사고를 만났던 것이다."

보행자처럼 사고를 조심하고 반드시 교통 법규를 지켜라. 만일 남에게 운전을 맡기고 타고 있을 때에는, 그 사람의 육체적, 정신적 결함이나 차 상태에 따라서 당신의 생명이 좌우된다는 것을 잊어서는 안 된다. 운전사가 술에 취해 있거나, 브레이크가 맘대로 움직이지 않는 경우에는 그 차가 내 차라 하더라도 그 사람과 동승하는 것을 거절해야 한다. 이것이 자기 생명을 자기가 구제하는 일이다.

당신의 행복을 위한 방법

당신의 행복을 위한 방법은 알고 있는가. 일찍이 에이브러햄 링컨은,

"내가 보기에 행복의 정도는 대개 마음가짐 하나로 결정되는 것 같다."

고 말했다. 개인별 차이는 미미하지만, 근소한 차이가 모여 큰 차이가 생긴

다. 근소한 차이란 당신의 태도에 달려 있다. 큰 차이는 적극적이냐 아니면 소극적이냐의 차이이다.

"나는 행복해지고 싶어요. 하지만 당신을 행복하게 해드리기까지는 나 또한 행복해질 수 없어요⋯⋯"라고 시작되는 유행가가 있다. 자기 행복을 찾아내기 위한 가장 확실한 방법은 다른 누군가를 행복하게 해주려고 에너지를 사용하는 일이다. 그러나 행복은 붙잡을 수가 없다. 붙잡으려 해도 너무 막연하다. 그러나 다른 누군가를 행복하게 해주려고 노력한다면 행복은 당신 있는 곳에 찾아올 것이다.

오클라호마시 대학 종교학부의 교수 부인이요, 작가인 클레어 존스는 막 결혼했을 무렵의 행복에 대해 이렇게 말하고 있다. "우리는 결혼하고 나서 2년쯤 어느 조그만 거리에 살았습니다. 이웃에 노부부가 살고 있었는데, 부인은 맹인에 가까워 바퀴 달린 의자에 의지하고 있었으며 남편 또한 그리 튼튼하지도 않았어요. 하지만 남편은 집안일도 하고 갖가지 부인의 시중을 들고 있었죠. 크리스마스를 앞두고 저는 남편과 크리스마스 트리를 장식하다가, 문득 이웃의 노부부에게 트리를 만들어드리기로 했어요. 우리는 조그만 트리를 사서 크리스마스 전야에 노부부에게 드렸습니다."

여기까지 얘기하고 나서 그녀는 회상하듯 이렇게 계속했다.

"부인은 반짝반짝 빛나는 꼬마전구를 희미해서 잘 보이지 않는 눈으로 빤히 바라보면서 울먹였습니다. 남편은 '우리가 크리스마스 트리를 장식한 것이 몇 해만인지 모릅니다.'라고 자꾸 되풀이해 말했어요. 새해에 인사를 가니 또 두 사람은 트리가 정말 고마웠다고 이야기했습니다. 극히 작은 일이었지만, 이웃에게 베푼 일이 행복했습니다."

그들이 친절을 베푼 결과로써 경험한 행복은 추억에 남을 만큼 깊고 따뜻한 감정이었다. 그것은 친절한 일을 하는 사람들에게 찾아오는 지극히 평범한 행복이다. 당신은 행복해지기도 하고, 만족도 얻을 수 있으며 때로는 불행해질 수도 있다. 그 선택은 당신 자신에게 달려 있다. 그 결정적 요인은 당신이 PMA의 상태인가, NMA의 상태인가에 따라 달라진다. 이것은 오로지 당신의 마음가짐에 따라 결정된다.

태어날 때부터 헬렌 켈러는 언어 장애, 청각 장애, 시각 장애를 가지고 태어났다. 그러므로 당연히 다른 사람들처럼 주위 사람들과의 의사소통으로 지식을 얻을 수 없었다. 오직 촉각에만 의지하여 타인과 서로 마음을 통하고, 사랑하거나 사랑받는 행복을 느꼈다.

헬렌 켈러의 노력도 눈물겹다. 하지만 그를 가르친 설리반 선생님은 헬렌 켈러에게 사랑의 손을 내밀어 준 헌신적인 선생님이다. 그녀의 훌륭한 가르침으로 말 못하고, 듣지 못하고, 보지 못하는 소녀를 총명하고 유머와 재치가 넘치는 밝고 행복한 여성으로 바꿔놓았다.

헬렌 켈러는 일찍이 이렇게 쓰고 있다.

"선의로 해주는 조언이나, 그저 미소로 격려해 주었더라도 어려움과 곤란함을 헤쳐나온 사람이 느끼는 기쁨은 마치 분신처럼 가까운 것이요, 그 힘으로 산다는 것을 알고 있습니다. 한때는 움직이지 못할 것 같았던 장애를 뛰어넘어, 한계를 더욱 멀리 밀어내는 기쁨을 맛볼 수 있어요. 행복을 찾는 사람이, 잠깐 발을 멈추고 서서 생각하면, 이제까지 경험했던 기쁨이 발밑의

풀이나 아침에 활짝 핀 꽃에 맺힌 반짝반짝 빛나는 이슬과 같이 수없이 많다는 것을 아실 겁니다."

헬렌 켈러는 주어진 신의 은혜를 생각하고 진심으로 감사했다. 그리고 신의 은혜의 기적을 남에게 나누어 주어 기쁨을 맛보게 했다. 그녀는 좋은 것, 바람직한 것을 나누어 주기 때문에 보다 많은 것, 바람직한 것이 그녀 자신에게로 끌어 당겨져 왔다고 생각했다. 다시 말해서 주는 것이 많으면 많을수록 얻는 것이 많아져 행복을 느낀 것이다. 당신도 타인에게 행복을 나누어 주면 행복은 그만큼 당신의 내부에서 풍부하게 부풀어 오를 것이다.

그러나 비참함이나 불행을 나누어 주면 비참함이나 불행을 당신 자신에게로 끌어 당겨질 것이다. 또 번뇌가 문제가 아니라 그 번뇌를 핑계로 하소연하는 사람이 주위에 많다. 이러한 사람들의 번뇌는 진짜 번뇌가 아니다. 다른 일이 닥쳐도 그들은 마찬가지로 반응할 것이다. 항상 타인에게 자신이 느낀 번뇌를 나누어 주는 상황이기 때문이다.

이 세상에는 애정이나 우정을 강하게 찾으면서도, 스스로 애정이나 우정을 얻을 수 없는 고독한 사람이 많다. 그런 사람들 가운데에는 NMA로 인하여 찾는 것을 거부하는 사람도 있다. 그러한 사람들 대부분은 뭔가 좋은 일이 찾아오기를 원하면서도, 자기가 가진 좋은 것을 타인에게 나누어 주려고는 하지 않는다. 자기가 가지고 있는 좋은 것이나 바람직한 것을 타인에게 주지 않으면, 그것을 조금씩 잃어버린다는 사실을 미처 깨닫지 못하고 있다.

그러나 자기의 기분을 전환하기 위해서 무엇인가 도전할 용기가 있는 사람이라면 좋은 것이나 아름다운 것을 타인에게 나누어 주는 일 속에서 그 해답을 찾아낸다.

매우 고독하고 불행한 소년이 있었다. 그는 태어날 때부터 등이 보기 흉하게 구부러지고 왼쪽 다리가 활 모양으로 휘어 있었다. 그러나 이 소년을 진찰한 의사는 소년의 부친에게 이렇게 말했다. "걱정할 필요 없습니다. 그는 자신의 일을 혼자서 무난히 해나갈 것입니다."

그의 집은 가난하였으며 모친은 그가 한 살도 채 되기 전에 죽어 버렸다. 성장해 감에 따라 다른 애들은 그의 몸이 흉하다든가, 함께 여러 가지 일을 잘 할 수 없다는 이유로 그를 회피했다. 그 소년이 바로 찰스 스타인메츠이다. 그는 한 마디로 고독하고 불행한 소년이었다.

그러나 신은 이 소년을 버리지 않았다. 불우한 환경의 찰스에게는 흉한 신체를 보충하기 위해 뛰어난 기억력이 갖추어져 있었다. 그는 자신에게 주어진 최대의 재산을 활용함으로써 아무 일도 못 할 것이라고 생각했던 육체적 결함을 잊고 공부하여 굉장한 능력을 발휘했다.

그는 5세에 라틴어의 동사 변화를 암기했다. 7세 때에는 그리스어를 배우고, 히브리어도 조금 배웠다. 8세 때에는 이미 수학의 대수와 기하를 충분히 이해할 수 있게 되었다. 그는 대학에 들어가 모든 학과에서 최고의 성적을 따냈다. 그리고 우수한 성적으로 졸업하게 되었다. 그는 열심히 푼돈을 모아 졸업식에 입고 갈 예복을 빌 수가 있었다. 그런데 대학 당국은 NMA 사고방식을 가진 사람의 동정심 없는 냉혹한 태도로 찰스가 졸업식에 출석하는 것을 제한한다는 경고문을 게시판에 내붙였다. 그 이유는 예전에 정부에서 금지한 사회주의 학생 클럽에 가입하여 활동했기 때문이었다.

이런 상황에서 찰스는 고민한 끝에 남의 주목을 끌어 자기만족을 느낄 것이 아니라, 인간의 선의를 펼쳐나가는 능력을 살리는 것이 좋겠다고 생각했다. 그래서 인생의 새로운 길을 걷기 위해 미국으로 건너갔다.

미국에 도착한 찰스 스타인메츠는 바로 직장을 찾기 시작했다. 그의 모습이 흉하다는 이유로 몇 번이고 거절당했으나, 노력한 끝에 주급 12달러로 제너럴 일렉트릭 회사에 취직하였다. 그는 정해진 일 외에 많은 시간을 쪼개어 전기 공부에 몰두했고 자기가 아는 지식을 동료들에게 아낌없이 나누어 줌으로써 좋은 인간관계를 형성하려고 노력했다.

이윽고 제너럴 일렉트릭 회사의 사장이 그의 보기 드문 재능을 알아보고 이렇게 말했다.

"여기에 있는 설비는 전부 우리 회사의 것이다. 이것을 이용해서 하고 싶은 일을 얼마든지 해도 좋다. 연구하고 싶으면 하루종일 연구해도 좋다. 그 연구 비용은 따로 지불해 주겠다."

이후 찰스는 경영주의 보호 아래 전기공학의 실용화 연구에 몰두하였다. 경영주는 공장 내에 작은 연구실을 세워주었으며 그곳에서 많은 연구가 이루어졌다. 그리하여 일생 동안 전기 관련 발명품으로 200여 가지 이상의 특허를 받았고, 전기 이론이나 전기 기술 문제에 관한 책이며 논문을 많이 발표하였다. 그는 일이 잘 되었을 때의 기쁨을 알고 있었으며, 이 세상을 좀 더 살기 좋은 곳으로 만드는 데 공헌하는 기쁨을 알고 있었다.

그는 재산을 모으는 것과 동시에 멋진 집을 사서 잘 아는 신혼부부에게 주기도 했다. 그러므로 찰스의 생애는 행복했으며, 한 마디로 그의 삶은 행복한 인생이었다고 말할 수 있다.

보통 사람들은 자기 생활의 대부분을 가정에서 가족과 함께 지내고 있다. 그런데 행복하고 안전한 보금자리여야 할 가정이 불행하게도 행복을 나누거나 배려하는 인간관계로 이루어지지 않고 서로 시기 질투하거나 서로 상처를 입히는 일이 실제로 너무 많다.

가정문제는 다양한 이유에서 생겨난다. PMA - 성공의 과학 강좌 수업에서 매우 머리가 좋은 24세 청년에게 "무슨 문제가 있습니까?"라고 질문했다.

"문제는 저의 어머니입니다. 이번 토요일에 저는 집을 나가기로 결정했습니다."

그에게 자세한 사정을 이야기하라고 요청하여 들어보았다. 이야기를 듣는 동안에 모자간에 관계가 좋지 않다는 것을 확실히 알 수 있었다. 강사는 모친의 성격도 아들과 비슷하게 매우 공격적이고 자기 멋대로라는 사실을 알았다.

그래서 그는 인간의 성격은 자석의 힘에 비유할 수 있다는 것을 가르쳐 주었다. 둘의 힘이 똑같아 보이는 자석을 나란히 놓고 같은 방향으로 밀거나 잡아당기면 서로 끌어당기는 힘으로 잡아당긴다. 둘의 힘이 서로 대립할 때는 서로 저항하고 서로 거절하기 마련이다.

두 사람이 똑같이 외력에 반발했다고 해도 두 사람은 두 자석과 마찬가지로 각각 별개의 존재이다. 그러나 외력을 끌어당기거나 거절하는 두 사람의 강도는 설사 한 사람이 대립 관계에 있더라도 그 정도는 심해진다.

강사는 말을 계속했다.

"당신의 태도와 당신 어머니의 태도는 비슷한 점이 많으니까, 어머니에 대한 당신의 태도 여하에 따라 당신에 대한 모친의 태도도 정해집니다. 어머니의 기분은 당신 자신의 기분을 분석해 보면 잘 알 수 있습니다. 그렇다면 당신의 문제는 쉽게 해결할 수 있습니다. 강한 두 사람이 대립하고 있으나 함께 조화로운 생활을 하는 것을 희망할 경우 적어도 한 사람은 PMA의 힘을 이용해야 합니다."

여기까지 얘기하고 나자 강사는 다시 그를 바라보며 이렇게 말했다.

"그러면 이번 주의 숙제를 당신에게 내드리지요. 어머니에게 무슨 일을 부탁받거든 기꺼이 하도록 하세요. 공연한 군소리를 해서는 안 됩니다. 어머니의 결점이 눈에 띌 것 같을 때는 얼른 장점을 찾아내도록 하세요. 그렇게 하면 아주 기분 좋게 지내게 될 것입니다. 그 후에는 당신의 어머니도 당신이 말하는 것을 듣게 되겠지요."

"그렇게 잘 안 됩니다."하고 그 수강자는 대답했다. "어머니는 도저히 제 말을 들을 분이 아닙니다." "그러나 당신이 PMA로 잘 듣도록 마음먹으면 불가능하지는 않을 것입니다."

라고 강사는 말했다.

1주일 후에 그 젊은이는 과제에 대한 과정을 설명하라는 요청을 받았다. 그의 대답은 다음과 같았다.

"염려해 주신 덕택에 1주일 동안은 두 사람 사이에 불쾌한 말이 오고 가지 않았습니다. 저도 집에 남아 있기로 했으니까 안심하십시오."

만일 당신이 행복해지고 싶으면 남을 먼저 이해하도록 노력하라. 그러나 남의 에너지양이나 능력은 당신의 그것과 똑같지가 않다는 것을 인식하라. 남의 생각이 당신과 똑같을 수는 없다. 남이 좋아하는 것과 당신이 좋아하는 것은 다르다는 것을 이해하도록 하라. 이것을 인식하면 당신 자신 속에 PMA를 길러, 타인의 마음속에 바람직한 반응이 생겨나게 하는 것이 아주 수월해질 것이다.

자석은 반대되는 극끼리 서로 끌어당기는데, 사람도 마찬가지로 반대 성격의 사람끼리 서로 끌어당긴다. 그리고 이해가 공통되는 경우에는 두 사람의 성격이 정반대일지라도 서로 잘해 나갈 수가 있다.

한 사람은 야심가라서 고집이 세고 대담하고도 낙천적이며 무서운 에너지와 끈기가 있다. 또 한 사람은 세상 모든 일에 만족하고 겁이 많으며 마음씨가 좋고, 언제나 굽실굽실하는 자세를 취하고 빈틈이 없는 성격이다. 그들은 서로의 단점을 보충해 주고 기운을 북돋아 주며 격려해 준다. 이렇게 서로의 성격이 혼합되어 결과적으로 극단적인 성격이 중화(中和)된다. 그러니까 한 인간의 성격만이 세게 치고 나가고, 또 한 사람이 욕구불만에 빠지는 일은 피할 수 있다.

만약 당신이 자신과 성격이 아주 비슷한 사람과 결혼했다면 당신은 행복해진다고 말할 수 있는지 정직하게 말해 보자. 아마도 대답은 노(No)일 것이다.

어린애들에게 부모가 해주는 것을 모두 이해하고 고맙게 여기도록 가르치고 있는가? 대개 가정불화의 원인은 어린애들이 부모에게 고맙게 생각하고 이해하지 않는 데 있다. 그러면 그것은 누구의 책임일까? 어린애들의 책임일까? 부모의 책임일까? 아니면 양쪽의 모두의 책임일까?

얼마 전의 일이다.

우리는 훌륭한 일을 하는 큰 단체의 회장과 만나기로 약속이 되어 있었다. 그가 공적으로 실천했던 뛰어난 일에 대해 각 신문에서는 모두 그를 매우 호의적으로 소개하고 있었다. 그런데 우리가 만났을 때 그는 몹시 불행해 보였다.

"나를 좋다는 사람은 한 사람도 없을 겁니다. 애들마저도 싫어하고 있으니까요. 대체 이유가 뭘까요?"하고 그는 질문했다.

사실 이 사람은 선의를 가지고 주변에 베푸는 사람이다. 돈으로 살 수 있는 것은 무엇이든지 자식들에게도 사 주었다. 그는 어려서 자기가 하기 싫은 일을 하며 살았기 때문에 자식들에게만큼은 절대로 싫어하는 일을 하지 말라고 가르쳤다. 그가 경험한 어려운 고생을 자기의 자식들이 겪지 않도록 했다. 하지만, 아들과 딸에게 감사하게 생각하라고 강요하거나 기대하지도 않았고 그들 역시 실제로 감사하다고 말로 표현한 적도 없었다. 그러나 그는 자신이 특별한 노력을 하지 않더라도 어린애들은 그를 이해해 줄 것이라 생각한 것이다.

다소 강력한 방법을 써서라도 어린애들에게 부모에게 감사하는 마음을 갖도록 가르쳤더라면 아마 사정은 달라졌을 것이다. 그는 어린애들이 행복하게 지내는 것을 보는 것 자체로 행복감을 느꼈고, 타인을 행복하게 해 줌으로써 자신도 행복해진다는 것을 어린애들에게 가르쳐 주지 않았던 것이 큰 실책이었다. 그 때문에 어린애들의 행동은 그를 불행하다고 느끼게 했으며 실망감을 안겨 주었다.

아이들이 어렸을 때부터 좀 더 마음을 터놓고 서로 이야기를 나누고, 그들을 위해 부모들이 여러 가지로 고생한 이야기를 들려주었더라면 좋았을 것이다. 그랬다면 아마 자식들은 부모를 잘 이해하게 되었을지도 모른다.

그러나 이 사람들의 경우가 아니라 똑같은 입장에 처한 사람이라도 언제까지나 불행하다고 느낄 필요는 없다. 그때는 마스코트를 PMA 쪽으로 바꿔서 자신에 대한 좋은 면을 가까운 사람들이 이해하도록 진지하게 노력할 수는 있을 것이다.

그리고 자식들에게 돈으로 해줄 수 있는 것을 주는 대신에 부모의 진심 어린 사랑을 느끼도록 나누어 줌으로써 애정을 표현하고 받아들일 수 있는 기회를 만날 수 있다. 이것은 마치 돈을 주었을 때처럼 선뜻 부모 자신의 진심을 나누어주면 자식들의 애정도 '이해'라는 형태의 만족할만한 보답을 할 것이다.

물론 부모들도 그런 것은 잘 알고 있었을 것이다. 그는 자신이 자식들에게 베푼 애정의 의미를 단순히 아이들도 이해해 주리라고 생각했다. 그리고 자식들에게 상황을 올바르게 이해시킬 기회는 없었다. 그에게 도움이 될 책으로《친구를 만들고 사람을 움직이는 법》등 몇 권의 책을 소개했다. 그리고 어린애들도 어른과 마찬가지로 생각하는 능력을 가진 사람이라는 점을 상기시켜주었다.

당신은 멋진 사람이다.

그러나 그렇게 생각하지 않는 사람도 있을 것이다. 그런 사람은 당신의 말이나 행동에 대해 나쁜 뜻으로 부당하고 적대적인 태도를 취할 수 있다. 그 역시 당신과 똑같은 인간이다. 당신은 사람을 끌어들이거나 배척하는 힘을 가지고 있다. 이 힘을 잘 활용하면 건전한 친구를 끌어들일 수 있고, 당신에게 좋지 않은 영향을 미치는 사람을 배척하거나 할 수가 있다.

NMA는 기계적인 행동으로 좋은 것을 밀어내고 나쁜 친구를 비롯해서 좋지 않은 것을 끌어들이기 쉽게 된다. 남에게 좋지 않은 느낌을 갖는 원인은 당신의 말과 행동에 달려 있다. 또한 당신의 진짜 내적 감정과 태도도 그 원인이 될 수 있다. 남에게 듣기 좋은 목소리는 그 사람의 기분이나 태도, 숨은 생각을 표현하는 경우가 있다.

비록 자기의 결점을 알아차리는 것은 어려운 일일지 모르겠지만, 가끔 자기 결점을 알아차렸다 하더라도 자발적으로 자기 자신을 올바르게 바꿔 나가는 일은 더욱 어려운 일이다. 그러나 당신이 그것을 하지 못할 리가 없다고 생각하라.

당신은 그러한 마음가짐을 우수한 세일즈맨으로부터 배울 수가 있다. 그 세일즈맨은 예상한 손님의 반응에 민감해지고, 이에 대처하는 훈련을 받게 되기 때문이다. 손님은 항상 올바르다고 믿고 있는 우수한 세일즈맨의 태도는 일부 사람들에게는 받아들이기 어려울 수도 있다. 이때 가장 중요한 것은 마음가짐이다. 세일즈맨이 판매를 성사시키려고 예상한 손님에게 상품을 팔 때에 사용하는 PMA로 자기 가족을 행복하게 만들려고 노력하면 된다. 그 정도로 가족을 배려한다면 아마 당신의 가정생활과 사회생활은 좀 더 행복하고 알차게 될 것이다.

만약 당신의 감정이 남의 언동에 의해 가끔 상처를 입는다고 하면, 당신 자신도 아마 당신의 언동에 의해 남에게 불쾌감을 주어야겠다고 마음에 두고 있을 것이다. 그러나 감정이 상하게 되면 이유를 알아내어 남에게 똑같은 반응을 일으키게 하는 일은 하지 않도록 하라.

누군가가 화난 목소리로 당신을 야단쳐서 기분이 나빠져서, 당신이 그 상대(설사 다섯 살짜리 아들이나 극히 가까운 집안사람이라도)를 야단친다면 타인에게도 싫은 느낌을 준다는 것을 생각하라.

타인이 나를 오해하여 불쾌한 기분을 느끼게 했다면 당신의 기분을 표현하라. 그리고 그 오해를 선의로 해석하라. 당신의 논쟁, 아이러니, 가시 돋친 유머, 생각이나 가까운 사람들에 대한 비판을 기뻐할 수 없다면 타인의 경우도 똑같다고 생각하는 것이 당연하다.

많은 사람에게 인사를 받고 싶다거나, 또는 남이 기억해 주길 바란다거나, 혹 누군가가 당신을 생각하고 있는 것이 기쁘다면 당신도 타인에게 그렇게 하면 된다.

여러 잡지에 칼럼을 쓰고 있는 나폴레옹 힐은 〈만족〉이란 제목으로 기사를 쓴 일이 있다. 그 기사가 당신에게 도움이 될지도 모르겠다.

세계에서 제일 돈 많은 부자가 행복의 골짜기에 살고 있다. 그는 보물 같은 물건, 즉 그에게 만족과 건강, 정신적인 안식과 마음의 조화로움, 평화를 사랑하는 마음 등을 가져다주는 PMA를 많이 가지고 있다.

그가 가지고 있는 재산은 다음과 같이 해서 손에 넣은 것이다.

❶ 나는 남의 행복을 찾아 줌으로써 스스로 행복을 찾아냈다.

❷ 나는 절도 있는 생활을 하고, 건전한 신체를 유지하기 위해 필요한 양밖에 먹지 않도록 하여 건강을 얻었다.

❸ 나는 남을 미워하거나 원망하거나 하지 않고 모든 사람을 사랑하고 존경한다.

❹ 나는 절반은 즐기면서 여유를 가지고 사랑의 노동에 종사하고 있다. 그러니까 그다지 피로를 느끼지 않는다.

❺ 내가 매일 기도하는 것은 재산이 좀 더 늘어났으면 하는 것이 아니라, 좀 더 사려 깊게, 지금 가지고 있는 많은 재산을 알고 받아들여 맛보는 것이다.

❻ 나는 항상 남의 이름에 경의를 표하고 있으며, 어떤 이유가 있든 남을 해치는 일은 하지 않는다.

❼ 나의 동정을 바라는 사람들에게 그것을 주는 특권 이외에 나는 아무에게도 아무것도 바라지 않는다.

❽ 나는 양심에 충실하니까 무엇을 해도 잘못을 범하는 일은 없다.

❾ 나는 필요 이상으로 물질적인 재산을 소유하지 않는다. 재물과는 인연이 없기 때문이다. 살아있는 동안에 필요하게 사용할 만큼의 재산이 있으면 충분하다. 나의 행복 골짜기의 부동산에는 세금이 붙지 않는다. 그것은 주로 내 마음이 닿을 수 없는 곳에 있고, 내가 사는 방식을 공감해주는 사람을 제외하고 과세하거나 평가할 수 없다. 나는 자연의 법칙에 따르고, 이에 순응하는 습관을 몸에 붙이고 계속 노력하여 이 재산을 마련하였다.

행복의 골짜기에 사는 주민의 이 성공의 신조에는 판권이 없다. 누구나 이것을 자기 것으로 만들면 지혜의 양식과 평안함과 만족을 얻을 수 있다.

유태 교회의 목사 루이스 번스토크는 그가 지은 〈믿음의 힘〉 속에서 행복에 대해 다음과 같이 서술하고 있다.

"인간이 태어났을 때는 하나로 통합되어 있다. 인간이 형성하고 있는 세계가 인간을 뿔뿔이 흩어지게 하는 것이다. 어리석은 세계, 허위의 세계, 공포의 세계이다. 믿음의 힘, 자기 자신에 대한 믿음, 동포에 대한 믿음, 운명에 대한 믿음, 신에 대한 믿음을 빌면 인간은 다시 하나로 통합될 수 있다. 그리고 그때 비로소 세계는 정말로 하나가 될 것이다. 그리고 그때 비로소 행복과 평화를 찾으리라."

인간이 올바르면 인간의 세계는 올바르게 된다는 것을 잊어서는 안 된다. 행복도 재산이나 불행이나 빈곤과 마찬가지로 끌어당길 수가 있다.

■■■■ 그러므로 당신이 행복해지기 위한 법칙

☞ 자기 가까이에서 행복을 찾아야 한다.

신비의 힘, 정신을 탐구하라

우리 자신을 정신(精神)이라고 정의한다면, 우리는 누구나 신비로운 힘, 즉 기지(旣知)의 힘과 미지(未知)의 힘을 가지고 있다. 그러므로 우리 마음속에 잠재하는 이 신비한 힘을 적극적으로 탐구할 필요가 있다.

만약 우리가 그 힘을 발견한다면 심신의 건강과 행복을 얻는 것은 물론 재산을 벌어들이거나, 직업에서 성공하는 일도 자신의 마음가짐으로 성취할 수 있다. PMA로 자신이 깨닫고 있는 힘과 아직 깨닫지 못한 힘을 함께 탐구한다면, 완전히 자기만의 방법을 체득할 수 있을 것이다. 매우 적극적인 마음가짐으로 미지의 정신력을 탐구하여, 그 힘을 이용하는 방법을 배우면 그것을 응용하는 것도 가능하다.

따라서 인간은 일찍이 신이 창조한 만물 가운데 가장 정교한 기계라고도 비유할 수 있다. 그러므로 우리가 원하는 것을 끄집어내기 위해 올바르게 기계를 작동시키는 방법을 배워야 한다. 이 특수한 기계는 신이 만든 걸작이며, 우리는 이 기계를 가지고 있다.

그러면 이 기계의 구조는 어떻게 이루어져 있는가? 80조 개 이상의 세포로 이루어져 있기 때문에 당연히 부품의 수가 많다. 그리고 어느 부품이든지 그것 자체가 하나의 기계이다.

그중 하나는 굉장한 성능을 가진 부품이지만, 그 무게는 겨우 1.4kg밖에 안 된다. 그 부품은 100억 개 이상의 세포로 만들어져 있으며, 발전, 수신, 기록, 에너지의 전달 등의 일을 전담하고 있다. 그러면 이 놀랍고 굉장한 기계란 무엇인가? 그것은 당신의 두뇌이다. 설사 우리가 팔을 하나 잃는다든가, 한쪽 눈을 잃어버린다든가 그 밖의 딴 곳에 결함이 생긴다 해도 우리의 두뇌는 변함없이 작동한다. 역시 나 자신인 것은 변함이 없다.

신체를 구성하는 부품의 하나인 대단한 성능을 가진 기계란 무엇을 말하는가? 그것은 당신의 두뇌이다. 기계가 당신 신체를 통제하고, 이 기계가 있으므로 당신의 마음은 활동하는 것이다.

더구나 당신의 마음에도 부품이 있다. 그 하나는 의식이요, 다른 하나는 잠재의식이다. 이 둘은 동시에 활동한다.

과학자는 마음속에 의식되어 있는 면에 대해서는 매우 많은 것을 알고 있다. 그러나 과학자가 잠재의식이라는 광대한 미지의 영역 탐구에 착수한 것은 겨우 100년도 안 된다.

그러나 원시인들은 인류의 역사가 시작될 무렵부터 잠재의식의 신비한 힘을 교묘하게 이용해 왔다. 현대에도 오스트레일리아의 원주민이나 다른 미개 민족 사이에서는 여전히 이루어지고 있다.

자, 그럼 〈신비의 힘, 정신〉을 탐구해 보기로 하자.

먼저 시드니의 빌 마코르의 체험담을 통해 실패와 성공의 스토리를 따라가 보기로 한다.

빌이 독립하여 가죽공장을 시작한 것은 그가 19세 때였는데, 이 사업은 실패로 끝났다. 21세 때 국회의원 선거에 입후보하였지만 떨어졌다. 그밖에도 몇 번씩이나 실패했지만, 빌은 실패에 굴복하지 않고 다시 도전하기로 했다.

빌 마코르는 어떻게 해서든 부자가 되고 싶었다. 그래서 부자가 되는 방법을 알려주는 책을 읽으면 재산을 모으는 데 필요한 법칙을 찾아낼 수 있다고 생각하여 열심히 찾아 읽었다. 그는 《생각하라, 그러면 부자가 될 수 있다》라는 책에 끌려서 도서관에서 빌려왔다. 그러나 두세 번 거듭 읽어도 세계의 대부호들이 성공한 원리를 이해하기 어려웠고 나에게 어떻게 적용하면 좋을지 알 수 없었다. 그러나 그는 최근 만난 사람들에게 다음과 같이 얘기해 주었다.

"제가 그 책을 네 번째 읽을 때의 일입니다. 시드니의 상점가를 어슬렁어슬렁 거닐고 있노라니까 문득 어떤 생각이 뇌리에 번득였습니다." 그는 미소지으며 이야기를 계속했다.

"저는 자신도 모르게 큰 소리로 이거다! 나도 알았다! 하고 소리쳤습니다. 너무 심하게 흥분하여 자신도 놀랄 정도였습니다. 저는 이 발견을 가슴속에서 되풀이하여 새기며 집으로 돌아왔습니다. 이미 어린 시절에 우리 아버지가 〈의식적 자기암시에 의한 자기 지배〉라는 에밀 쿠에의 책을 큰 소리로 들려준 일을 지금도 기억하고 있습니다."

그는 진지한 어조로 계속했다.

"만일 에밀 쿠에가 의식적 자기암시로 사람들에게 병을 고쳐 건강을 되찾는 데 성공했다면, 재산을 확충한다든가, 그 밖의 다른 일도 소망을 성취시키기 위해서도 자기암시를 활용할 수 있을 것이라고 생각했습니다. 자기암시를 활용해 부자가 되어라! 이것은 나의 큰 발견이요, 나에게는 새롭고 획기적인 사고방식이었습니다.'"

빌은 다음에 그 원리를 말했다. 마치 책에 있던 것을 암기하고 있는 것 같았다.

"의식적 자기암시는 마음에 강한 영향을 주는 효력이 있습니다. 이 방법을 사용하면 창조성 있는 사고방식을 적극적으로 사람 마음의 잠재의식에 심어 줄 수가 있습니다. 그러나 자칫 방심하다 보면 의식적 자기암시 때문에, 풍성한 꽃밭과도 같은 마음속에 파괴의 사고방식이 자리 잡기도 합니다. 매일 2회 집중력과 감정을 모아서 돈을 갖고 싶다는 당신의 소망을 쓴 문장을 큰 소리로 읽다 보면, 이미 그 돈을 소유하고 있는 자기 모습을 보거나, 그것을 만져 본 것 같은 느낌이 듭니다. 이것은 자신의 잠재의식에 소망하는 것을 직접 소통하는 방식입니다. 이것을 되풀이하면 자신의 소망을 실현할 수 있는 효과적인 방법을 터득하고, 보다 적극적으로 생각하는 습관이 생겨납니다."

이렇게 말한 다음 그는 사람들을 둘러보며 다시 말했다.

"자기암시의 원리를 활용하는 능력은, 당신이 소망하는 것이 보다 강렬한 열망으로 타오르기까지 당신이 그 일에 정신을 집중할 수 있느냐의 여부에 따라 좌우됩니다. 나는 의식적으로 '자기암시에 따른 자기 지배가 중요해.'라는 주문을 되뇌이면서 숨을 헐떡거리며 집으로 돌아와서 바로 식탁 테이블 앞에 앉아, '나는 부자가 되기로 결심한다.'라고 썼습니다."

빌은 아직도 사람들에게 고개를 돌린 채 이야기를 계속했다.

"돈을 벌고 싶다고 생각하는 사람은 자신이 목표로 정한 확실한 금액과 날짜를 정해 놓아야 합니다. 나는 계획한 대로 금액과 날짜를 지켜냈습니다."

이렇게 말한 사람은 19세에 실패를 거듭했던 청년 빌 마코르는 아니었다. 오늘날 그는 오스트레일리아 의회에서 가장 나이 어린 의원이 된 윌리엄 V. 마코르 씨요, 시드니 코카콜라 회사 회사의 중역 외에 22개의 계열사의 중역을 겸하고 있는 사람이다. 그의 재산은 그가 롤 모델로 삼았던 부자들에게 뒤떨어지지 않을 정도로 많았다. 그는 자기암시 방법으로 잠재의식의 능력을 극대화시키는 방법을 터득하였다. 따라서 예정보다 빨리 소망을 이루어냈다.

잠재의식은 독서나 생각의 내용 등에 따라 달라진다. 그러나 눈에 보이지 않는 영역의 힘에는 물리적인 원인에 의한 것도 있지만, 미지의 원인에서 비롯되는 것도 있다. 이 미지의 원인에 대하여 논의하기 전에 번스 파카도의 저서 《숨은 설득자》가 발간된 후 이미 상식으로 취급되는 사례를 한 가지 들어보겠다.

미국 잡지에 소개된 '잠재의식 광고'라는 표제의 보고서에 따르면, 뉴저지주의 어느 영화관에서 관객이 의식하지도 못할 정도인 정말 눈 깜짝할 사이에 스크린에 광고문장을 투영하는 실험을 실시했다.

그 실험은 어느 영화관에서 6주간 걸쳐 실시하였다. 즉, 4만 명 이상의 관객에게 사전에 아무것도 알리지 않고 실험 대상으로 삼은 것이다. 육안으로는 보이지 않는 특수한 방법으로 영화관 휴게실에서 팔고 있는 두 가지 상품의 광고문을 스크린에 한순간 영사했다. 그렇게 6주가 지났을 때, 이 스크린에 영사되었던 두 가지 상품 중 하나는 50% 이상이나 매출이 상승했고, 다른 하나는 약 20%가 늘었다.

스크린의 광고문은 눈에 보이지 않았으나, 관객 여러 사람에게 상품을 각인시키는 효과가 있었다. 그 이유는 의식에는 기억이 남지 않을 정도로 희미한 인상이라도 잠재의식에 그것을 흡수할 능력이 있기 때문이라고 한다. 그러나 그들은 오히려 PMA를 취하는 사람이 없다는 사실이 의외의 결과였다. 잠재의식의 암시는 선별하여 쓸 수도 있기 때문이다. 어떤 능력이란 나쁜 일에도 쓰일 수 있지만, 좋은 목적에도 쓰일 수 있다는 것은 누구나 알고 있으므로 활용방법의 차이는 매우 크다.

■■■ 그러므로 타인의 마음을 사로잡는 법칙

☞ 신비한 힘, 정신력을 이용해야 한다.

DALE CARNEGIE

5
나는 어떻게
고민을 극복했는가?

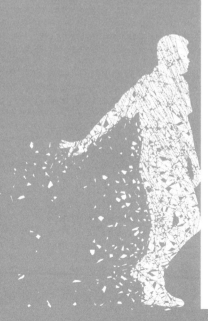

DALE CARNEGIE

5. 나는 어떻게 고민을 극복했는가?

나는 밑바닥에 떨어졌으나 그것을 이겨냈다. 이제부터는 위를 향해 올라갈 것이다. "만일 너희의 번민을 나에게 넘겨주면, 결코 번민은 없을 것이며, 나는 너희를 지켜 주리라."

나를 괴롭힌 마음의 번거로움

오클라호마시 **블랙우드 칼리지** 교수

이 세상 마음의 번거로움이 나의 어깨에 떨어져 얹힌 것 같은 기분이 들었다. 나는 다른 보통 사람과 같이 40년 이상을 남편으로서, 아버지로서, 사업가로서의 수고로움밖에는 알지 못한 채 단란한 생활을 보내고 있었다. 그런 정도의 수고는 간단하게 처리할 수 있었다. 그런데 돌연 여섯 가지의 커다란 문제가 몰려온 것이다. 나는 잠자리에 들어가서도 궁리를 하면서 날이 밝는 것조차 두려워했다. 그것은 마음의 번거로움에 직면해 있는 까닭이었다.

❶ 내가 근무하는 실업계 직업훈련 학교는, 학생들이 차츰 줄어들기 때문에 경제적 위기에 직면하게 되었다. 더구나 많은 여학생은 어떤 훈련을 받지 않고도 군수 공장에서 일할 수 있었으며, 우리 학교의 졸업생까지도 틈만 나면 아르바이트를 했다.

❷ 내 큰아들은 군에 입대하였다. 그래서 나는 자식을 전쟁터에 보낸 부모들의 공통적인 걱정을 하게 되었다.

❸ 오클라호마시는 방대한 토지를 비행장 기지로 수용할 것을 결정했는데, 우리 집은 그 중심에 위치해 있다. 그런데 수용될 토지에 대해서는 시가의 10분의 1밖에 보상받지 못한다는 것을 알게 되었고, 더구나 우리의 보금자리인 집이 없어진다는 사실이다. 과연 우리 가족 여섯 명이 살 마땅한 집을 구할 수 있을 것인지 걱정이었다. 천막을 치고 살지 않으면 안 될지도 모르겠는데, 그 천막조차 구할 수 있을지 무척 걱정이었다.

❹ 우리 집 우물이 메말랐다. 인근에 방수로가 매몰되었기 때문이다. 새로운 우물을 파려면 5백 달러는 있어야 한다. 그러나 토지 수용이 결정되지 않아서 나는 두 달 동안을 매일 물통으로 물을 길어다가 가축을 먹여야 했다. 그러나 이 일이 전쟁 끝날 때까지 계속되지나 않을까 하고 걱정을 했다.

❺ 나는 우리 학교에서 10마일가량 떨어진 곳에 살고 있었다. 내 자동차는 낡았는데 새 타이어를 갈아 끼우지 않았다. 따라서 낡은 타이어를

못 쓰게 된다면 어떻게 학교에 갈 수 있을까 걱정이었다.

❻ 우리 큰딸은 예정보다 1년 빨리 고교를 졸업했다. 그 아이는 대학에 가고 싶었지만, 나로서는 그 학비를 댈 수가 없었다. 사랑스런 딸을 실망시키게 될 것 같아 참으로 가슴 아팠다.

어느 날 오후, 사무실 의자에 앉아 여러 가지 생각으로 괴로워하고 있다가 문득, 이러한 문제를 전부 종이에 기록해 보기로 했다. 이 세상에서 나처럼 많은 걱정거리를 안고 있는 사람은 한 사람도 없는 것 같았다. 나는 해결 가능한 것을 찾아 문제를 해결하려는 용기를 가지고 있었으나, 지금 당장 나는 어떻게 할 수가 없었다. 그러나 걱정거리는 머리에서 잠시도 떠날 줄을 몰랐다.

그런데 시간이 지남에 따라 나는 그 문제들을 잊어버리고 말았다. 1년 반 후에 내가 걱정거리로 가득해서 적어놓았던 메모지를 발견하여 그것을 읽어 보았다. 한때 나의 건강까지 해칠 것 같았던 그 고민거리를 적은 메모지를 비상한 관심을 가지고 읽어 보았다. 그런데 놀랍게도 그렇게 머릿속이 터질 것처럼 심각했던 걱정거리는 현실 속에서 나타나지 않았다.

내 걱정거리는 다음과 같이 정리되었다.

❶ '학교를 폐쇄해야 할 것이 아닌가', 라는 염려는 불필요하게 되었다. 정부가 예비군들의 재교육장으로 사용함에 따라 보조금을 출자하게 되어 학교도 그것으로 충당되었기 때문이다.

❷ 입대한 아들에 대해서도 염려할 필요가 없었다. 그는 아무 걱정 없이

건강하게 복무하고 있었다.

❸ 비행장을 짓기로 계획했던 토지는 내 농장에서 1마일 이내의 지점에
서 석유가 발견되어 땅값이 폭등하였기 때문에, 예산 관계상 매수가
불가능해져 없던 일이 되어버렸다.

❹ 가축에게 먹일 물 문제도 염려할 필요가 없었다. 토지의 수용이 중지
되었기 때문에 나는 돈을 들여서 새로운 우물을 깊이 팠더니 좋은 물
이 콸콸 쏟아져 나왔다.

❺ 타이어가 낡아 걱정했던 일도 잘 보수하여 조심스럽게 운전함으로써
더 연장해서 사용할 수 있게 되었다.

❻ 딸 교육에 대한 번민은 사라졌다. 대학의 신학기가 시작되기 두 달 전
에, 기적같이 학교수업 외에 할 수 있는 회계감사의 일이 생겼다. 그
래서 딸을 대학에 입학시킬 수 있게 되었다.

우리들이 걱정하는 일들 가운데 99%는 결코 일어나지 않거나, 해결 가
능하다는 말을 들은 적이 있다. 그러나 1년 전에 걱정거리를 기록할 때까지
나는 정말 쓸데없는 걱정이라고는 상상도 하지 못했다. 나는 이상의 여섯 가
지의 걱정거리를 잊게 된 것을 감사하고 있다. 이 경험은 나에게 잊을 수 없
는 교훈을 일깨워 주었다. 그것은 나에게 생기지도 않을 일, 일어나지 않을
지도 모르는 일, 또는 인력으로는 어떻게 할 수도 없는 일에 대해 걱정한다
는 것은 매우 어리석은 일이라는 사실을 깨우쳐주었다.

기억하라. 오늘은 어제 당신이 고민하던 그 내일이라는 사실을. 스스

로 물어보라. 지금 내가 고민하는 일이 정말 고민할 필요가 있는 일인가를?

세상일을 즐겁게 전환시켜라

매사추세츠주 **로저 W. 봅슨**(저명한 경제학자)

나는 현실에서 슬픔에 젖어 있을 때라도, 한 시간 이내에 그 걱정을 쫓아버리고, 세상일을 즐겁게 변화시킬 수가 있다.

여기에 나의 방법을 소개하고자 한다.

나는 서재로 가서 역사책들이 있는 책꽂이 쪽으로 걸어간다. 그리고 눈을 감은 채 한 권의 책을 뽑는다. 그것이 프레스콧의《멕시코 정복사》인지, 스에토니우스의《12황제전》인지 알 수 없다. 그리고 계속 눈을 감은 채 무작정 책을 펼친다. 그런 다음에 눈을 뜨고 그 책을 한동안 읽어내려간다.

역사책은 각 장을 펼칠 때마다 전쟁, 기아, 빈곤, 질병, 동포애에 대한 비인간적이고 비참한 이야기가 가득 차 있었다. 한 시간 동안 역사를 읽어내려가면, 나는 현재의 상태가 결코 좋지 않지만, 과거와 비교해 보면 나아졌다는 것을 확실히 인식할 수가 있다. 또 전반적으로 세계가 조금씩 나아져가고 있다는 것을 알게 되는 동시에, 현재의 내 고민에 대해서도 담담하게 재검토할 수 있게 되었다.

이 방법은 일상에서 꼭 실천해보면 좋을 만큼 가치가 있다.

역사(歷史)를 읽어라. 수천 년 전의 관점에서 현재를 살펴보자. 그러면 당신의 걱정 고민은 아무 걱정거리도 아니라는 사실을 저절로 깨닫게 될 것이다.

번민과 열등감으로 고민하는 청소년을 위하여

오클라호마주 선출 상원의원 ─ 엘머 토머스

나는 열다섯 살 때 세상 삶에 대한 절망과 고민과 공포, 자아의식 과잉으로 괴로워한 적이 있었다. 나는 나이에 비해 키가 너무 컸다. 신장은 188cm인데, 체중은 불과 53.1Kg에 불과했다.

나는 이렇게 키다리였지만 매우 허약해서 야구나 달리기할 때도 다른 아이들에게 뒤지는 상황이었다. 친구들은 모두 나를 바보 취급하고 나에게 〈멀대〉라는 별명을 붙이기도 했다.

나는 고민이 산더미처럼 밀려와서 사람을 만나는 것이 싫었다. 그래서 모든 모임에 참석하지 못했다. 더욱이 우리 농장은 큰 도로에서도 멀리 떨어져 있는 원시림에 둘러싸여 있는 곳이었다. 우리 집은 도로에서 반 마일 정도 떨어진 곳에 있어서, 부모님과 우리 집 식구 이외에는 1주일이 지나도 다른 사람의 얼굴을 보지 못하는 경우가 많았다.

나는 분명히 이런 고민과 공포에 끝까지 사로잡혀 있었다면, 인생의 낙오자가 되었을 것이다. 특히 밤낮으로 자신이 키다리면서도 몸이 허약한 것을 고민하고 있었다. 그런데 불현듯 정신이 번쩍 들었다. 내가 느끼는 고통과 공포심을 일일이 기록해 둬야겠다는 생각이 들었다. 어머니는 교직에 종사하고 계셔서인지 나의 기분을 세심하게 관찰하고 계셨다. 그리고 나에게, "너는 공부를 열심히 해야 한다. 네 신체는 평생 핸디캡일 테니까, 머리를 써서 생활해야 할 거야."라고 말씀해 주셨다.

부모님께서는 나를 대학에 진학시킬 돈이 없었기에, 나는 대학에 진학하지 못하고 스스로 나의 길을 개척해야 했다. 그래서 겨울 동안에 다람쥐, 족제비, 사향노루 등을 덫으로 잡아서 봄이 오면 모피를 4달러에 팔았고 그 돈으로 새끼 돼지를 2마리 샀다. 나는 그 돼지를 크게 길러서 이듬해 가을에 40달러에 팔았다. 다행히 나는 그 돈으로 인디애나주 중앙 사범학교에 입학했다.

나는 매주 1달러 40센트를 식비로, 50센트는 집세로 지불했다. 나는 어머니가 만들어 준 브라운색의 셔츠를 입고 있었다. 어머니는 될 수 있는 대로 때가 잘 보이지 않는 천을 선택한 것이었다. 나는 아버지의 헌 옷을 입었다. 그것은 몸에 잘 맞지 않았는데, 또한 반 고무장화도 맞지 않았다. 그 장화는 옆쪽을 묶게 되어 있었는데 고무가 오래된 탓에 걸을 때마다 벗어질 것만 같았다.

나는 다른 학생들과 어울리는 것이 싫어서 내 방을 굳게 닫아걸고 공부만 했다. 그 당시 내게 최대의 희망은 내 몸에 알맞고 다른 사람들이 봐도 부끄럽지 않은 의복을 사 입고 싶다는 것이었다. 그러나 나는 그 후에 열등감을 극복하는 네 가지 일을 찾아냈다. 그중의 하나가 나에게 용기와 희망을 주었으며 자신을 일깨워 나의 일생을 전환시켜 주었다.

• **첫째**, 이 사범학교에 입학한 지 8주일 후, 나는 시험을 통과하여 시골 초등학교에서 아이들을 가르칠 수 있는 제3학년 수료증을 받았다. 이 증명서는 6개월이라는 제한된 기한을 얻은 것이지만, 이제까지 어머니 이외에 아무도 믿지 않았던 나를 누군가가 믿어주었다는 증거였다.

• **둘째**, '해피 필로우'라는 곳의 교육위원회가 일급 2달러 또는 월급 40달러로 나를 채용해 주었다. 이것도 누군가가 나를 신용하고 있다는 증거였다.

• **셋째**, 나는 처음 봉급을 받자 곧 남부끄럽지 않은 기성복을 샀다. 지금 누가 나에게 1백만 달러를 준다 해도, 불과 몇 달러의 기성복을 샀을 때의 내 즐거움에 미치지 못할 것이다.

• **넷째**, 나의 일생에서 획기적인 분기점이 되었고, 곤경과 열등감의 투쟁에서 최초로 커다란 승리를 안겨준 것은 인디애나주 베인브리지에서 매년 개최되는 공진회에서였다. 어머니는 내게 그곳에서 개최되는 연설 콘테스트에 참여하라고 권하셨다.

과연 내가 대중 앞에 서서 연설을 할 수 있을까? 고민했다. 나는 한 사람 앞에서도 기가 꺾였던 사람이다. 그러나 어머니의 나에 대한 신뢰는 가슴을 아프게 파고들었다. 어머니는 나의 미래에 대해서 커다란 꿈을 꾸고 있었을 뿐만 아니라 자기 자신의 일생을 자식에게 걸고 계셨다. 나는 어머니의 신뢰에 용기를 얻어 콘테스트에 참여했다. 나는 〈미국의 학예에 대해서〉

란 제목을 선택했다. 연설의 준비할 때는, 사실 나는 학예에 대해서는 아무 것도 모르고 있었으나 그건 문제가 되지 않았고 청중도 역시 모르고 있었다.

나는 듣기 편한 글귀를 꿰맞추어 연설의 초고를 작성하고, 나무나 소, 말을 상대로 연습하면서 완벽하게 외웠다. 나는 오직 어머니를 기쁘게 하려는 일념으로 일생일대의 큰 도전을 한 셈이다.

어찌어찌해서 나는 정말 뜻밖에도 1등상을 탔다. 청중들 속에서 박수 소리가 울려 퍼졌다. 지난날 나를 바보라고 놀리고, 〈멀대〉라는 별명으로 부르며 놀리던 친구들도 "앨머, 잘했다. 훌륭하다, 너라면 할 수 있으리라 생각했다."하고 어깨를 두드려주었다.

어머니는 나를 포용하고 기쁨의 눈물을 흘렸다. 지금 돌이켜 보면, 그 연설 콘테스트에서 입상하였을 때가 내 일생의 전환점이 되었다는 것을 알고 있다. 당시 신문은 나에 관한 기사를 1면에 게재하였는데, 나의 미래는 커다란 희망을 품게 한다고 써주었다.

1등상 덕분에 나는 유명인이 되었거니와 무엇보다 중요한 것은 스스로 자신감을 최고로 끌어올려 준 것이었다. 만일 그때 콘테스트에서 입선조차 하지 못했다면 나는 미합중국 상원의원이 되지 못했으리라. 왜냐하면, 그때의 입상으로 인해 시야가 넓어지고, 지금까지 꿈에도 생각지 못한 잠재 능력이 있는 것을 발견했기 때문이다. 그러나 당시 무엇보다 고마운 것은 콘테스트 1등상으로 중앙 사범학교의 1년치 장학금을 타게 된 일이었다.

나는 그때부터 한층 깊이 있는 배움의 길을 갈망하게 되었다. 거기서 다음 9년 동안의 시간을 가르치는 시간과 배우는 시간으로 나누었다. 대학교의 학비를 벌기 위해서 잡부 노릇을 하고, 설거지를 했으며, 잡초를 베는 등,

여름에는 밭일을 하고 도로공사의 인부 노릇도 하며 온갖 고생을 다 했다.

그 후, 대통령 선거가 시행되었을 때의 나는 겨우 열아홉 살이었는데 윌리엄 제닝스 브라이언을 위해 28회에 걸쳐 찬조연설을 했다. 그리고 브라이언의 찬조연설이 계기가 되어, 정계에 진출하기로 결심했다. 그래서 대학에 들어갔을 때에 나는 법률과 변론술을 공부하기 시작했다.

그리고 나는 버틀러 대학과의 토론회에 학교 대표로서 참석하여 〈미국 상원은 국민투표에 의할 것〉이란 의제로 토론에 참가했다. 나는 또 다른 콘테스트에도 입상하고, 대학신문 〈더 팔라디움〉의 주필에 임명되었다. 그리고 대학에서 문학사의 학위를 얻은 후, 신천지 오클라호마시로 갔다.

키오, 코만치, 아파치 등, 인디언족을 위해 지정 보호 구역이 개설되었을 때, 나는 자작농지법에 의한 권리를 주장하여 오클라호마 로턴에 법률 사무소를 열었다. 나는 오클라호마주 상원의원을 13년간, 미합중국 하원의원을 4년간 한 후, 50세에 숙원이었던 미합중국 상원의원에 선출되었다.

내가 지내온 이야기를 하는 것은 자랑하려는 것이 아니다. 내게는 소중한 것이지만, 다른 사람들은 관심이 없을 수도 있다. 나는 옛날에 가난하여 아버지의 헌 양복을 수선해 입었고, 다 낡아빠진 구두를 신고 다녔다. 내가 이 이야기를 하는 이유는 그 동안 내가 고민하고 괴로워했던 것과 똑같은 걱정과 열등감 때문에 고민하는 청소년들의 마음에 용기와 자신감을 심어주고 싶은 생각에 이야기한 것뿐이다.

열풍이 지나면 다시 출발해야

〈옥스퍼드 보들리언〉 도서관의 창설자, 알 V. C. 보드레이

나는 홀연히 문명 세계에서 벗어나 북서 아프리카로 가서 알라신이 있는 사하라 사막에서 아라비아인과 함께 생활했다. 나는 그곳에 7년간이나 있었다. 나는 유목민의 언어를 배우고, 그들과 같은 옷을 입고, 그들과 같은 식사를 하며, 그들의 생활 양식을 받아들였다.

유목민의 생활 양식은 약 2천여 년 동안 변화되지 않았다. 나는 양치는 목동이 되고, 아라비아인의 천막에서 잠을 잤다. 나는 또한 그들의 충고를 상세히 연구했는데, 후일에 《신(神)의 사자(使者)》라 하는 마호메트 전기를 집필하는 데 좋은 자료가 되었다. 그렇게 유랑의 양치기 목동과 함께 지낸 7년 동안은 내 일생에서 가장 평화롭고 만족감을 안고 산 세월이었다.

나는 그간에 많은 변화가 있었으며 풍부한 경험을 얻었다. 나는 파리에서 출생했고 부모님은 영국인이며, 9년간 프랑스에서 살았다. 그 후, 이튼스쿨에서 교육을 받고 육군사관학교에 입교했다. 그리고는 영국 장교로서 인도에 6년간 머문 적이 있었다.

거기서 나는 군 복무 중 여가활동으로 마상경기, 사냥, 히말라야 탐험도 했다. 제1차 세계대전에 종군했으며, 종전 직후에는 강화 사절단 부관으로 파리에 파견되었다. 나는 이때 대전 후의 사태를 보고 큰 충격을 받았다. 서부전선에서 피맺히는 사투를 벌인 4년간 나는 문명을 구하기 위해 전쟁을

한다고 믿었다.

그러나 파리 강화회의에서 이기적인 정치인들이 제2차 대전을 일으키려 한다는 것을 목격했다. 각국은 자국의 이익을 위해, 가능한 한 많은 것을 탈취하려고 했으며 국가적 적개심을 조성하고, 비밀 외교의 음모를 부활하려고 했다.

나는 전쟁, 군대, 사회에 모든 정성을 다 기울였다. 난생처음으로 앞으로 어떤 삶을 살아야 하는가 걱정하고 괴로워하며 잠을 못 이루었다. 로이드 조지는 나에게 정계에 들어갈 것을 권유하였다. 그러나 내가 결정을 하지 못하고 망설일 때, 내 운명이 바뀔 만한 뜻하지 않은 사건이 일어났다.

제1차 세계대전으로 존재감을 알린 〈아라비아의 로렌스〉의 주인공 테드 로렌스는 아라비아인과 함께 사막에서 생활하고 있었는데, 나에게도 그렇게 하라고 권한 것이다. 군대를 떠날 결심을 하고 있던 나는 로렌스의 권고에 따라 아라비아인과 함께 살기 위해서 사막으로 갔는데, 이는 무척 기쁜 일이었다.

아라비아인들은 내게 번민을 극복하는 방법을 알려주었다. 대개 이슬람 교도들이 그렇듯이 숙명론자였는데, 그들은 마호메트가 《코란》에 기록한 말씀을 '알라신의 신성한 계시'라고 믿고 있었다. 그러므로 코란에, "신은 당신과 당신의 행동 모든 것을 창조하였으니라."고 했다면, 그들은 그것을 문자 그대로 받아들였다.

그들의 생활은 언제나 평화롭고 여유로웠으며, 일들이 잘 진행되지 않을 때도 쉽게 화내거나 흥분하지 않았는데, 그 이유는 모든 코란의 교리에 따르기 때문이었다. 누구나 타고난 운명이 있는 법이라, 신이 아니면 어느 누구도 그것을 변화시킬 수 없다고 생각했다. 그렇다고 불행에 직면했을 때 완전히 손을 멈춘 채 아무것도 하지 않는 것은 아니다. 그 사례로 내가 사하라 사막에 살고 있을 때, 경험했던 맹렬히 불어닥친 열풍 이야기를 해야겠다.

이 열풍은 사흘 동안 무서운 강세로 몰아닥쳤다. 엄청난 강풍이라서 사하라 사막의 모래가 멀리 지중해를 건너 수백 마일 떨어진 프랑스 론강 유역을 하얗게 뒤엎을 정도였다. 바람의 열기는 극심했다. 나는 머리털이 타는 것 같은 기분이었다. 목구멍이 타들어 가고, 눈은 열기로 가득 차고, 입에는 모래가 가득 찼다. 마치 유리 공장의 용광로 앞에 서 있는 느낌이었다. 나는 미치기 일보 직전이었다. 하지만 아라비아인은 조금도 불평하지 않았다. 그들은 어깨를 으쓱거리며 말했다. '맥도우브!'라고 외쳤다. 맥도우브란, '그것은 이미 징조가 있었다.'는 뜻이다.

그들은 열풍이 멎자 즉시 활동을 개시했다. 먼저 모든 어린 양들을 도살했다. 언젠가는 죽을 것을 알기 때문이다. 즉각 어린 양들을 도살함으로써, 어미 양을 구할 수 있다고 생각한 것이다. 어린 양들을 없애고 어미 양들은 물이 있는 남쪽으로 쫓아 보낸다. 그들은 자기들이 받은 피해를 한탄하거나 불평불만도 없이, 조용히 그것을 실행할 뿐이었다. 아라비아인 족장은 말했다.

"큰 잘못이 아닙니다. 모든 걸 잃었을지도 모르니까요. 그러나 신의 은총으로 4할의 양이 남았으니, 다시 새로운 출발을 할 수 있습니다."

또 이런 일도 있었다.

우리가 자동차로 사하라 사막을 횡단하던 중, 타이어가 고장 났다. 운전사가 타이어를 수리하는 것을 잊고 있었다. 그래서 자동차는 세 개의 타이어만이 사용해서 움직였다. 나는 짜증이 나서 아라비아인에게 "이걸 이렇게 하면 되느냐?"고 물었다. 그랬더니 그들은 흥분하는 기색도 없이, 흥분할수록 더욱 뜨거워질 뿐이니 고장 난 타이어는 알라신의 은총이 있을 뿐, 별도리가 없다고 했다. 그래서 우리는 타이어를 가까스로 때워서 출발했다.

그러나 또 얼마 가지 않아서 차가 멈춰섰다. 휘발유가 떨어진 것이다. 족장은 '맥도우브!'라고 말할 뿐이었다. 그때에도 모두 충분한 휘발유를 넣고 출발하지 않은 것을 비난하지 않고 조용히 있었다. 우리는 즐겁게 노래를 부르면서 목적지까지 걸어갔다. 아라비아인과 함께 7년 동안 살아본 나는 유럽과 미국의 신경정신병 환자, 주정꾼들은 우리가 신문명이라고 부르는 세계에서 성급하고 긴박한 생활을 한 결과물이라고 확신하게 되었다.

사하라 사막에서 생활하는 동안, 나에게는 어떤 번민도 없었다. 그곳 알라의 낙원에는 몸과 마음이 모두 행복했다. 보통 사람들은 숙명론을 경멸한다. 어느 것이 옳다고 그 누구도 말할 수 없다.

다시 말하자면, 내가 1919년의 더운 8월의 어느 날 오후 아라비아의 로렌스와 이야기를 나누지 않았다면, 그 후의 나의 생활은 전부 변하지 않았을 것이다.

아라비아인은 그것을 〈맥도우브〉 또는 〈기스메트〉라 불렀다. '알라의 은총'이라는 의미이다. 나는 사하라를 떠난 17년 후의 지금, 비로소 그것을 깨달았다. 아라비아인에게 배운 것 중 행복한 마음으로 인내하는 것과 복종의 자세를 알게 되었다. 이러한 철학은 그 어떤 수면제보다도 신경을 안정시키는 진정제 역할을 했다.

우리는 이슬람교도가 아니다. 물론 숙명론자가 되려는 것도 아니다. 하지만 강렬한 열풍이 생활에 휘몰아친다면 그것을 막을 수 없기 때문에 불가피하게 받아들인다. 그리고 열풍이 지나면 활동을 다시 시작하여 새롭게 나아가야 한다.

오늘이 인생의 첫날이며, 또 최후의 하루이다

윌리엄 라이언 헬프스 교수

나는 예일대학의 헬프스 교수가 작고하기 얼마 전, 그와 함께 오후를 보낼 영광을 가졌다. 다음은 그때의 대화 내용을 노트에 기록해 둔 것이다.

— 데일 카네기

■■■　　내가 스물세 살 때, 갑작스레 시력이 급격하게 나빠졌다. 3, 4분 정도 책만 읽어도 눈이 마치 바늘에 찔린 것처럼 아팠다. 책을 읽지 않을 때도 지나치게 과민 상태에 놓여, 창가를 바라볼 수 없을 지경이었다. 나는 뉴헤븐이나 뉴욕의 유명한 안과 전문의사의 진료를 받았으나 아무런 효과도 없었다. 오후 4시가 지나면 나는 방안에서 제일 어두운 곳에 앉아서 잠잘 시간을 기다릴 뿐이었다. 나는 점점 겁이 나기 시작했다.

나는 교직을 그만두고 서부로 가서 농사라도 지어야 하나 걱정이 되었다. 그때, 육체적 고통이 극심했던 것과 대조적으로 정신상의 이상한 영향을 주는 기묘한 경험을 하게 되었다. 눈이 최악의 상태에 놓였던 불행한 겨울, 나는 대학 졸업생들을 대상으로 강연을 하게 되었다.

강당은 천장에 달린 가스등이 휘황찬란하게 비치고 있었다. 그 빛이 너무 강하게 비치므로 나는 마룻바닥만 쳐다보고 있었다. 그런데 30분 동안의 강연 중 눈에 아무런 고통을 느끼지 않았고, 조금도 눈을 깜박이지 않고 그 빛을 바라볼 수 있게 되었다. 강연이 끝났을 때는 다시 눈에 통증이 느껴졌다.

나는 30분이 아니라 한 주일만 정신을 강하게 집중시키면 나의 눈은 틀림없이 나을 수 있다고 생각했다. 이것은 분명히 육체적인 질환에 대한 정신적 승리였다.

나는 배를 타고 대서양을 횡단 중에도 같은 경험을 했다. 그때는 격심한 요통을 일으켜 걸음을 걸을 수도 없었다. 똑바로 서려고 해도 심한 고통을 느꼈다. 이런 상태일 때, 배 안에 있는 사람들에게 이야기를 들려 달라는 의뢰를 받았다. 내가 이야기를 시작하자, 고통을 잊고 똑바로 설 수 있었다. 통증이 내 몸에서 없어졌다.

똑바로 서서 연단을 이리저리 거닐면서 한 시간을 이야기했다. 강연이 끝났을 때는 쉽게 내 방으로 걸어올 수가 있었다. 그 순간, 나는 완쾌된 것으로 생각했다. 하지만 그것은 일시적인 현상이었다. 그러는 중에 또 요통이 일어나기 시작했다.

이런 경험은 정신적인 태도가 얼마나 중요한가를 알려주는 사례이다. 그렇게 통증이 사라진 시간 동안 되도록 인생을 즐기는 것이 매우 좋을 것이다. 따라서 나는 오늘이 인생의 첫날이며, 또 최후의 하루인 것 같이 매일 생활하는 것이 좋다.

나는 교사로 지내는 일상생활을 사랑한다고 《가르치는 일의 기쁨》이라는 책을 썼다. 남을 가르친다는 것은 언제나 예술이며 직업 이상의 것, 즉 그것은 정열이다. 화가가 그림 그리기를 좋아하고, 가수가 노래 부르기를 좋아하듯, 나는 가르치는 일을 사랑한다. 아침에 일어나면 언제나 기쁨이 넘치는 가운데 학생들과 할 일을 생각한다. 나는 인생에서 성공의 가장 큰 원인은 정열이라고 믿는다.

■■■ 나는 흥미 있는 책을 읽음으로써 마음의 번민을 쫓아낼 수 있다는 것을 알았다. 나는 59세 때, 만성 신경쇠약에 걸렸다. 이 병을 앓는 동안 나는 데이비드 알렉 윌슨의 명저 《칼라일전》을 읽었다. 그 책은 나를 회복시키는 데 중요한 역할을 했다. 나는 독서에 정신을 빼앗겨서 다행스럽게도 병에 대한 걱정을 잊을 수 있었다.

■■■ 몸이 으스스 춥고 아프면, 하루종일 몸을 움직여 일하려고 노력했다. 나는 매일 아침 5세트나 6세트 정도 테니스를 하고, 점심 후에도 매일 18홀의 골프를 쳤다. 금요일 밤에는 밤 한 시경까지 춤을 추었다. 나는 많은 땀을 흘리며 몸을 움직이는 것을 좋아한다. 많은 땀을 흘리며 운동을 하면 번민이나 근심도 사라진다.

■■■ 바삐 서둘러서 일해야 한다거나, 당황한다거나 긴장한 상태에서 일

하는 어리석음은 피하는 것이 좋다. 항상 월버 클로스의 철학을 응용하는 것을 좋아한다. 그가 코네티커스의 지사였을 때 나에게 말했다. "나는 해야 할 일이 동시에 밀어닥치면 태연하게 의자에 앉아서 한 시간 동안 파이프를 입에 물고 아무 일도 하지 않는다."

■■■　나는 또 인내하는 시간이 우리의 번민을 해결해 준다는 것을 알았다. 무언가 번민하고 있을 때는 나는 시야에 들어온 것을 관찰하고 이렇게 자신에게 이야기한다. "두 달만 지나면 이 번민도 해결될 것이다. 그렇다면 왜 지금 그것을 고민하는가? 2개월 후에 가질 태도를 지금 갖는다고 나쁠 것은 없지 않은가?"

이상을 요약하면 헬프스 교수가 번민을 극복한 방법은 다음의 다섯 가지이다.

❶ 환희와 열정을 가지고 생활한다.

"나는 그날그날을 인생의 최후의 하루인 것처럼 생활했다."

❷ 흥미 있는 책을 읽는다.

"만성 신경 쇠약증에 걸렸을 때《칼라일전》을 읽음으로써 병의 고통에서 벗어날 수 있었다."

❸ 운동을 한다.

"몸이 으스스 춥고 아플 때 하루종일 신체를 움직여 일을 하려고 노력했다."

❹ 일할 때도 여유를 가져라.

"서두르거나 당황하고 긴장 상태에서 일하면 어리석은 일이다."

❺ 번민을 폭넓은 시선으로 관찰한다.

"두 달만 지나면 번민도 해결될 것을, 왜 지금 그것을 고민하는가? 2개월 후에 가질 태도를 지금 취한다고 나쁠 것은 없지 않은가."

자신을 애처롭게 생각지 않는다

도로시 딕스

나는 가난과 질병으로 사회의 밑바닥을 경험했다. 만약 내게 그 번민을 어떻게 이겨냈는지 질문한다면 이렇게 대답할 것이다. "나는 어제 섰듯이 오늘도 설 수 있을 것이다. 내일 무슨 일이 생길지 그런 것은 걱정하지 않을 것이다."

나는 가난과 고투, 불안과 실망을 맛보았다. 나는 내 힘 이상의 일을 해내야 했다. 인생을 돌이켜 볼 때, 그것은 죽은 꿈이요, 깨어진 희망이며, 부서진 환영의 잔해가 산란하는 전쟁터였다. 나는 언제나 불리한 상태에서 싸우고, 상처를 입고, 피를 흘리고, 자신의 나이 이상으로 빨리 늙었다.

그러나 나는 조금도 자신을 애처롭게 생각하지 않았다. 과거의 슬픔을 한탄하지도 않으며, 나 같은 고생을 겪어 보지 않았던 부인을 질투할 마음도 없다. 그 사람들은 평탄하게 살고 있었으나, 나는 충실하게 생활해 왔기 때문이다.

나는 생활이라는 잔을, 찌꺼기의 찌꺼기까지 마셨으나, 그 사람들은 그 평면의 거품만을 스쳐 갔을 뿐이다. 나는 그들이 경험하지 못한 것을 경험했다. 그 사람들에게는 보이지 않는 것도 봐왔다. 그 눈을 눈물로 씻어서 맑게 된 사람만이 폭넓은 시야를 갖고 전 세계 사람들의 동포 자매가 될 수 있다.

나는 평안한 생활을 하는 사람은 결코 체득할 수 없는 철학을 배웠다. 나는 하루하루를 있는 그대로 생활하고, 내일을 두려워하며 번민을 등에 지고 다니지 않는 것을 배웠다. 우리를 가슴 아프게 하는 것은 검게 밀려오는 두려움의 이미지이다. 나는 그 공포를 쫓아낸다. 경험상, 내가 그런 두려움에 휩싸이게 되면 그에 대처해서 이겨낼 필요한 힘과 지혜가 꼭 있어야 한다는 사실을 알고 있다. 약한 번민은 내게 그다지 영향을 끼칠 힘이 없다.

행복이라는 이름의 대건축물이 파괴된 것을 발견한 후에는, 손가락 끝을 바늘로 찔린 것이나, 요리사가 국물을 흘리는 정도의 문제와는 매우 다른 상황에 놓이게 된다.

나는 타인에게 그다지 기대하지 않기 때문에 신뢰할 수 없는 친구나, 평판이 나쁜 친척 또는 불량자들과도 함께 어울릴 수 있다. 특히 항상 유머를 즐긴다. 왜냐하면 세상의 모든 일은 울어도 별 수 없고, 웃어도 신통치 않다는 것을 알기 때문이다.

히스테리를 부리기보다는, 자신의 수고에 대해 농담을 던질 수 있는 사람이라면, 두 번 다시 번민하지는 않을 것이다. 내가 경험한 곤란한 일들을 후회하지 않는다. 왜냐하면 그 어려움을 통해서 나는 인생의 구석구석을 맛보았기 때문이다. 그것은 내가 치른 만큼의 가치는 충분히 있었다.

도로시 딕스는 '오늘을 산다'는 의지로 번민을 극복한 것이다.

신은 당신을 지켜 주리라

J. C 페니

한 청년이 와이오밍주에서 현금 오백 달러를 투자하여 백만 달러를 벌겠다는 생각으로 양복점을 개업했다. 인구 1천 명의 광산 마을이었다. 그의 처와 가게의 다락방에서 지내면서, 커다란 빈 상자를 테이블로 사용하고, 작은 상자를 의자로 대신했다. 젊은 아내는 어린애를 모포에 싸서 일하는 장소 곁에 눕히고 남편이 손님을 맞는 것을 도왔다.

오늘날 전국에 1600개의 지점을 가진 세계 최대의 양복점 체인 스토어의 이름은 J. C. 페니이다. 최근에 그와 함께 식사를 한 적이 있는데, 그가 겪은 극적인 경험 일부를 소개하고자 한다.

나는 지난날, 무척 쓰라린 경험을 했다. 굉장히 괴로워하고 절망에 빠져 있었다. 나의 번민은 J. C. 페니 회사와는 전연 관계가 없었다. 회사는 기초가 탄탄하고 발전하고 있었으나, 나는 1919년의 대공황 직전에 현명하지 못하게 인수 계약을 체결한 것이다.

그래서 다른 사람들과 마찬가지로 내 책임이 아닌 세계 경제의 흐름이 그렇다고 책임을 미루게 된 것이다. 당시 너무 심한 걱정 때문에 불면증으로 도저히 잠을 이루지 못했다. 또 통증이 심한 피부병을 앓게 되었다.

고교 시절 친구인 엘머 에글스턴 박사에게 진찰을 받았다. 에글스턴은 내게 굉장한 중병이라고 경고했다. 그래서 엄중한 조처를 취했으나 아무런 효과도 없었다. 나는 매일매일 쇠약해져갔다. 정신적, 육체적으로 타락해갔으며 의욕을 잃고 희망도 사라졌다. 살아야 할 목적도 없어졌다. 내게는 친구도 한 사람 없고, 가족들도 나를 방관하고만 있을 뿐이라고 느꼈다. 어느 날 저녁에 에글스턴은 나에게 수면제를 먹였다.

하지만 곧 눈을 뜨고, 오늘이 마지막 날이라고 느꼈다. 침대에서 일어나, 아내에게 보낼 마지막 작별의 편지로, 내일 아침 해가 뜨는 것을 보지 못할 것이라고 적었다. 다음 날 아침 눈을 떴을 때, 내가 아직 살아있다는 것을 알고 놀랐다. 계단을 내려갔을 때, 매일 아침 예배를 드리고 있는 작은 교회의 성가 소리를 들었다. 지금도 그때 들었던 '신은 그대를 지켜주리라'라는 찬송가 가락이 머릿속에 생생하게 떠오른다.

나는 교회로 들어가 거룩한 마음으로 찬송가와 성서의 낭독을 듣고 있었다. 그런데 돌연 무슨 변화가 일어났다. 그것을 설명할 수는 없다. 그건 확실히 기적이라 할 수밖에 없다. 마치 갑자기 암흑의 토굴에서 따뜻하고 밝은 햇볕에 이끌려 나가는 것 같은 느낌을 받았다. 그것은 지옥에서 천국으로 옮겨진 것 같은 기분이었다. 나는 태어나서 처음으로 하느님의 힘을 느꼈다.

그때 오로지 나만이 자기의 번민에 책임이 있다는 것을 깨달았다. 하느님의 사랑의 손길이 내게 향하여 오는 것을 알았다.

그날 이후, 번민으로부터 해방되었다. 내 나이 71세, 그날 아침 교회에 있었던 20분간은 나의 생애에 가장 빛나는 극적인 20분간이었다.

J. C. 페니는 한순간에서 번민을 이길 수 있는 방법을 깨달았다. 그것은 그가 유일하고 완전한 치료법을 발견했기 때문이다.

운동을 하면 번민이 사라진다

변호사, 전 올림픽 권투선수권 보유자, 육군 대령 에디 이건

나는 무슨 일이든지 조바심을 내고, 머릿속이 이집트에서 물방아를 돌리는 낙타처럼 빙글빙글 도는 것 같고, 전신이 녹신녹신 피로해지는데 한탄과 괴로움을 쫓아내려 하고 있다. 이럴 때는 밖에 나가서 걸어다니면 좋다. 먼 곳으로 등산을 가는 것도 추천한다. 또한 체육관에 가서 샌드백을 두드리고 가볍게 뛰는 것도 좋다. 테니스도 환영이다. 왜냐하면 운동은 머릿속의 번민을 쫓아내 버리는 데 효과적이다.

나는 주말이면 운동을 한다. 골프장을 찾아가든가, 테니스를 친다. 육체를 피로하게 함으로써, 내 마음은 생업인 법률 문제에서 휴식을 얻고 해방됨을 느낀다. 이렇게 충분히 휴식을 취하고 나서 다시 법률 문제를 다룰 때는 새로운 열정과 힘이 샘솟아 난다.

뉴욕에서 일하고 있을 때도, 가끔 예일 클럽 체육관에서 한 시간가량 운동할 때가 있었다. 테니스를 하거나, 스키를 탈 때는 누구도 고민 같은 것은

하지 않는다. 바쁠 때는 그런 것을 떠올릴 겨를이 없다. 커다란 태산처럼 엄습해왔던 고민도 갑자기 작은 언덕처럼 사라져가고, 새로운 생각과 행동이 떠올라 금방 쉽게 해결할 수 있게 된다.

번민에 대한 가장 좋은 해독제는 운동이다. 번민이 있을 때는 될 수 있는 대로 두뇌를 사용하지 말고 근육을 사용하는 것이 좋다. 그렇게 하면 놀라운 효과가 나타날 것이 틀림없다. 나는 언제나 그렇게 하고 있다. 운동을 시작하면 번민은 제일 먼저 달아나버린다.

번민이라는 나쁜 습관

공장 관리인, **짐 버드솔**

17년 전, 블랙버그의 육군사관학교 재학 중, 나는 버지니아 공업 학교 출신으로 번민이 많은 사람이라고 알려져 있었다. 나는 정말로 심각한 번민에 빠져 있었으므로 자주 병에 걸리기 일쑤였고, 그것이 겹쳐서 학교 부속 요양소에는 내 전용의 병상이 마련되어 있을 정도였다.

간호사는 힘들어하는 내 모습을 보면 즉시 곁으로 달려와서 상태를 확인하고 주사를 놓아주었다. 당시 나는 세상 모든 것에 번민했다. 때로는 무엇을 번민하는지조차 모를 정도로 번민했다. 상태가 너무 심각하여 나는 성적 불량으로 퇴학을 받지 않을까 걱정할 정도였다. 문장(文章) 과목을 비롯한 다른 과목의 시험에서 낙제를 면치 못했다.

나는 평균 석차 이상을 유지해야 한다는 것을 알고 있다. 나는 항상 건강에 신경이 쓰였으며 심한 통증을 일으키는 소화불량 때문에 번민하고, 불면증에 걸려 번민했다.

또 경제 문제 때문에도 번민했다. 나는 때때로 연인에게 사탕밖에 사 주지 못했고, 함께 춤을 추러 가지도 못했다. 그래서 그녀가 만약 다른 후보생과 결혼하면 어떻게 하나 걱정하기도 했다. 이같이 다양한 문제에 번민하고 괴로워했다.

절망한 나머지, 나의 번민을 모두 듀크 베야드 교수에게 이야기했다. 교수와의 15분간의 상담은, 대학 생활 4년을 버티게 해준 건강과 행복을 가져다준 것이었다.

교수는 말했다.

"짐! 그대는 냉정하고 침착하게 사실을 올바르게 직시해야 된다네. 자네가 쓸데없이 번민하고 있는 시간의 반만이라도 문제 해결에 집중한다면 번민은 금방 없앨 수 있어. 번민은 자네가 자신에게 허용하는 일종의 나쁜 습관이야."

그리고 교수는 번민하는 나쁜 습관을 없앨 수 있는 세 가지 법칙을 알려주었다.

❶ 자기가 번민하고 있는 문제가 무엇인가, 그것을 확실하게 찾아낼 것.

❷ 문제의 원인을 찾아낼 것.

❸ 문제를 해결하기 위해 바르고 건설적인 노력을 할 것.

그 상담 후, 문제 해결을 위해 건설적인 계획을 세웠다. 우선 문장에 낙제점을 받은 것을 고민하기보다도, 왜 실패하였는가를 자신에게 물어보았다. 그것은 내가 우둔해서가 아니었다. 나는 버지니아 공업학교 재학 중, 학교 신문의 주필을 지낸 적도 있었다. 내가 문장에 실패한 것은, 문장에 흥미가 없었기 때문이다. 나는 장래 공업기사로 일할 생각이었으므로 문장에 힘을 쓰지 않아도 된다고 편하게 생각했다.

그제서야 나는 태도를 바꾸었다. 그리고 나 자신에게 말했다.

"만일 대학 당국자가 학위를 받으려면 문장 시험에 패스해야 한다고 요구한다면 나는 그 시비를 운운할 자격도 없지 않은가."

그래서 나는 문장 시험을 다시 치르려고 절차를 밟았다. 그리고 이번에는 간단하게 통과했다. 문장은 어려운 것이라는 두려움을 떨쳐버리고 똑바로 인식하고 철저하게 공부했다. 동시에 아르바이트를 함으로써 경제적 번민을 해결했다. 대학 축제가 개최되는 동안 돈이 되는 아르바이트를 했으며, 아버지께서도 돈을 지원해주시게 되어 한결 편안해졌다. 물론 아버지께 지원받은 돈은 졸업한 후에 반납했다.

다른 후보생과 결혼하면 어쩌나 염려했던 여학생에게는 프로포즈를 해서 성공했으며, 그 여성이 바로 나의 와이프 미시즈 짐 버드 솔이다.

지금 옛일을 회상해보면 나의 번민은 그 원인을 캐내는 것을 잊고, 사실을 회피하는 데서 생긴 심리적 혼란에서 비롯되었음을 알 수 있다.

나를 보내신 자 나와 함께 계시고

조셉 R. 사이즈 박사

지난 몇 년 회의와 환멸의 시대에서 나의 일생은, 나에게도 아무것도 알수 없는 어떤 힘으로 조종되고 있는 것같이 생각되었다. 어느 날 아침 나는 《신약성서》를 펼치고 다음과 같은 구절을 읽었다.

"나를 보내신 자 나와 함께 계시고, 나를 혼자 버려두지 않으시리라."

그때 이후, 나의 인생은 크게 변했다. 나에게 모든 일이 영원히 달라진 것이다. 나는 하루도 이 구절을 되풀이하지 않은 날이 없었다.

그 몇 년간 많은 사람이 나의 조언을 듣고자 찾아왔다. 나는 언제나 이 한구절을 읽어 주고 그들을 격려했다.

나의 눈길이 이 한 구절을 찾은 이후 나는 이 문구에 의지하며 살아왔다. 나는 이 구절과 함께 거닐었고, 그 속에서 평화와 힘을 발견했다.

나에게는 이것이야말로 종교의 진수이다. 그것은 인생을 가치 있는 것으로 만드는 모든 것의 기초가 되고 있다. 그것은 나의 인생의 금자탑이다.

깊고 깊은 밑바닥에 떨어졌어도

내셔널 에다멜링 앤드 스텐핑 회사, **테드 엘릭선**

나는 예전에 말도 할 수 없는 겁쟁이에 불과했는데 지금은 그렇지가 않다. 오래 전, 어떤 새로운 경험을 했다. 그것이 번민을 완전하게 쫓아내 준 계기가 되었다. 그 경험에 비추어 보면, 번민 같은 것은 문제도 되지 않을 것 같이 생각되었다.

아주 오래 전, 알래스카에 가는 어선에서 한여름을 보내고 싶다고 생각하고 있었는데, 마침 알래스카의 고디악 항구로 가는 포경선 선주와 계약을 하게 되었다. 그런 작은 배에는 승무원이 3명뿐이었다. 배를 지휘하는 선장, 선장을 돕는 조수, 잡무를 맡은 선원이다. 그중 선원은 대개 스칸디나비아인이기 마련인데, 나는 스칸디나비아인이었다.

나는 하루 24시간을 계속 일을 할 때도 있었다. 그것이 어느 때는 1주일이나 계속될 때도 있고, 더구나 다른 사람이 하지 않는 일이 모두 나에게 맡겨질 때도 있었다. 배를 청소하는 일부터 어구를 챙기는 일을 했다. 모터의 기름 냄새와 열기로 울렁거리는 작은 선실과 작은 스토브에 나무토막을 때서 식단을 차리고 그릇을 닦거나 배를 수선하기도 했다. 잡은 연어를 배에서 운반선으로 옮겨 싣는 것도 나의 몫이었다. 운반선은 그것을 육지 공장으로 가져가는 배이다. 나는 고무장화를 신고 있었으나 언제나 신발 안에는 물이 가득했다. 그것을 쏟아버릴 겨를도 없었다.

그러나 이런 잡다한 모든 일도 코르크 선을 끌어올리는 일에 비하면 훨씬 쉬웠다. 이 작업은 배 뒷편에 서서 코르크를 끌어올리는 일인데, 실제로는 그물의 무게 때문에 끌어당겨도 꿈쩍도 하지 않는다. 그러기 때문에 내가 보트로 그물 쪽으로 가서 있는 힘을 다해서 그물을 보트에 올려놓았기에 뼈가 부러지는 것 같은 고통이 따랐다.

나는 이 일을 몇 주 동안 계속했기 때문에 몸이 솜처럼 늘어졌다. 그리고 전신을 가누지 못할 만큼 아팠다. 그것은 수개월 후에도 낫지를 않았다. 그래서 잠깐이라도 쉬는 틈이 생기면 낡은 매트리스에서 눈을 붙였다. 등에서 가장 통증이 심한 부분을 매트리스의 딱딱한 곳에 대고, 마치 수면제를 먹은 사람처럼 죽은 듯이 잤다. 피곤에 지칠 대로 지친 상태였기 때문이다.

그와 같은 고통과 중노동에서 인내하는 것을 지금도 즐긴다. 그것은 내게서 번민을 쫓아주었기 때문이다. 지금은 무언가 예기치 않은 문제로 번민이 생길 것 같으면 자신에게 물어본다.

"엘릭션, 이것과 코르크 인양 작업과 어느 것이 더 어렵지?" 그러면 아마 엘릭션은 틀림없이, "아니야, 그 어느 것도 코르크 인양 작업보다 더 어려운 건 없어!"라고 대답할 것이다.

나는 그때의 경험을 되살려서 원기를 회복하고 문제를 찾아낸다. 인간은 때때로 죽을 만큼 어려운 일을 경험하면 그것도 약이 된다고 본다. 그 참혹했던 경험으로 인해 깊고 깊은 밑바닥에 떨어졌어도 그것을 끌어올리는 힘이 생겨나는 것이다. 지옥훈련과 같은 그 경험에 비하면 일상생활에서 사소하게 일어나는 문제 같은 건 아무것도 아니라고 여기게 된다.

나는 세계 제일의 병자였다

데일 카네기 회사 전무, 파시 H. 호팅

나는 이 세상의 그 누구보다 여러 가지 이상한 병 증세를 갖고 살아가는 고통스런 생활을 하고 있었다. 그렇다고 우울증 환자는 아니었다. 아버지는 약국을 하셨는데, 약국에서 자라났다고 해도 과언이 아닐 정도로 매일 그곳에서 놀았다. 나는 매일 의사와 간호사의 이야기를 듣고 있었으므로, 보통 사람 이상으로 병에 관한 것이나, 여러 가지 약에 대한 지식을 갖고 있었다.

나는 흔히 있는 우울증이 아니었다. 그러나 나는 어떤 병 증상이 있다고 생각하고 한두 시간만 번민하고 있으면, 정말 그 병에 걸린 환자와 같은 증상이 나타나는 특이한 현상이 보였다.

내가 살던 매사추세츠주에 악성 디프테리아가 유행하던 때가 있었다. 나는 매일같이 그 병에 걸린 사람들을 치료하기 위해 약을 사러 오는 사람들과 만났는데, 정말로 염려하던 일이 일어났다. '내가 디프테리아에 걸렸나?'라고 생각하게 되었다. 그런데 불가사의하게도 내 몸에는 디프테리아의 증상이 이것저것 나타났다. 그래서 의사를 불러 진찰했더니, "틀림없는 디프테리아요."라고 말했다. 그 말을 듣고 나는 안심했다. 나는 어떤 병이 걸렸다고 해도 그다지 무섭지 않았다. 나는 깊이 한숨 자고 다음 날 일어났더니 다행히 멀쩡히 건강해졌다.

어느 해부터인가 파상풍, 공수병이 걸려 고비를 치른 적도 있다. 그러더니 더욱 나빠져서 장기간에 걸쳐 치료해야 하는 암과 결핵에 걸려 엄청 고통스러운 시간을 보낸 적도 있다. 지금은 웃으며 말하고 있지만, 당시에는 정말 비참한 기분이었다. 몇 년 동안을 생사의 기로에 서서 힘든 투병 생활을 해야만 했다. 봄에 새 옷을 살 때도, 언제나 이렇게 물었다. "이 옷을 입을 동안 살아있기나 할지 모르는데, 쓸데없는 짓이 아닐까?"

그러나 다행스럽게도 오늘까지 10년이 지났지만 죽지 않고 살고 있다. 그럼 어떻게 해서 나는 죽음을 이겨낼 수 있었을까? 나는 그러한 어리석은 상상을 웃어넘길 수 있는 묘안을 생각해낸 것이다.

그건 앞서 예를 든 것과 같이, 징조가 나타나는 것 같으면 자신에게 이렇게 말했다. "어이, 호팅! 자네는 20년간 병이란 병은 다 걸려보지 않았는가? 하지만 자네는 아직 혈기왕성하지 않은가? 최근에 새로운 보험에도 가입했잖아. 이제는 타인 입장에서 자네라는 고민덩어리 바보를 비웃어주는 것이 어떤가?"

나는 드디어 번민을 하던 바보를 비웃어주기로 했다.

어떤 일을 끝까지 지나치게 깊이 생각을 하는 것은 좋지 않다. 시시한 번민은 한번 크게 웃으면 털어버릴 수 있다. 웃음으로 번민을 쫓아내는 것은 아주 효과적인 방법이다.

꼭 필요한 병참선

카우보이 가수, **진 오트리**

대부분의 번민은 가정문제나 경제와 관련되어 있다고 생각한다. 내 경우 비슷한 환경, 비슷한 취미를 가진 오클라호마주 시골 태생인 아가씨와 결혼한 것은 운이 좋았다. 우리 부부는 황금율을 지키려고 노력하고 있으므로 가정 내의 말다툼을 최소한도로 막고 있다. 동시에 모든 일에 100% 성실하게 지키려고 노력하고 있다. 두 번째는 무언가 새로운 계획을 시작할 경우 언제나 혹시, 하고 망설이기보다는 용감하게 도전해보고 잘못되면 손을 뗄 수 있는 용기가 필요하다.

군사 전문가는 전쟁에는 무엇보다 절대적인 것은 병참선의 확보라고 말하고 있다. 그 원칙은 군사 전쟁뿐만 아니라, 개인의 싸움에도 적용된다. 젊어서 텍사스나 오클라호마에 거주하고 있었는데, 그 지방에 큰 가뭄이 들었을 때 극심한 가난으로 가장 비참한 밑바닥 생활을 경험했다. 우리 집은 하루하루를 건디기 위해 생활고에 시달렸다. 우리는 버티다 못해 엄청나게 궁지에 몰렸는데, 아버지는 말을 가지고 인근 마을을 돌면서 말을 먹을 것으로 교환하는 방법으로 생계를 이어갔다.

그러나 나는 근본적인 해결책을 고민하다가 기차역에서 일을 했다. 틈만 나면 전기 기술을 배웠다. 그 후 프리스코 철도의 예비전기기사로 채용되었다. 나는 병가나 휴가로 자리가 비는 곳에 땜질하듯이 파견되어 일했다. 일이 많은 사람을 대신하여 이쪽저쪽에 파견 근무를 했고 150달러 정도 벌었다.

그 후 좀 더 안정적인 일을 찾아보았으나, 역시 기차 관련 일이 경제적으로 안정된 일자리였다. 그래서 언제 무슨 일이 닥치더라도 그 일에 열중하고 손을 놓지 않았다. 다시 말하자면 나의 병참선인 것이다.

그래서 나는 새로운 조건이 확보되기까지는 결코 이 병참선을 끊어 버리지 않았다. 다시 말하면, 내가 오클라호마주 기차역에서 예비 전선기사로 일하고 있던, 어느 날 저녁, 낯선 남자가 전보를 타전하러 왔다. 내가 기타를 켜며 카우보이 노래를 부르는 것을 듣고는, "당신은 정말 좋은 목소리를 가지고 있소. 뉴욕으로 가서 무대에 서든가 방송국에 나가면 어떻겠소." 하고 권유했다.

내가 그 말을 듣고 득의양양해진 것은 말할 필요도 없다. 그가 전보에 서명한 이름을 보고 깜짝 놀라 일어섰는데, 그가 바로 윌 로저스였다.

그러나 바로 뉴욕으로 직행하지는 않았다. 9개월 동안이나 신중하게 생각을 거듭했다. 그 결과 다음과 같은 결론에 도달했다. 즉시 뉴욕으로 간다면 내가 얻을 수 있는 것은 있겠지만, 그렇다고 잃을 것은 아무것도 없을 것이다. 마침 철도 무임승차권도 갖고 있으니까, 그냥 여행가는 셈 치고 가보자고 생각했다. 열차 좌석에서 잠도 잘 수 있고, 먹을 것은 샌드위치나 과일을 챙겨 가지고 가기로 했다.

그렇게 뉴욕에 도착하여 1주일에 5달러짜리 방을 얻었다. 식사는 직접 해 먹고, 10주간을 시내 이곳저곳을 돌아다녔으나 무엇 하나 얻을 수가 없었다. 만일 나에게 철도 일이 없었다면 틀림없이 걱정하다가 병에 걸리고 말았을 것이다. 나는 5년 동안 철도에 근무했으므로 복직할 우선권이 있었다. 그런데 복직 권리 기한은 90일이었다. 그래서 70일을 뉴욕에 있었다. 그 후 황급히 오클라호마주로 돌아와 철도에 복직했다. 그야말로 병참선 확보에 노력했다. 그 다음에도 몇 달간 일하고 돈을 모아서 다시 뉴욕에 가 보았다.

그런데 이번에는 기회를 만났다. 어느 날 레코드회사의 스튜디오에서 면접을 보고 있을 때, 기타를 받아 들고는 '쟈니여! 나는 꿈에서 보고 있다. 라일락꽃이 필 때'라는 노래를 불렀다.

내가 노래를 부르고 있을 때, 마침 노래 작사가인 '나드 실도크로드'가 사무실로 들어왔다. 그는 누군가가 자기 노래를 부르는 것을 듣고는 기분이 너무 좋은 것은 말할 것도 없었다. 그는 즉시 내게 빅터 레코드사에 소개장을 써 주었다. 덕분에 레코드사에 취업했으나 잘 되지는 않았다.

나는 빅터사의 충고를 받고 털사로 돌아가서, 낮에는 철도에서 근무하고 밤에는 털사 방송국에서 카우보이의 노래를 불렀다. 내게도 이런 생활 방식이 마음에 들었다. 나는 위급할 때 병참선을 확보하고 있었으므로 어떤 번민도 없었다.

나는 9개월 동안, 털사의 방송국에서 노래를 했다. 그 동안에 지미 롱크와 공동으로 '나의 은발의 아버지'라는 노래를 만들었다. 이것이 평판이 좋아 아메리카 레코드회사 사장 아더 사셜리로부터 취입 의뢰가 왔다.

그것은 적중했다. 나는 한 곡에 50달러를 받고 노래를 취입했다. 그리고 시카고 W. L. S 방속국 전속으로 카우보이 가수가 되었다. 급료는 주 40달러였다. 4년간 거기서 노래 부른 후 급료는 주 90달러로 올라갔다. 또 간간이 무대에 출연하여 주 3백 달러를 받았다.

얼마 후 마침내 내게 행운이 찾아왔다.

할리우드 제작자들은 카우보이 영화 제작을 기획했다. 이때 새로운 카우보이 노래를 부를 수 있는 카우보이를 구했다. 아메리카 레코드 회사 사장은 리퍼블릭 픽처스의 출자자였다. 그는 관계자들에게 이렇게 말했다. "만일 노래를 부를 수 있는 카우보이가 필요하다면 그것은 우리 레코드사에서 취입한 한 사람뿐이다."

이렇게 성장하여 영화계에 진출했다. 주당 100달러를 받으며 카우보이 영화에 출연하기 시작했다. 영화로 성공할 것인지 여부는 알 수 없었으나 별로 번민은 하지 않았다. 언제나 다시 일할 수 있는 의지가 있었기 때문이다.

그보다도 자기 몽상에 매몰되지 않았다는 것이 성공을 가져온 요인이라고 생각한다. 나는 현재, 1년에 10달러를 받는 샐러리맨이면서도, 영화의 순이익의 절반을 받고 있다. 그러나 나는 이런 상태가 영구히 계속된다고는 생각지 않는다. 그렇다고 결코 번민하지도 않는다. 어떤 일이 일어나도, 가진 돈을 전부 잃어도 나는 오클라호마주에 돌아가 전기기사가 될 수 있기 때문이다. 나는 언제나 대기하고 있는 병참선이 있기 때문이다.

새로운 생명의 샘

선교사이며 웅변가, E. 스탄레 존스

나는 인도에서 40년 동안이나 하느님 선교사업을 했다. 처음에는 견딜 수 없는 더위와 내 앞에 펼쳐져 있는 커다란 일 때문에 신경 정신이 긴장되어 인내심에 한계가 느껴졌다. 8년이 지날 때쯤 격심한 두뇌의 피로와 신경적인 소모전으로 번민을 하다가 마침내 졸도하는 사건이 벌어졌다. 그래서 1년간 미국으로 휴양을 떠나라는 명령을 받았다. 미국으로 가는 배에서 일요일 아침 예배 설교를 하다가 또 기절했다. 당시 배에 탑승했던 전담 의사는 도착할 때까지 내게 절대적인 안정이 필요하다고 했다.

미국에서 1년간 휴양을 한 후, 나는 다시 인도로 향했으나 대학생들에게 복음 전도 집회를 열고자 도중에 마닐라에 상륙했다. 그 집회에서 무언가 신경을 너무 사용했기 때문에 나는 또 졸도했다. 의사는 내게 인도에 가는 것은 생명이 위험하다고 경고했다. 그런데 나는 경고를 무시하고, 암운에 쫓기며 인도로 돌아갔다. 봄베이에 도착했을 때, 몹시 쇠약해서 산악 지대로 직행하여 수개 월 휴양을 해야만 했다. 그 다음에 평원 지대로 나와 전도사업을 계속했는데, 쓰러졌으므로 또다시 산악 지대로 장기간 휴양을 취해야 했다. 그리고 다시 평원 지대로 나와 일하면 또 졸도한다고 생각하니 의기소침해서 스트레스가 극에 달하고 있었다.

나는 정신적으로나 육체적으로나 피로에 지쳐 있었다. 나는 이제부터 반생을 폐인으로 보내지 않으면 안 되는 것인가? 신변에 위협을 느꼈다. 혹시 어디에선가 구원의 손길이 뻗어오지 않는 한 나는 선교사업을 단념하고 미국으로 돌아가 밭농사나 지으며 건강을 되찾는 것 이외의 방법은 없다고 생각했다. 이때는 내 인생에서 최고의 암흑시대였다.

그 무렵, 나는 연속적인 집회를 열고 있었는데, 어느 날 저녁 기도를 드리고 있을 때 한 가지 일이 생겼는데, 일생을 변환시켜 준 계기가 되었다. 문득 "너희를 부른 이 일에 너희는 따를 마음이 있는가?"라는 하느님의 목소리를 들었다. 나는 "주여, 저는 할 수가 없습니다. 제 힘은 모두 없어지고 말았습니다."라고 대답했다.

그러자 소리는 또 들려왔다. "만일 너희의 번민을 나에게 넘겨 준다면, 나는 너희를 지켜 주리라." 나는 지체없이 대답했다. "주여! 저는 꼭 약속을 지키겠습니다."

그때 나는 평온한 감정이 정신에 가득 차 있었다. 주님은 약속한 것이다. 생명! 강한 생명이 나를 점유한 것이다. 나의 마음은 기쁨에 넘쳐 흐르고 발이 땅에 닿는 것 같지도 않았다. 그 후 며칠이 지나서 나는 육체가 없는 것처럼 느껴졌다. 밤늦게까지 일했으나 조금도 피로하지 않았다. 잠잘 시간이 돼도 왜 잠을 자야 하는가 하는 의혹까지 생겼다. 나는 생명과 평화와 안식이, 주 예수 그리스도 곁에 있는 것 같았다.

나는 이 경험을 사람들에게 이야기할 것인가, 말 것인가 망설였다. 처음에는 몹시 주저했으나 이야기를 해야 한다고 생각하여 이야기했다. 다른 사람이 믿거나 말거나 그것은 내가 염려할 것이 아니었다.

그로부터 내 인생에서 가장 바쁜 20년 이상이 지났으나, 다시는 어떤 번민도 찾아오지 않았다. 나의 신체는 매우 건강하다. 그것은 육체의 감각 이상의 것이다. 나는 육체와 마음과 정신에 새로운 생명의 샘을 발굴한 것이라고 느꼈다. 그 경험 후, 나의 인생은 영구하고도 가장 높은 곳으로 끌어 올려졌다. 나는 얌전하게 그것에 복종할 뿐이다.

그 이후 나는 세계를 여행하면서, 때로는 하루에 3회 이상 설교를 했다. 그리고 시간이 생기면, 《인디언 로드의 그리스도》란 제목으로 12권의 책을 쓰기 시작했다. 나는 한 번도 그 약속을 어기지 않았으며, 원기 왕성하게 인류에 봉사하는 즐거움에 충만해 있다.

내가 경험한 육체적 정신적 변화는 심리학적으로 분석하여 설명할 수 없을지도 모른다. 생명은 과정보다도 위대하다. 그것은 가득 차 넘치면 과정을 작은 것으로 만들어 버린다.

나는 다음의 한 가지 일을 알고 있다. 31년 전 인도에서 내가 쇠약해서 번민으로 고생하고 있을 때, "만일 너희 번민을 나에게 넘겨 주면, 결코 번민은 없을 것이며 나는 너희를 지켜 주리라."던 소리를 듣고 내가, "주여! 저는 꼭 약속을 지키겠습니다."라고 대답했던 그 밤에 나의 인생은 완전히 변화했다.

나는 밑바닥에 떨어졌으나 그것을 이겨냈다

소설가, 호머 그로이

내 인생에서 가장 당황했던 순간은 치안관이 바깥 현관에서 안으로 들어올 때, 내가 창문으로 빠져 도망치던 어느 날이었다.

나는 롱 아일랜드의 프레스트 힐에 있는 나의 집을 잃었다. 아이들이 태어나고 우리 가족들이 18년간 살아온 집을 잃었는데, 우리에게 이런 일이 닥쳐올 줄은 꿈에도 생각지 못했다. 12년 전에는, 세상에 나처럼 성공한 인생은 없을 거라 생각했다. 내 소설이 할리우드에서 영화화되어 최고의 저작권료를 받았다. 그래서 가족과 함께 2년 동안 외국에서 살았다. 여름은 스위스에서, 겨울은 프랑스 리베라에서 호화로운 시간을 보냈다.

6개월 동안 파리에 머물면서 《그들은 파리를 보지 않을 수 없었다》라는 소설을 썼는데, 윌 로저스가 그 영화 주인공을 맡았다. 또 할리우드에 머물면서 윌 로저스를 위해서 영화 각본을 4, 5편 써 주지 않겠느냐는 말을 들었지만, 요청을 거절하고 뉴욕으로 돌아왔다. 그런데 그때부터 번민은 시작되었다.

지금까지 발휘하지 못한 나의 숨겨진 재능이 어디엔가 있을 것 같은 기분이 들었다. 더구나 '나 자신이 유능한 사업가가 아닌가?'라는 의문을 품게까지 된 것이다.

나는 '아스터가 뉴욕에서 토지를 사들여서 부자가 되었다.'는 이야기를 들었다. '아스터는 도대체 어떤 사람이야! 말할 필요로 없이 이민자 장사꾼이 아니겠어. 아스터가 할 수 있는 일이라면 분명 나도 할 수 있는 일일거야. 나도 부자가 되자!'라고 생각했다. 그리고 부자가 되기도 전에 요트 잡지를 읽기 시작했다.

내게는 무지에서 나오는 용기가 있었다. 에스키모인들이 석유 난로에 문외한인 것처럼, 나는 부동산 매매는 아무것도 알지 못했다. 집을 담보로 돈을 빌려 건설 택지를 매입했다. 이 택지가 폭등하면 그것을 팔아 원하던 생활을 하겠다는 계획이었다.

나는 참새의 눈물만큼이나 적은 월급을 받고 일하는 사람들이 서글프다고 생각했다. 신은 모든 사람에게 천재적인 경제 감각을 주지 않은 것이 마땅하다고 느꼈다. 그런데 내 예상은 보기 좋게 빗나갔다. 돌연 불경기가 불어닥쳐서 나는 마치 폭풍이 엉성한 닭장을 휩쓸고 지나갈 때처럼 요동쳤다.

대지의 커다란 입에, 매월 2백 20달러씩이나 집어넣어야 했다. 눈 깜짝할 사이에 또 돈 내야 할 날짜가 다가왔다. 그 중에도 저당 잡힌 집에 대해서도 이자를 내야 했고 매달 생활비도 필요했다. 잡지에 유머를 기고하여 돈을 마련하려 했으나 헛수고였고 한 편도 팔리지 않았다. 돈을 만들 방법은 오직 타이프 라이터뿐이었다.

돈이 떨어지자 우유도 배달해 주지 않았다. 가스 회사에서는 가스를 중지시켰다. 석탄도 떨어졌다. 석탄 회사는 지불 청구 소송을 제기했다. 유일한 난방기구는 스토브뿐이었다.

나는 밤중에 길가를 돌아다니다가 집 짓는 공사장에서 판자나 나무토막을 주워다가 불을 땠다. 나는 번민을 계속하고 밤잠을 이루지 못했다. 밤중에도 자주 일어나서 2~3시간씩 거닐었다.

　나는 택지를 잃어버리는 것도 각오해야 할 처지가 되었다. 은행은 저당권을 행사하여 우리 가족들을 쫓아냈다. 나는 겨우 손에 남은 적은 돈으로 아파트에 세를 들었다. 몇 년이 지난 후, 우리들은 어느 날 그곳에 가서 상자에 걸터앉아 주위를 돌아봤다. 어머니가 자주 입에 올리던, "떨어뜨린 캐러멜도 줍기를 망설이지 말라."던 옛말을 생각해 냈다. 그러나 이것은 캐러멜 정도가 아니라, 나의 선혈이었다.

　나는 정신을 가다듬고 나에게 말했다. "나는 가장 밑바닥에 떨어졌으나 어쨌든 그것을 이겨냈다. 이제부터는 위를 향하여 올라갈 것이다." 나는 집을 잃고 말았으나, 아직 이것저것 몇 가지 남은 것을 떠올리고 정신이 들었다.

　"난 아직 건강하고, 친구도 있으니 절망하지 말고 다시 한번 시작해보자. 지나간 과거를 후회하는 것은 잘못이다. 어머니가 자주 말씀하시던 옛말을 매일 되새기기로 하자!"

　나는 번민으로 소비하던 에너지를 일하는 데로 바꾸기 시작했고 조금씩 상태가 개선되었다. 지금은 그 당시 비참했던 상황이 오히려 감사하기도 하다. 그 사건으로 인해 어려움을 견뎌내는 힘과 인내심, 자신감을 얻었기 때문이다.

　지금도 나는 복잡한 번민과 불안과 염려가 나의 마음을 어지럽힐 때는 언제나 포장상자에 허리를 펴고 앉아서, "나는 밑바닥에 떨어졌으나, 그것을 이겨냈다. 이제부터는 위를 향해 올라갈 것이다."라고 내게 말했던 것을 생각해 내며, 번민을 쫓아내고 있다.

☞ 불가피한 것은 받아들여라! 그 이상 떨어지지 않게 위를 향해 올라가도록 노

　　력하라.

DALE CARNEGIE

6
성공의 동반자

6. 성공의 동반자

> 나는 나의 일을 사랑한다. 오늘도 100% 힘차게 일에 임할 것이다. 사랑한
> 다는 것은 상대방의 눈을 들여다보는 데에만 있는 것이 아니라 상대방과
> 같은 방향을 바라보는 데 그 진정한 의미가 있다.

남편의 목표 설정을 도와줘라

뉴욕 뒷골목 어느 싸구려 하숙집에 두 청년이 방 한 칸을 빌려서 살고 있었다. 그중 한 사람은 데일 카네기였고, 다른 한 명 휘트니는 미주리주 농촌 출신이었는데, 아메리카 연극 전문학교에 다니고 있었다. 그는 남달리 선량한 눈을 가진 공상가이기도 했다.

휘트니는 비록 농촌 출신이기는 하였으나, 평범한 시골 청년들과는 다른 점이 있었다. 그는 장차 큰 회사의 CEO가 되고자 하는 불 같은 정열과 의욕을 갖고 있었다. 그렇게 불 같은 욕망을 가진 휘트니였지만, 그가 뉴욕에서 맨 처음 얻은 직업은 남들처럼 한낱 슈퍼의 판매원에 불과했다. 휘트니는

점심 시간 1시간을 헛되게 보내지 않고 다른 도매상의 일도 돕곤 하였다. 근무 시간을 가리지 않고 열심히 일한 휘트니였지만, 그렇다고 해서 그에 대한 별도의 급료나 보수를 요구한 적은 없다. 그 결과 휘트니는 슈퍼 부장으로부터 두터운 신임을 받게 되었다.

부장은 좋은 자리가 생길 때마다 휘트니를 그 자리에 앉혔다. 그래서 휘트니는 판매원에서 세일즈맨으로, 세일즈맨에서 부장으로, 부장에서 지점장으로, 햇수가 지남에 따라 휘트니는 승진을 거듭하였다.

그렇다고 해서 휘트니의 출세가 계속 순풍에 돛단 듯이 순조로운 것만은 아니었다. 그에게도 절망했던 시절이 있었다. 어느 회사에서는 사장의 인사 방침이 자기 가족이 아니면 승진시키지 않아서, 휘트니는 진퇴양난에 빠져 고민한 적이 있었다.

또 어떤 회사에서는 중역이 되는 기회가 영영 오지 않을 것 같았다. 휘트니는 그런 역경에 처했을 때도 결코 목표를 잃지 않았다. 처음으로 포장회사 CEO가 되었을 때 그 목표를 달성했으며, 나중에는 직접 블루문 치즈 회사를 창립하였다.

뉴욕 뒷골목 셋방에서 그는 카네기에게, "나는 나중에 대기업의 사장이 되겠네."라고 말했던, 그 시골 청년의 말은 결코 게을러빠진 몽상가의 헛된 욕심이 아니었다. 그는 자기 나름대로 확신 있게 말했다.

첫째로, 휘트니가 나아갈 목표를 설정했다는 것은, 그의 생애에서 중요한 원동력이 되었다. 실패하는 사람이 더 많은 이 세상에서 휘트니의 성공은 결국 무엇을 의미하는 것일까?

휘트니는 열심히 일했다. 그러나 남들도 그 점에서는 마찬가지다. 더구나 일하면서 공부한 사람이므로 학력이 성공의 원인이었다고는 볼 수 없다. 휘트니가 다른 사람들과 특별한 다른 점은 앞으로 나갈 바 목표를 명확히 알고 있었다는 점이다. 그가 별도의 보수를 바라지 않으면서도 자진해서 시간 외 근무를 한 것이나, 항상 새로운 분야에 대해 연구를 게을리하지 않은 것은 자기 나름대로 뚜렷한 목표가 설정되어 있었기 때문이다.

두 번째로, 목표를 설정하지 못한다는 것은 성공하지 못하는 원인 중 가장 큰 원인이라고 할 수 있다. 목표가 없는 사람은 언제나 잘 되기를 막연하게 바란다. 동시에 그저 되는 대로 결혼하고, 되는 대로 취직하고, 되는 대로 어물어물 인생을 보낸다.

뉴욕의 뉴웨스턴 호텔에 있는 직업 적성상담소의 창설자이자 소장인 헤이워드 부인은 불만에 가득 찬 직업을 가진 사람들을 상대로 그들을 상담해 주는 사람이다. 나도 고용 문제로 상담을 나눈 적이 있었다. 그때 그녀는 이렇게 말하였다.

"대부분의 질문지에게는 하나의 공통점이 있어요. 아주 딱한 것은, 도대체 그들은 자기가 무엇을 희망하고 있는지를 자신이 모르고 있다는 점이에요."

따라서 그녀는 사람들에게 자신의 희망이나 야심이 무엇인가를 갖도록 독려하는 일이 매우 중요하다는 것을 알았다. 이렇게 세상의 아내들도 남편에게, 본인이 인생에서 바라는 것이 무엇인가를 뚜렷이 모색하게 하라는 것이다.

《결혼 안내》의 저자는, 공동의 목표를 갖는다는 것이 행복한 결혼 생활의 가장 근본적인 조건이라고 말한다. 그 목표는 새로운 가정을 꾸미는 일이든, 해외여행, 육아 등 아무것이라도 좋다. 무엇보다도 중요한 점은 그 목표를 부부가 공유해야 한다는 사실이다.

저자는 "가장 중요한 점은 우선 뚜렷한 목표를 설정한다는 점이지요. 다음에는 일단 세운 목적을 달성하기 위해 최대의 노력을 기울여야 합니다. 서로서로 노력하여 꿈을 키우고 가꿔가는 것이 필요합니다. 그 결과에 따른 성공과 실패 역시 서로 함께 공유하는 데 의미가 있는 것이지요."

비치터시에 있는 윌리엄 그라함 석유상사는 매매와 적절한 투자로 상당한 수입을 올리고 있었다. 윌리엄은 자식을 여섯 명이나 두었으며, 그들 부부는 누가 보아도 행복하기만 했다. 자식이 여섯이나 되었으며 건강했고 많은 재산을 가졌으니 남부러울 게 없었다. 더욱이 그들은 좋은 조건을 오래오래 즐길 수 있는 젊음이라는 특권까지 갖고 있었다.

나는 윌리엄 그라함과 몇 해 전부터 친하게 지냈는데, 이렇듯 성공을 이루게 된 요인이 무엇인가 물어보았다. 그랬더니 그는 '원대한 계획과 협력 덕분'이라고 대답했다. 윌리엄과 그의 부인 모요리는 결혼한 지 얼마 지나지 않아 부동산 매매업을 시작하였다. 가옥의 매매를 맡아 하고 나서 수수료를 받는 일이었다.

당시 부부는 성공해야겠다는 강한 집념과 무슨 일이든지 일단 시작하면 기필코 성공하고야 마는 끈기를 가졌다고 한다. 맨주먹으로 시작했으며, 매우 초라한 낡은 건물의 한 귀퉁이를 빌어서 사무실로 썼다. 거기서 아내는 사무를 보고 윌리엄은 부지런히 손님을 찾아다녔다.

처음 얼마 동안은 상당히 고전을 면치 못했다. 젊은 윌리엄 부부는 허리 띠를 졸라매면서까지 노력했지만, 끼니 걱정을 할 정도로 가난하기만 했다. 그러나 이런 고생을 얼마간 계속하니 일이 점점 풀리기 시작하여 조그마한 집 한 칸을 장만할 수 있었다. 그들은 거기서 만족하지 않고, 새로 집 한 채를 지어 상당한 이익을 보았다. 그 후 윌리엄은 아직 혈기왕성하여 의욕적으로 새로운 사업에 눈을 돌렸다.

그들 부부는 몇 차례에 걸쳐 가족회의를 열었다. 그 결과 석유 매매업을 하기로 했다. 이것은 일시적인 기분에 좌우된 계획이 아니라, 치밀한 분석 아래 세워진 계획이었고, 이를 꾸준히 밀고 나간 윌리엄은 마침내 새로운 분야인 석유 매매업에서도 큰 성공을 거두었다. 윌리엄 그라함 석유상사는 이렇게 하여 탄생하였다.

"어느 한 가지 목적 달성에 성공하면 으레 느끼기 마련인 싫증을 스스로 방지하기 위해서, 즉시 다른 목표를 생각해 낼 필요가 있었습니다." 그라함 부부는 이렇게 하여 거듭 성공을 거둔 것이다.

다시 말해서, 그라함 부부의 성공이란 어떤 목표를 실정하고 그것을 성실히 실행한다면 그 사람은 틀림없이 그 목표에 도달할 수 있다는 사실을 증명한 것이라 하겠다.

아무리 사격의 명수라 해도 몇만 분의 일의 오차도 없이, 정확한 겨냥하여 과녁을 쏘아 명중시키려면 집중에 집중을 거듭해야 한다. 최대한 목표에 집중하면 비록 목표까지 도달하지는 못할지언정 적어도 눈을 감고 함부로 총을 쏘는 경우보다는 과녁에 가까운 곳에 도달할 수 있다.

컬럼비아 대학의 교수였던 딘 하버드 E. 허크스 씨는 말한다. "혼란이야 말로 번민의 중요한 원인이다." 사실 혼란은 번민의 중요한 원인일 뿐 아니라 성공을 가로막는 커다란 장애물 중 하나이다.

그러므로 남편의 성공을 돕기 위한 첫걸음은 우선 인생의 뚜렷한 목표를 갖게 하는 것이다. 즉, 최종적인 목표를 설정하는 일부터 시작해야 한다. 그렇다면 과연 당신이나 당신의 남편에게 성공이란 무엇일까? 돈, 사회적인 명성, 안정된 생활, 타인에 대한 봉사 활동, 권력, 만족할 만한 사업 같은 것일까?

이 질문에 대해 당신과 당신의 남편이 스스로 대답해야 한다. 성공이란 사람에 따라서 각각 그 의미가 달라지기 때문이다. 먼저 당신은 성공이란 어떤 것인가를 명확하게 결정하라. 그리고 평생의 목표를 정하도록 해야 한다.

남편의 성공을 도우려면 아내는 모름지기 남편이 궁극적으로 바라는 바가 무엇인가를 분명하게 이해하고 있어야 한다. 그러나 대부분 부부가 한마음 한뜻이 되어 협력해야 함에도 불구하고 각자 자기 주장대로 서로 반대되는 방향으로 걸어가기도 한다. 이것은 참으로 불행한 일이다. 또 당신 남편이 자기의 나아갈 바를 알고 있다고 해서 그것으로 끝날 문제는 아니다. 당신 역시 남편 못지않게 남편의 원대한 계획에 참여해야 한다.

"사랑한다는 것은 상대방의 눈을 들여다보는 데에만 있는 것이 아닙니다. 상대방과 같은 방향을 바라보는 데 그 진정한 뜻이 있습니다." 누군가가 이렇게 말하였다. 참으로 옳은 말이다. 끝없이 전진하려고 노력하는 부부를 축복하고 격려하기 위한 충고로서는 이 이상 더 좋은 말은 없으리라고 믿는다.

성공하기 위한 첫걸음은 남편의 목표 설정을 돕는 데 있다.

하나의 목표를 달성했으면 곧바로 다음 목표를 세워라

고아원에서 자란 닉 알렉산더의 가장 큰 소망은 대학 교육을 받는 것이었다. 당시 고아원 실정은 말이 아니었다. 새벽 5시면 눈을 비비고 일어나서 해가 질 때까지 심한 중노동을 해야 했고 식사는 형편없이 맛없는 것이었으며 그나마도 배불리 먹을 수가 없었다. 어려운 환경이었지만, 총명한 소년 닉은 14세에 이미 고등 졸업 자격증을 딸 수 있었다. 그 후 스스로 생활을 하기 위하여 곧 사회에 발을 들여놓았다.

그가 맨 처음 시작한 직업은 양복점 재봉공이었다. 심하게 혹사만 당할 뿐 보수는 형편없는 일자리였다. 이렇듯 어려운 환경에도 굽히지 않고 닉은 무려 14년 동안이나 일을 계속하였다.

그러던 중 그 가게는 다른 가게와 합쳐지게 되었다. 덕분에 닉의 보수는 많아지고 근무 시간도 단축되었다. 닉에게 행운은 겹쳐 그는 좋은 신붓감을 만나 아내로 맞아들이게 되었다.

그녀는 대학 교육을 받고 싶어하는 남편의 꿈을 실현시키는 데 협력을 아끼지 않았다. 그러나 그들 부부의 형편으로 그것이 그렇게 쉬운 문제는 아니었다. 두 사람이 결혼한 지 얼마 안 되었을 때의 일이다. 그 당시까지의 일에서 일단 손을 떼게 된 알렉산더 부부는 그때부터 다른 길을 모색하여 경제적인 자립을 꾀하려는 계획을 세웠다.

알렉산더 부부는 재산이라는 재산은 모조리 긁어모아서 〈알렉산더 부동산 상사〉를 창립하였다. 아내인 데레사는 자금을 충당하기 위하여 자신의 손가락에 끼고 있던 약혼반지까지 팔아야 할 정도였다. 다행히도 그들의 사업은 순조롭게 잘 진행되어 나갔다. 그로부터 2년 후에 아내는 남편더러 대학 교육을 받기 위해 다시 학교에 나가라고 제안했다. 이리하여 닉은 36세에야 겨우 학위를 받을 수 있었으며, 이로써 그의 첫 번째 목표는 일단 달성된 것이다.

학교를 졸업한 닉은 다시 사업에 전념하여 부동산 매매업에 더욱 심혈을 기울였다. 아내도 사업상의 반려자로서 열심히 닉을 도운 것은 두말할 나위도 없다. 그들 부부는 이번에는 바닷가에 두 사람만의 보금자리를 마련하자는 계획을 세웠다. 일단 계획을 세운 닉 부부는 꾸준히 일을 추진해 나갔다. 이윽고 그 목표는 달성되었다. 그럼 그들은 그 정도에서 만족해버린 것일까? 천만의 말씀이다. 그들에게는 딸을 교육시켜야 한다는 과제가 남아 있었다.

알렉산더 부부는 딸의 교육비를 어떻게 충당하려고 했을까? 그들은 저당 잡혀 있는 자기네 사무소의 빚을 대신 갚아주고 그 건물을 인수해서 그것을 아파트로 개조하여 거기에서 나오는 고정적인 수입으로 딸의 교육비에 충당할 계획을 세웠다. 두 사람은 이번의 목표도 달성하고 말았다.

알렉산더 부인이 말한 바에 의하면, 그들은 지금 노후의 생계에 대비하여 완불된 연금보험을 목표로 일해 간다고 한다. 최근에는 닉 혼자서 사업에 종사하고 데레사는 주로 가사를 돌본다고 한다. 알렉산더 부부는 이렇듯 하나하나의 목표를 설정하여 그것을 실행하려고 끈질기게 노력한 결과 인생을 성공으로 이끈 것이다.

그들 부부야말로 버나드 쇼의 다음과 같은 말의 진실성을 몸소 실증해 보인 것이다. "나는 성공을 두려워한다. 부귀공명을 이룩했다는 것은 이 땅 위에서는 자기의 할 일이 없어졌다는 뜻이 된다. 그것은 마치 교미가 끝난 후 암거미에게 물려서 죽고 마는 수거미와 같은 것이다. 나는 목표를 이루고 난 후보다는 항상 목표를 앞에다 두는 미완의 상태를 좋아한다."

너무 많은 사람들이 뚜렷한 목표를 갖지 못한 탓으로 엉거주춤한 자세로 방황하고 있는 것이 오늘의 실정이다. 그들은 단순히 제1차원의 세계 외에서는 알 수 없는 하루살이 인생이다.

인생에서 최대 성공을 거두는 사람, 기민하고 활동적인 사람, 온갖 기회에 미리 대비하여 결코 기회를 놓치지 않는 사람들은 간절한 희망과 뚜렷한 목표를 가지고 있는 사람들이다. 장기간에 걸친 계획을 수립할 경우 5년 단위로 설계하는 것이 좋다.

"우리 남편 짐이 5년 이내에 대학 학위를 따고, 승진의 기회를 얻도록 하자. 앞으로 적어도 10년 이내에는 판매 지배인이나 한 지국 지배인의 지위에 오를 준비를 갖추어야 한다."

무슨 일이든 한 가지 목적을 이루었으면 곧 새로운 목표를 설정하여 꾸준히 매진할 일이다. 이것이 바로 우리 인생을 성공의 길로 이끄는 지름길인 동시에 성공의 요체이다.

■■■■ 그러므로 여러분은 남편과 협력해서 최초의 목표를 달성했으면
☞ 조금도 지체하지 말고 곧 다음 목표를 세우도록 해야 한다.

보다 더 일에 열중하도록 격려하라

뉴욕 중앙 철도회사의 사장이던 프레드릭 윌리엄슨은 어느 방송 인터뷰에서, "사업에 성공하는 비결이 무엇이냐"는 질문을 받고 다음과 같이 대답한 적이 있었다.

사람들이 잘 깨닫지 못한 성공의 비결이 있습니다. 인생의 경험을 쌓으면 쌓을수록 사업에 대해 열성을 다 바치는 태도를 갖게 됩니다. 성공한 사람과 실패한 사람의 사이에 개인적인 자질이나 능력, 또는 지식의 차이는 그다지 현저하지 않습니다.

그러나 두 사람이 거의 비슷비슷한 실력을 가지고 있다면 열심히 일하는 쪽이 성공할 확률이 큰 것은 두말할 나위도 없습니다. 또한 열심히 하기만 하면 자기보다 능력은 뛰어나도 노력하지 않는 사람을 능가할 가능성도 큽니다.

땅을 파는 일이든 큰 회사를 경영하는 일이든 일에 열중한다는 것은 자

기의 천직을 믿고 천직을 사랑한다는 것과 같습니다. 그것이 아무리 어려운 일이더라도 일에 열중하는 사람은 언제나 침착한 태도로 일에 임할 수 있습니다. 누구나 그런 태도를 가질 수 있다면 틀림없이 성공할 수 있을 것입니다. "아무리 위대한 일이라도 열심히 하지 않고 성공한 예는 일찍이 없었다."라는 말을 새삼스럽게 되새겨 볼 필요가 있습니다.

당신이 이 책을 읽고서, 가령 '남편이 자기 일에 열성을 다해 몰두하게 만들었다.'면 당신은 그것만으로 남편을 성공의 지름길로 안내한 셈이 된다. 왜냐하면 걸작을 창조하는 예술가이거나 비누나 책을 파는 판매원이든 행복한 가정을 영위하려는 사람이든 간에 자기 일에 열중한다는 것이야말로 사업에 성공한 사람들이 공통적으로 지니는 특성이기 때문이다.

'열중(enthusiasm)'이라는 말은 그리스 말에서 유래한 것으로, '하나의 영감을 받았다'라는 뜻이다. 바로 이 열중하는 태도로 일하는 사람은 그 누구도 막을 수 없는 막강한 힘을 갖게 된다.

예일 대학에서 큰 인기를 끌었던 윌리엄 라이언 펠프스 교수는《교육의 감동》이라는 저서를 낸 바 있다. 그는 이 책에서 다음과 같이 서술하였다. "나에게 학생을 가르친다는 것은 기술이나 직업 이상의 의미를 갖습니다. 그것은 이를테면 열정과 같은 것이지요. 화가가 그림 그리는 일을 사랑하듯이, 가수가 노래 부르기를 사랑하듯이, 또 시인이 시를 쓰는 데에 기쁨을 느끼듯이, 나는 가르치는 일을 사랑하고 있습니다. 나는 아침에 일어나기 전, 우선 매우 기쁜 마음으로 학생들을 생각합니다. 인생에 성공하기 위해 가장 중요한 것은 일상 속에서 언제까지라도 열중할 수 있는 능력을 갖추고 있느냐 하는 점입니다."

당신의 남편에게 사업에 열중할 수 있는 능력을 심어주어야 한다. "어떻게 해야 그러한 능력을 기를 수 있느냐?"고 묻고 싶을 것이다. 우선 강조하고 싶은 것은, 당신의 남편에게 자기 일에 열중하고 싶다는 생각을 갖게 하는 일이 무엇보다도 선행되어야 한다.

자동차 왕인 월터 P. 클라이슬러는 다음과 같이 말하고 있다.

"나는 활기에 찬 사람을 좋아합니다. 그들이 활기에 넘쳐 있으면 손님도 그 열정에 끌려들어서 흥정도 쉽게 성립되기 마련이지요."

또, 10센트 연쇄점의 창립자인 찰스 샘너 월워즈는 이렇게 말하였다. "일에 열중하지 않는 한 무슨 일에든 성공할 수는 없는 법입니다." 찰스 슈와브는 그 말을 뒤집어서 이렇게 말하였다. "얼마든지 일에 열중할 수 있는 사람은 어떤 일이든지 성공하기 마련입니다."

물론 이와 같은 논리에도 전혀 한계가 없는 것은 아니다. 음악에 대하여 전혀 재능을 타고 나지 못한 사람이 아무리 음악에 대해 열중하고 노력해도 음악의 대가가 될 수는 없는 노릇이다.

그러나 이와 같은 특수한 재능에 관계되는 경우를 제외하고 실현 가능성이 있는 목표라면 이야기는 달라진다. 자기의 일에 열중하는 사람은 어떠한 일이든지 경제적 또는 정신적으로 최고의 보상을 받게 된다. 고도의 기술을 요구하는 직업에 있어서조차 일에 열중한다는 사실은 지극히 중요한 일이라고 할 수 있다.

레이다나 무선전신을 발명한 에드워드 비터 애플턴 경은 위대한 물리학자로서 노벨상까지 탄 사람이다. 그는 〈타임〉지에서 다음과 같은 놀라운 사실을 말한 적이 있다. "과학적 연구에 성공하기 위해서는 전문적인 기술보다도 그 연구에 열중한다는 점이 훨씬 중요하다고 생각합니다."

만약 평범한 사람이 이런 말을 했다면, 그 말은 몹시 어처구니 없게 들릴지도 모른다. 그러나 애플턴 경 같은 그 분야 최고 권위자가 이런 말을 했다는 사실을 중시하지 않을 수 없다. 고도화된 전문 지식이 필요한 과학에서도 일에 열중한다는 것이 그토록 중요한데 평범한 샐러리맨 생활은 더더욱 그렇다.

미국의 생명보험회사 설계사로서 가장 유명한 프랑크 베드거의 유명한 에피소드를 인용해서 설명해 보기로 하자. 그의 저서인 《나는 어떻게 하여 세일즈에 성공했는가》는 지금까지 출간된 판매에 관한 책들 중 기록적인 베스트 셀러이다.

베드거 씨의 체험담을 그의 저서에서 인용해 보기로 하자.

내가 프로 야구의 선수가 된 지 얼마 후, 나는 내 생애를 통하여 가장 큰 충격에 부닥쳤다. 나는 소속된 구단에서 파면되어 버린 것이다.

"자넨 20년이나 선수 노릇을 해온 노장처럼 의젓하게 굼벵이 춤을 추는 꼴이더군. 프랑크 군, 자네가 이 팀을 떠나 어떤 일을 하든지 간에 자넨 앞으로 용기를 내어 자기의 일에 열중해야 하네. 그렇지 못하면 아마 평생 출세는 못 할 걸세."

나는 당시 175달러의 급료를 받고 있었다. 거기서 파면된 직후 나는 펜실베이니아의 체스터로 갔다. 결국 아틀레틱 리그에 입단하여 고작 25달러의 보수를 받는 신세로 전락하고 말았다. 그 정도의 적은 보수로는 도저히 일에 열중할 엄두가 나지 않았다. 그러나 애써 열중하려고 시도해 보았다. 새로운 생활이 10일쯤 계속되었다. 친구가 나의 운수를 점치는 셈 치고 코네티컷의 〈뉴헤븐〉에 나를 소개해 주었다.

이 뉴헤븐에서의 첫날이야말로 내 생애에서 최대의 전환점이 된 날이다. 아직도 나는 그날의 생생한 기억을 잊지 못하고 있다. 다행히도 뉴헤븐에서 누구도 내 과거를 알지 못했다. 그러므로 뉴잉글랜드 리그에서 일찍이 볼 수 없을 만큼 열정적인 선수라는 명성을 떨치기 위해 나는 남몰래 결심하였다.

그런 명성을 얻으려면 거기에 알맞은 행동을 해야 할 필요가 있었다. 나는 구장에 나선 순간부터 마치 전기가 통한 사람처럼 민첩하게 행동하였다. 나는 내야수의 손을 저리게 할 만큼 스피드에 넘친 강한 투구를 했다. 어찌나 맹렬한 기세로 3루에 뛰어들었던지 3루수가 그 기세에 눌려서 볼을 놓쳐 버린 적도 있었다. 그래서 귀중한 도루의 점수를 딴 적도 있었다.

어느 날은 몹시 무더운 날씨였다. 만약 내가 그라운드를 뛰어다니던 중 일사병에 걸려 쓰러졌다 할지라도 그것은 아주 당연한 일이었는지도 모른다. 마치 마술과 같은 일이 벌어졌다.

다음 세 가지 일이 일어난 것이다.

즉 내 열의는 내 마음속의 공포심을 완전히 쫓아내 주었다. 그 덕분에 예상 이상으로 훌륭한 플레이를 할 수 있었다. 동시에 나의 열성이 우리 팀의 다른 선수들에게도 영향을 주어 그들도 플레이에 열중하게 되었다. 또 더위에 지치지도 않았고 시합을 하는 동안이나 끝난 다음에도 지금까지 볼 수 없을 만큼 좋은 컨디션을 유지할 수 있었다. 다음 날 아침 신문을 읽을 때 나는 가슴 벅찬 감격에 사로잡혔다. 신문에 다음과 같은 평이 실렸다.

"베드거라는 새 선수는 분명히 불덩어리 같은 존재다. 그는 팀의 선수들을 완전히 긴장케 했다. 그들은 단순하게 게임에 이겼을 뿐만 아니라, 이번 시즌 중의 어느 시합보다도 훌륭한 성과를 올렸다."

이와 같은 매스컴의 찬사 덕분에 10일도 안 지나 보수가 175달러로 껑충 뛰었다. 25달러에서 175달러면 7배가 넘은 셈이다. 그로부터 2년 후에는 세인트루이스 카디널스의 3루수가 되었고 수입은 30배로 증가하였다. 도대체 무엇이 그러한 결과를 낳게 한 것인가? 답은 오로지 열의를 가지고 임했느냐, 즉 오직 열심히 했다는 것 이외에는 아무것도 없다.

그러나 베드거 씨는 팔의 부상으로 마침내 야구를 단념하게 되었다. 그래서 보험회사의 설계사가 되었다. 새로운 일을 시작한 후로 거의 1년 동안은 쓰라린 실패를 맛보았지만, 야구선수 시절의 경험을 되살려 자기의 일에 열중하였다. 그 결과 보험 설계사로서도 경이로운 기록으로 성공을 거둔다. 곳곳에서 원고 청탁을 받기도 하고 전국 각지에서 초청을 받아 자기의 경험을 여러 사람들에게 들려 주었다.

베드거 씨는 다음과 같이 말했다.

"나는 판매에 종사한 30년간에 두 가지 사실을 보았습니다. 일에 열중한 덕택으로 수입이 두세 배 증가시킨 많은 세일즈맨을 보았고, 열의가 모자란 탓에 실패한 세일즈맨도 보았습니다. 나는 열의야말로 판매에 성공하는 최대의 요인이라고 굳게 믿고 있습니다."

일에 열중한다는 것이 얼마나 큰 차이를 가져오는지 알았다면 당신의 남편에게도 분명 같은 현상이 나타날 것이다. 바로 이렇게 자기 하는 일에 열정을 기울인다면 성공할 수 있다는 것이 유일한 결론임을 당신의 남편이 깨달아야 한다.

누구든지 조건만 충분히 갖춘다면 반드시 성공할 수 있다. 그리하여 본인의 일은 자신의 뜻대로 진척될 것이다. 당신의 남편을 성공하게 하려거든 오늘부터라도 당신의 남편이 보다 더 일에 열중하도록 격려해야 한다.

■■■ 우선 당신의 남편에게 열의를 갖게 하라. 열의를 갖는 것은 성공의 요인 중 가장 큰 요소이다.

일에 열중할 수 있는 여섯 가지 방법

나는 다음의 여섯 가지 규칙이 대단히 효과적이라고 확신한다. 이 여섯 가지 규칙을 적용해서 성공한 실례를 여러 번 보아서 잘 알고 있기 때문이다. 당신의 남편에게도 그것을 시도해 보라고 권하고 싶다. 그것도 상대가 누구이든 그 사람이 일에 열중할 수 있는 방법이다.

그럼 하나하나 그 규칙을 설명해 보기로 하자.

1 　당신이 담당한 일이 중요함을 인식하고, 많이 배우도록 하라.

대개 사람들은 자기는 거대하고 차가운 기계의 한낱 톱니바퀴에 지나지 않는다고 생각하고 있다. 그것은 자기가 담당하고 있는 일의 의미를 모르기 때문이다. 또 자기가 매일 하는 일과 관련된 전후 상황 전체 맥락을 배우려 하지 않는 데서 비롯된 현상이기도 하다.

옛날에 두 사람이 같은 일을 하고 있었다. "자네들은 무엇을 하고 있나?" 이런 질문을 받았을 때 두 사람은 각각 다른 대답을 했다. 한 사람은 "저는 벽돌을 쌓고 있습니다." 이렇게 대답하였지만 다른 한 사람은, "저는 커다란 전당을 짓고 있습니다." 라고 대답했다.

일이나 제품에 대하여 잘 안다는 것은 그 일에 열중하도록 하는 기본적인 조건이다. 저널리스트로서 유명했던 아이다 M. 타벨은 일찍이 겨우 500자 기사를 쓰려면 무려 3~4주일을 소비하여 자료를 모았다고 한다.

더구나 그가 실제로 활용한 자료는 방대한 자료 가운데서 극히 일부분에 지나지 않았다고 한다. 이렇듯 사용하지 않았던 지식은 타벨의 머릿속에 차곡차곡 쌓였고, 당장 필요한 이상의 풍부한 지식을 가지고 있다는 생각은 그녀가 오래도록 안심하고 집필케하는 데 아주 효과적인 역할을 하였다고 한다.

벤자민 프랭클린도 어렸을 때 조그마한 비누공장에서 공원으로 일할 때 이러한 방법을 썼다. 공정 전체를 낱낱이 외워 버림으로써, 마지막 공정까지도 배려한 작업을 한 것에 대해 자기의 작은 공헌에 큰 자부심을 지닐 수 있었다고 한다.

공장주는 제품에 관한 전체 제조 공정을 세일즈맨들에게 상세히 가르쳐 줌으로써, 그들을 훈련시킨다. 이 지식은 세일즈맨이 거래처에 제품을 판매할 때에 효과적으로 활용된다. 뿐만 아니라 제품에 대한 완전한 지식은 특히 거래가 성사될 것으로 예상되는 손님과 상담을 할 경우 더욱 필요하다. 만약 당신의 남편이 자기 일에 열중하지 않는 듯한 태도를 보이면, 우선 그 이유가 무엇인가를 정확히 판단해야 한다.

당신의 남편은 자기가 하는 일에 대하여 잘 알지 못하거나, 또는 전체 일의 공정 가운데 본인이 어떤 공헌을 하는지를 잘 이해하지 못하고 있을 것이다.

2 목표를 정하고 그것을 추구하라

성공하기를 희망하거든 우선 목표를 설정한 다음 정확하게 그 목표를 겨냥해야 한다. 우선, '무슨 일을 목표로 할 것인가?'를 정해야 한다. 그리고 사나운 개가 고양이를 쫓듯 그 목표를 향해 돌진해야 한다.

자기가 뜻하는 바를 자각한 사람은 좌절이나 실패 때문에 절망하는 법이 없었다. 앞에서 말한 벤자민 프랭클린은 다음과 같이 서술한 바가 있다.

"성공을 원하거든 자기 직업을 명백히 정하고 어디까지나 그것을 추구해야 한다."

영국의 시인 사무엘 칼리지 같은 사람이 만약 이런 충고에 따라 처신을 했더라면 매우 좋았을 것이다. 그는 자기의 재능을 너무 여러 방면으로 넓혀 버린 탓에 아까운 재주를 탕진하고 말았다.

그는 도저히 실현할 수 없는 꿈의 세계에서 살았다. 그는 항상 무엇인가를 했는데도 불구하고 결국은 아무것도 하지 못한 것이다. 그가 죽었을 때 찰스 람은 어느 친구에게 다음과 같은 글을 쓴 적이 있었다.

> 66 칼리지는 죽었습니다. 형이상학(形而上學)과 신학(神學)에 관한 4만 장 이상의 논문을 남겼다고 합니다만, 애석하게도 완성된 것은 하나도 없습니다.”

당신의 남편과 미래의 희망에 대해서 이야기를 나눔으로써 남편이 그 목표나 포부를 정확히 하도록 도와야 한다. 막연하고 실현될 가능성도 없는 승리를 부질없이 꿈꾸지 말고 뚜렷한 특정 목표를 포착하도록 남편을 격려하라는 것이다.

3 　날마다 자기 자신에게 격려의 말을 해보라

‘이런 어린애 같은 소리가 어디 있느냐’고 고개를 갸웃거릴 독자가 있을지 모르나 훌륭하게 성공한 사람들은 이 방법이 일에 열중하기 위하여 아주 좋은 효과를 거둔다는 점을 인정하고 있다.

뉴스 해설자인 H. V. 칼텐본의 예를 들어보자.

그가 아직 젊었을 때, 그때만 해도 그는 이름도 알려지지 않은 몸으로 프랑스에서 세일즈맨 노릇을 하고 있었다. 그는 날마다 가정 순회를 나서기 전, 반드시 자기 자신에게 잔소리를 했다고 한다.

또 위대한 마술사였던 하워드 서스톤은, "나는 구경꾼을 좋아한다." 이렇게 혼자서 지껄이면서 분장실을 거닐기 일쑤였다. 몸의 피가 더워질 때까지 몇백 번이고 이렇게 되풀이하여 지껄이고 나서야 분장실을 나서서 무대에 나간다는 것이다. 이렇게 하고 무대에 나선 그는 언제나 훌륭한 공연을 했다고 한다.

보통 사람들은 인생을 가수면 상태로 지내는 것이다. 이 가수면 상태에서 깨어나기 위해 매일 아침 자기 자신에게 다음과 같이 타이르는 것을 왜 이상하게 여기는 것일까? "나는 내 일을 사랑한다. 나는 내가 가진 모든 노력을 내 일에 기울이려 합니다. 내가 힘껏 노력을 기울여 살고 있음에 무한히 감사드립니다. 오늘도 100% 힘차게 일에 임할 것입니다."

4 남을 돌보려는 생각에 익숙해지도록 하라

일찍이 알리스는 〈이기주의 진화〉를 말한 바 있는데 이는 성공을 바라는 사람들을 위해서 좋은 충고가 될 것이다. 한쪽 눈은 괘종시계의 바늘에, 또 한쪽 눈은 자기 월급봉투에만 돌리는 소극적이고 게으름뱅이인 샐러리맨은 무엇을 해도 성공하지 못한다.

그런 사람과는 반대로 남을 돌볼 줄 아는 사람은 일에 열중하게 되는 결과를 가져온다. 하찮은 월급에서도 얼마를 떼어내어 사회봉사나 기부를 하는 사람도 있는데, 그들은 봉사 활동이 아닌 일에서도 많은 돈을 벌 기회를 얻을 수 있다.

자기 본위로만 생각하는 것은 일시적으로 잘 되어 가는 것 같지만, 긴 안목으로 보면 스스로 패망하고 마는 결과가 될 것이다. 나의 일을 방해하는 사람이 주위에 많은 것보다는 우리에게 구원의 손길을 뻗치고 있는 사람들을 주위에 많이 갖고 있다는 것은 그 얼마나 행복한 일이겠는가?

5 일에 열중하는 사람과 사귀고, 일에 열중하지 않는 사람은 되도록 피하라

"나에게 가장 필요한 것은 내가 할 수 있는 일을 하도록 용기를 부어 주는 것이다."

이것은 에머슨의 말이고, 다른 말로 하면 이것은 영감(inspiration, 靈感)이라고 할 수 있다. 우리는 남편이 일하고 있는 환경을 갑자기 바꿀 수는 없다. 그러나 남편이 현재보다도 더 창조적인 생각을 갖고 활기찬 삶을 누리도록 격려해 주는 벗을 구할 수는 있을 것이다.

당신의 남편이 일에 열중해 주기를 원하거든 인생 또는 생활이 우리에게 주는 의미에 대해서 남편에게 항상 배려하도록 해야 한다. 또 새로운 일에 도전할 때 당황하지 않고 언제나 활기 있는 사람들과 영향을 주고받을 수 있도록 항상 세심하게 마음을 써야 한다.

그런 사람은 어느 곳에든지 있기 마련이다. 당신은 그런 사람을 남편의 친구로 만들어 주는 일을 곧 당신의 일로 여겨야 한다. 그런 사람들과의 교제가 남편을 계발시키고 두뇌를 전환하기를 고대하는 것이다.

다음에 제시하는 것은 퍼시 H. 화이팅의 저서 《판매의 5대 원칙》에 기

술된 충고이다.

"무뚝뚝한 사람, 열심히 일하지 않는 사람, 평상시의 일을 너무 느릿느릿하게 하거나, 합리적이지 못하거나 어리석은 사람을 경계해야 한다."

> **6** 처음에는 억지로라도 열심히 하려고 애쓰면
> 결국은 정말로 열중하게 되는 법이다

윌리엄 제임스 교수가 하버드 대학에서 강의한 철학적 논리로, 다음과 같이 말하였다.

"당신이 어떤 감정을 갖고 싶을 때 당신이 이미 그런 감정을 가진 척하십시오. 그렇게 함으로써 그런 감정이 실제로 나타나게 됩니다. 행복해지고 싶으면 행복한 척하는 것입니다. 불행해지고 싶거든 불행한 척하라는 것입니다. 일에 열중하고 싶으면 우선 일에 열중하는 척하라는 것입니다."

《나는 어떻게 판매 세일즈에 성공했나?》의 저자 프랭크 베드거는 누구든지 이 원칙 하나만 적용함으로써, 자기의 생활 전체를 개혁할 수 있다고 말했다. 베드거는 이 사실을 알고 있었다.

❶ 당신의 남편이 지향하는 길과 인생에서 얻으려고 하는 그 무엇을 결정함에 도움이 되어야 한다. 목표를 결정하고 그것을 향하여 돌진한다.

❷ 하나의 목표를 달성하면 곧, 다음 목표를 세운다. 5년을 하나의 단위로 정해서 미래를 설계한다.

❸ 당신의 남편에게 일에 열과 성의를 다 기울여 열중하는 것이 중요하다는 가치를 설득시킨다. 일에 열중함으로써 당신 남편도 어떤 일이든지 해낼 수 있지 않겠는가? 하는 점을 설명한다.

　　가. 자기 일에 관해 될 수 있는 한 많은 것을 배운다.

　　나. 목표를 정하고 그것을 추구한다.

　　다. 날마다 자기 자신에 대하여 격려의 말을 한다.

　　라. 남을 돌보겠다는 생각을 갖는다.

　　마. 일에 열중하는 사람들과 사귄다.

　　바. 무슨 일이든 억지로라도 열심히 한다. 그러면 자연히 그 일에 열중하게 된다.

남편의 말에 귀 기울일 줄 아는 아내가 되라

시카고의 5층 빌딩 옥상에서 한 남자가 투신자살을 기도했다. 자살을 기도하게 된 이유는 신경쇠약과 공포증 때문이었다. 한때 사업도 크게 번창하였으나, 지나치게 사업을 확장하다가 부도수표를 남발하여 결국 채권자들에게 쫓겨 다니는 신세가 되고 말았다. 그러나 그 남자는 아내에게 모든 사실을 털어놓고 근심 걱정을 나누지 않았다.

아내는 남편이 사업가로 성공한 것을 자랑스러워했고, 남편은 자기 사업이 어려워졌다는 사실을 절대로 아내에게 알리지 않으려고 했다. 남편이 아내에게 사실대로 털어놓지 못하는 것은, 아내가 행복의 절정에서 절망의 낭떠러지로 떨어져 버릴 것 같은 걱정이 앞섰기 때문이다.

막다른 골목에 이르러 수습 불가 상황이 된 조운즈는 채권자들의 극성에 견딜 수가 없었다. 채권자들에게 쫓기자 순간적으로 투신자살할 생각을 하기에 이르렀다가 운 좋게도 나뭇가지에 걸려 목숨을 구했다.

가까스로 의식을 회복한 빌 조운즈는 순간적으로 대단한 기적이 일어났으니, 자신이 지금까지 겪은 고난쯤은 아무것도 아니라고 생각하게 되었다. 자신이 죽지 않고 살아있다는 사실 자체만으로도 가슴 벅찬 희열을 느낄 수 있었다.

그는 부랴부랴 집으로 돌아가서 아내에게 모든 사실을 털어놓았다. 그 순간 아내의 충격이 너무나도 컸음은 두말할 여지가 없었다. 아내는 남편이 혼자서 얼마나 애를 태웠을까 하는 생각을 하니 가슴이 미어졌다. 그녀는 남편을 위로하면서 이 난관을 어떻게 극복할 것인가 신중히 상의하였다.

이렇게 되자 빌 조운즈는 다방면에 걸쳐서 마음 놓고 해결책을 모색하였다. 소극적이고 폐쇄적인 사고방식에서 탈피하여 적극적으로 재기할 방법을 연구했다. 그 결과가 오늘날 빌 조운즈를 건실한 사업가로 만들어 놓았다. 빌 조운즈는 채무가 전혀 없는 건실한 사업가로서 두각을 나타내고 있다.

무엇보다도 중요한 점은 사업의 성공 여부보다도, 모든 일을 아내와(혹은 가까운 동료) 상의하게 되었다는 점이다. 사업에 실패한 자신에게 따뜻한 위로를 보내 줄 사람은 하나도 없다고 생각했으나 그의 아내는 진심으로 남편을 위로했으며 아픔을 함께 했다. 다시 말해서, 남편은 아내를 믿고 아내는 남편을 믿어야 한다는 지극히 평범한 철칙을 일깨워 준다.

처음에 조운즈는 자기 사업에 관해 골치 아픈 이야기를 아내에게 털어놓는다는 것은 남자의 체면을 깎아내리는 것이라는 그릇된 생각에 사로잡혀 있었다. 남성들은 대개 맛좋은 음식이나 아름다운 옷 등을 사 가지고 집으로 들어가는 것만이 행복인 줄로 착각하고 있다. 자신의 실패는 감추고 싶어한다. 자신이 약점을 가지고 있다는 것을 인정하는 것을 아주 부끄럽게 여긴다. 결과적으로 그런 행동이 아내를 모욕하는 것이라는 사실을 까맣게 모르고 있다.

그렇다면 오늘날의 남편들은 어떠한가? 남편의 말에 귀를 기울일 줄 모르는 아내라고 오히려 그것을 마음 편히 생각하지는 않을까?

어느 심리학자는 다음과 같은 말을 했다.

"아내가 할 수 있는 가장 큰 내조는 남편이 회사에서 이야기하지 못하는 근심거리를 귀 기울여 들어줌으로써, 남편이 마음의 무거운 짐을 내려놓을 수 있게 하는 것입니다." 그 심리학자는 그러한 아내를 일컬어 '안전장치', '공명반', '슬픔의 벽', '연료 보급창고'라고 평가하였다. 또 남성은 자기 이야기를 귀 기울여 들어주기를 원하지만, 아내의 조언은 그리 달가워하지 않는다는 것이다.

한 번이라도 직장 생활을 해 본 여성이라면, 남편이 사무실에서 일어났던 일을 털어놓고 이야기할 수 있는 상대가 있다는 사실이 얼마나 행복한 일인지 알 것이다. 사무실에서는 좋은 일이었거나 곤란한 사태에 부닥쳤을지라도, 우리의 동료는 그 곤란에 관해서 큰 관심이 없다.

왜냐하면 그들은 자신의 문제들이 산더미처럼 쌓여 있으므로 도저히 그럴만한 여유가 없다.

그래서 남편이 울적하게 집에 돌아갔을 때, 실컷 떠들면서 마음을 후련하게 만들고 싶다는 욕구가 있다. 다음은 어느 가정에서나 흔히 볼 수 있는 현상이다.

빌은 매우 흥분해서 집으로 돌아왔다. 그리고 하는 말이,

"여보, 메이벨. 오늘은 참 신나는 일이 있었어. 내가 작성한 그 리포트에 관해서 보고하느라고 임원회의에 불려 갔지. 임원들은 내가 만든 그래프를 가져오라고 하더니, 그리고는……."

"그래요? 그래서 좋았겠네요."

메이벨은 마음이 내키지 않은 듯 이렇게 대답하고는,

"오늘 전등 고치러 왔던 사람 이야기, 제가 안 했던가요? 그 사람의 얘기로는 부속품을 바꿔 넣어야 한다지 뭐예요. 식사가 끝나시면 한 번 봐주세요."

"아! 그러지. 그건 그렇고, 아까 이야기의 연속인데 말이야, 그 슬롬 몰튼 씨가 바로 임원회의에 내가 나가서 설명하도록 주선해 준거야. 나도 처음에는 얼떨떨했지만, 임원들의 주의는 충분히 끌 수 있었어. 빌링스 씨조차 감탄하며 이렇게 말했거든, 그의 이야기는……."

그러자 메이벨이,

"그 사람들은 당신을 무능력자로밖엔 평가하지 않는다고 제가 말했잖아요. 그보다도 여보, 당신은 큰애 리포트에 쓴 거 좀 보고 보충해 주세요. 그 애의 이번 학기 성적은 매우 나빠요. 선생님은 열심히만 하면 나아진다고 말

씀하시거든요. 그렇지만 저로서는 어떻게 할 수가 없어요."

이쯤 되고 보면, 빌은 더 이상 어떤 말을 해도 소용이 없다는 사실을 깨달았다. 그래서 자신의 자랑스러운 감정을 접시 위의 고기와 함께 부리나케 삼켜 버리고는, 아내의 말대로 전등과 아이의 리포트를 살펴보는 일에 착수하지 않을 수 없었다.

빌이 자기와 관련된 문제를 귀담아 들어주기를 원한 것은 너무나 자기 중심적이었을까?

결코 그런 것도 아니었다. 그녀에게도 역시 빌이 원한 것만큼 자기의 이야기에 귀를 기울여 줄 사람이 필요했다.

여기서 잘못된 점은 그녀가 그 말을 알맞은 시기에 꺼내지 않았다는 점이다. 임원 앞에서 칭찬받은 일을 남편이 신나게 말하기 시작했을 때, 아내도 남편의 칭찬을 기뻐해 주었다면 흥분이 가라앉은 뒤에는 빌도 메이벨의 살림살이 이야기에 귀를 기울였을 것이 아닌가?

남의 이야기에 귀를 기울일 줄 아는 여성들은 남편들에게 커다란 만족과 위안을 줄 뿐만 아니라, 그것은 사회에 나가서도 더없는 재산을 몸에 지닌 것과 같다. 어떠한 말이라도 잘 이해하고 있다는 것을 상대방이 알아차리게 간단한 질문을 하면서 말을 열심히 들어 줄 수 있는 침착하고 겸손한 여성은 반드시 성공할 수 있다. 총명한 태도로 남의 말을 듣는다는 것은 세상이나 인간에 관한 지식을 풍부하게 해주기 마련이다.

여배우인 마녀 로이는 〈헤렐드 트리뷴〉이란 신문에 기고한 글 가운데에서, '들어서 외운다'는 것이 그녀의 좌우명이었다고 말했다. 그녀는 세계 각국에서 모여든 대표들과 이야기를 나누고 그들의 말을 듣는다는 것이, 세계

문제를 이해하는 데 큰 도움이 되었다고 말했다.

로이 여사는 나아가서 다음과 같이 설명했다.

"물론, 때로는 상대방을 어리둥절하게 만드는 것보다 스핑크스와 같은 지혜를 지닌 좋은 경청자가 되는 편이 얼마나 훌륭한지 모른다고 저는 생각해요."

그런데 좋은 경청자가 되기 위해서도 세 가지 조건이 있다. 즉, 남의 말을 귀 기울여 들을 수 있는 사람이 되기 위해서는 다음의 세 가지를 실행에 옮겨야 할 것이다.

1 귀만이 아니라 눈, 얼굴, 몸, 전체로 들어라

'주의'란 '온갖 기능을 집중시킨다는 뜻'이다. 눈은 방안을 두리번거리고, 손가락은 의자의 팔걸이를 만지작거리고, 입으로는 옆을 향해 있는 사람에게 시험 삼아 무엇이든 설명을 해 보라. 우리가 열심히 귀담아듣는 것이라면 우리는 말하는 이를 지켜보고, 몸을 앞으로는 내밀고, 얼굴 표정으로는 상대방의 이야기에 맞장구를 치게 될 것이다.

매력에 관해서 권위자인 마르제리 윌슨은 다음과 같이 말했다.

"듣는 이에게서 아무런 반응이 없는데도 이야기를 계속해 나갈 수 있는 사람은 좀처럼 없습니다. 상대방의 말이 당신 마음에 어떤 공감을 불러일으켜 주었을 때, 상대방의 말을 풍부한 표정으로 들으려면 어떻게 해야 할까? 그것을 알고 싶거든, 쥐구멍 앞에서 조심성 없는 쥐가 나오기를 기다리는 고양이의 표정을 주의해 보시면 될 것이다."

상대방의 답변을 유도할 만한 질문이란 어떤 것일까? 그것은 질문을 한 사람이 기다리고 있는 특정의 답변을 교묘하게 암시하는 질문이다. 직접적인 질문이란 때로 예의를 벗어나는 수가 있지만, 상대방의 답변을 유도하는 질문은 대화에 자극을 주고 활기가 넘치게 하는 법이다.

그럼 여기서 하나의 예를 들어 보자. "당신은 노동조합과 경영자의 관계에 대해서 어떤 의견을 가지고 계십니까?" 이것은 단도직입적인 질문이지만, "저, 스미스 씨. 당신은 노동조합과 경영자와의 사이에도 상호 양해가 성립될 가능성이 있다고는 생각지 않으신지요." 이것은 상대방의 대답을 이끌어내는 질문이다. 이와 같이 상대방의 답변을 유도해내는 질문은 남의 이야기를 경청할 줄 아는 사람이 되고자 하는 이를 위해서는 반드시 필요한 테크닉이다.

이러한 대화법은 부부간에도 도움이 된다. 예를 들면, 다음과 같은 질문을 하는 것이다. "여보! 광고를 더 해야 판매 실적이 오른다고 생각지 않으세요. 그렇잖으면 모험일까요?" 이런 질문은 조언과 다르지만, 조언과 같은 효과를 가져온다. 또 재치있는 질문은 긍정적인 효과를 가져온다. 특히 남 앞에서는 기가 죽어서 멈칫거리거나, 처음 만난 사람 앞에서 서먹서먹하게 침묵을 계속하는 경우에 그러하다. 인간이란 날씨나 야구의 스코어나 또한 병에 대해서 이야기할 때보다도 자기 머릿속에 있는 의견을 말할 때 훨씬 더 열중하게 된다.

아내에게 자기 일에 관한 이야기를 털어놓기를 피하는 이유 중의 하나는, 아내가 친구나 미장원에 가서 떠들어댈지도 모른다고 두려워하기 때문이다. 그들이 자기 아내에게 털어놓는 이야기는 무엇이든 간에 모두 귀에서 입으로 빠져나간다.

예를 들면 미장원에서 머리를 하면서,

"이번에 비진스 씨가 은퇴하면 우리 애아버지 존이 지배인 자리에 앉게 된다는군요, 글쎄."

어쩌다가 이런 말을 무심히 했을 때, 그 말은 다음날 곧 존의 경쟁자의 부인의 귀에 들어가기 마련이다. 그 결과로 존은 영문도 모른 채 상대자로부터 비밀리에 훼방을 받게 될 수도 있다. 내가 만난 어느 임원은 사원들이 집에 돌아가서 회사의 이야기를 하면 안 된다고 금지했다고 한다.

그는 다음과 같은 불평을 말하는 것이었다.

"길거리 편의점 앞에서 맥주 한잔하면서 회사에 관한 말을 소곤소곤 떠드는 꼴은 눈 뜨고는 볼 수가 없다는 말이에요. 여자들은 왜 그렇게 말이 많은지 모르겠어요. 거참!"

극히 드물기는 하지만, 혹 나중에 말다툼이라도 하게 되면 그걸 이용하는 부인도 있다. 남편을 몰아세우느라고 남편이 털어놓았던 것을 약점 삼아서 이야기하는 것이다.

"당신은 그때 싸구려 물건이라고, 공연히 쓸데없이 물건을 잔뜩 샀다고 후회하시지 않았느냐 말이에요. 그런 주제에 제가 옷가지를 사느라고 돈을 너무나 쓴다고요? 저만이 낭비한다는 거예요? 원, 기가 막혀서."

그런 부인은 남편의 일에 관한 실수에 대해서만 그저 이렇게 비난할 뿐이지, 그 이상 관련되어 골치를 썩이려고는 하지 않는다. 그러면 자신을 공격하게끔 탄약을 공급해 준 격이 된 이 결과를 생각하고 남편은 쓰디쓴 입맛을 다실 것이 뻔하다. 이해력이 풍부하고 남의 말을 경청할 줄 아는 사람이 되기 위해서는 반드시 남편의 일을 세부적인 면까지 속속들이 다 알고 있어야 하는 것도 아니다.

남편이 설계사라면, 아내가 설계도의 작성법까지 알고 있기를 희망하는 것은 아니다. 그 설계 작업에서 맞부닥치는 여러 가지 곤란한 문제에 대해 아내가 이해하는 마음으로 흥미를 가지고 배려해 주면 족하다.

어느 회계사는 과학의 분자설 같은 것을 내가 모르듯이 회계에 관해서는 전혀 모르는 여성과 결혼했는데 그는 이렇게 말했다. "내 직업상 매우 내 전문적인 것까지 들려줄 수가 있습니다. 아내 또한 직관적으로 그것을 이해하는 것같이 보이더군요. 저녁마다 집에 돌아가면 내가 하는 말을 아내가 총명하게 동정심을 가지고 귀담아들어 주는 것을 행복하게 생각하지요."

예리하게 이해하고 경청할 줄 알고 공감해줄 수 있는 여성은 남편을 편안하고 자신감 있게 만들어 준다. 또한 남편과 잘 협력하는 결과를 가져온다.

남의 말을 경청할 줄 아는 여성이 되기 위한 세 가지 원칙이다.

❶ 얼굴 표정이나 몸짓으로서 자신이 주의해서 귀 기울이고 있다는 사실을 표현할 것.

❷ 적당한 질문을 하도록 익힐 것.

❸ 결코 상대방의 신뢰를 저버리지 말 것.

당신은 두 남성과 결혼한 것이다

> 그 어떤 사람이든 실제로는 두 인간을 자기 속에 지니고 있다. 현재 있는 그대로의 한 사람과 내가 이러이러한 인간이었으면 하고 희망하는 또 하나의 사람이다."

체스터필드 경은 이런 글을 쓴 적이 있다.

많은 사람은 대담해지고 싶어한다. 인기가 없는 사람은 누구나가 좋아해 주는 사람이 되고 싶어한다. 자신이 없는 사람은 어떻게 해서든지 용기 있는 사람이 되고자 한다. 남편이 희망하는 사람으로 되게끔 남편을 돕는 것이 아내의 역할이다. 그렇다고 해서 잔소리를 하거나 이웃집 사람과 비교하거나, 함부로 채찍질하거나 할 것이 아니라 부드러운 태도로 용기를 불어넣어 주고, 칭찬해 주며 뒤에서 밀어주듯 하여야 한다.

마졸리 홈즈는 다음과 같이 기술했다.

> 자기 아내에게서 칭찬을 받았을 때, 또는 '당신은 참 훌륭하

시네요.', '전 당신이 자랑스러워요.', '당신이 제 남편이라니 참 기쁘요.', 라는 말을 들었을 때, 마음속으로 기쁨을 느끼지 않는 남편은 아마 없으리라."

이 말의 진실성에 관해서는 여러 사람이 증인이 되어 줄 것이다. 〈파크스 자동차 부속품〉 상점을 경영하는 G. R. 파크스 씨는 내게 다음과 같은 편지를 보낸 적이 있다.

"사람이란 자기가 되고 싶다고 희망하는 사람이 될 수 있을 뿐만 아니라, 이런 사람이 되어 주었으면 하고 아내가 남편에게 기대하는 사람이 될 수도 있습니다. 오랜 세월에 걸쳐서 많은 사람들을 고용해봤는데, 어떠한 사람이든 부인을 만나서 이야기를 건네 보지 않고서는 그에게 책임 있는 중요한 직책을 맡긴 적은 한 번도 없습니다. 일반적으로 아내의 인생관, 남편의 일에 협력하는 열성의 강도가 남편 일의 성공을 결정하는 법입니다.

제 아내는 저와 결혼하기 전에는 꽤 부유한 집안에서 무엇 하나 부자유스러운 것 없이 지냈습니다. 유복한 부모님 슬하에서 충분한 교육을 받고 즐겁고 행복한 가정에서 자란 것입니다. 그와 반대로 저는 돈도 없고 교육도 제대로 받지 못하고 이렇다 할 재산도 없고 다만 무엇인가 큰일을 하려는 야심과 아내의 신뢰를 제외하고 보면, 그야말로 알몸뚱이 그대로의 상태였습니다.

우리가 결혼한 초기에 힘들었던 몇 년 동안, 실패와 절망과 씨름하던 시기에 오로지 아내의 끊임없는 격려가 있었기에 제가 좌절을 겪고 계속 노력하여 새롭게 도약하게 된 계기가 되었습니다.

제가 오늘날 이토록 성공한 것은 오직 아내의 끊임없는 내조의 덕택입니다. 최근 수년간 아내는 중병으로 누워 있었지만, 아내는 그것 때문에 우울해하지 않습니다. 지금도 아내의 염두에 있는 것은 여전히 저를 도우려는 마음뿐입니다.

매일 아침마다, '여보, 오늘은 뭐 도와드릴 것 없어요?'하는 아내의 말을 듣지 않고는 출근하지 않기로 마음 먹었습니다. 그리고 저녁에 집에 돌아오면, '오늘은 별일 없었나요?'라고 아내는 곧 묻게 마련입니다. 그러므로 나는 어떻게 해서든 결코 그녀를 실망시키지 않으려고 애쓰고 있습니다."

그런데 대부분 다른 아내들은 자기가 희망하는 대로 남편이 무엇이든지 해 주었으면 하고 남편을 지나치게 몰아친다. 그런 부인은 '그 아무개도 이겨야지, 새 자동차를 샀으면, 이것보다 더 좋은 옷을 입어봤으면, 더 훌륭한 일류 클럽에 들어갔으면……' 하는 갖가지 요구사항을 늘어놓아 남편을 질식시키게 마련이다.

사람을 성공하게 하는 방법은 이렇게 마구 서두르면 되는 것이 아니다. 성공하기 위해서는 그 사람을 격려할 필요가 있다. 그럼 어떻게 하면 아내가 원하는 사람이 되게끔 남편을 격려할 수가 있을까? 먼저 칭찬하고 가치를 인정해 주어야 한다. 또 능력을 신장시켜나갈 수 있도록 능력을 찾아내 주어야 한다.

만약 자신감이 없는 사람이라면, 그가 일찍이 완수한 적이 있던, 대단한 용기가 필요했던 일을 상기하게끔 하는 것이 좋다.

"당신 예전에 부서의 불필요한 경비를 절약하자고, 부장에게 건의했을 때 일 생각나? 그건 상당한 용기가 필요한 일이었어. 그때부터 당신에겐 용기가 있었던 거야. 그 생각을 떠올려보고 용기를 내."

아내에게 '당신은 그렇게 하실 수 있을 거예요.'라는 말을 들었다면, 아무리 겁쟁이 남자라도 자기가 용기 있는 사나이라는 것을 보여주고 싶을 것이다. 뿐만 아니라, '어쩌면 나는 내가 생각하는 것보다는 용감한 사나이인지도 모르겠는걸.'하고 자기 자신도 그렇게 생각하게 되어 마침내는 실제로 그렇게 행동하는 법이다.

마가리트 반닝은 〈코스모폴리탄〉지에 기고한 글에서 이렇게 말했다.

"아내는 어떤 경우에도, '당신 상사도 당신 실패를 알았다니 당신도 이제는 끝장이군요.'라고 말해서는 안 됩니다. 집에서 밥을 먹을 때나, 침대에 누워 잘 때나, '당신은 성공할 수 있어요.'라고 남편을 격려해야 합니다. '당신은 어디서든 인정을 받지 못하는 사람이군요.'라고 말하는 아내는 실제로 남편을 잘못되게 만드는 장본인입니다."

여성이 남성에게 던지는 간단한 말이라도 현명하고 힘을 주는 말이라면, 남성이 스스로에 대한 평가를 후하게 하기 마련이며 점차 완전히 좋은 방향으로 바뀌어서 아주 새로운 인생관을 펼쳐나가는 경우가 종종 있다.

제2차 세계대전 때 전쟁 용사로 활약한 톰. W. 존스튼 씨의 얘기를 해 보자. 톰은 전쟁 때 부상을 입어 다리에 심한 상처가 남았으며 절름발이 몸으로 제대하였다. 다행히 수영은 할 수가 있어서 퇴원 후 햄프튼 해수욕장에 갔다. 수영을 한 후, 존스튼 씨는 모래밭에 누워서 햇볕을 쬐기 시작했다. 한

참 만에 깨닫고 보니, 주위 사람들이 톰을 힐끔힐끔 바라보는 것을 눈치챘다. 지금까지 자신의 절름발이 다리에 신경을 쓰지 않고 살았는데, 비로소 자신의 발이 상당히 주위에 시선을 끈다는 사실을 알아차린 것이다.

그 후 아내는 해수욕장에 가자고 했으나 톰은 극구 싫다고 거절했다. 그러자 부인이 하는 말이, "당신이 왜 가지 않겠다는지 알아요. 당신은 다리가 맘에 걸리는 거죠?" "나는 그렇다고 대답했지요. 그러자……." 라고 톰은 훗날에 회상했다.

"나의 아내는 내가 한평생 잊을 수 없는 말을 그때 했습니다. 그 말로 인하여 나는 기쁜 마음으로 아내와 함께 해수욕장에 갔습니다. 아내는 그때, '여보, 당신의 다리에 있는 상흔은 당신의 용기를 증명하는 표시'에요. 당신은 훌륭한 행동을 한 결과, 그것을 얻었으니까 숨길 필요가 없어요. 어떻게 해서 그것을 얻었는지 그것을 생각하시면 언제든지 정정당당하게 남들에게 보일 수 있을 거예요. 자, 가시죠. 그리고 마음껏 헤엄을 치세요. 이렇게 말했지요."

톰 존스튼 씨는 이렇게 해서 해수욕장으로 갔다.

그는 이제 비로소 깨달은 것이다. 그의 몸이 불구라서 생겨난 열등감을 그의 아내가 말끔히 씻어주었다는 것을.

어느 세일즈매니저 클럽에서 판매 강습회를 개최한 일이 있었다. 강습회는 5일간에 걸쳐서 연속적으로 열렸고 약 5백 명의 세일즈맨 또는 판매 지배인들이 수강하였다. 강습회의 마지막 밤에는 수강자의 부인들도 출석하도록 초대하였다. 남편의 판매 실적을 잘 올리도록 격려하려면, 어떻게 해야 한다는 특별 강의를 받게끔 되어 있었다.

강사 중에는 데이빗 파워즈 박사가 있었다. 그는 세어 파워즈 상점의 사장으로서 수많은 회사의 판매 고문도 지냈고 또한《새로운 인생을 위하여》라는 책의 저자였다.

박사는 그때 모여든 부인들에게 다음과 같이 권장했다.

"남편이 판매 실적을 올려서 돈을 더 많이 벌어오기를 원하거든, 매일 아침마다 직장으로 나갈 때, 남편이 의기양양해져 휘파람이라도 불면서 출근할 수 있도록 해 보십시오." 그러면 만족할 만한 결과를 얻을 수 있을 테니까.

남편에게 평소에 자기가 닮고 싶은 인물이 있다고 해보자. 남편에게 남편 자신이 그러한 인물이라고 스스로 믿게 하라. 그렇게 믿도록 말하는 것이 바로 그 방법이라는 것이었다.

"혹시 양복 입은 남편의 모습이 그저 그래도, '당신은 참 멋쟁이시네요.'라고 말씀드리라는 것입니다. 남편의 넥타이 취향에 대해서도 '정말 고상한 취미를 가졌다'고 칭찬하는 것입니다. 어젯밤 파티 석상에서 남편이 저지른 실수 따위는 절대로 되풀이해서 말하지 마십시오. 그저 성격이 선량하다고 되풀이해서 칭찬하시고요. 다음으로 '오늘 만나는 고객과의 상거래는 틀림없이 성공할 거에요.'라고 힘을 불어 넣어드리라는 것입니다."

파워즈 박사와 같은 탁월한 판매 고문도 이러한 수단이 가장 효과적이라고 생각했다. 그리고 보면, 당신이나 내가 그것을 시도해 보면 반드시 무언가 얻는 바가 있을 것이다. 그럼으로써 남편은 행복해 보이고 일에 더욱 열중하게 될 것이다. 즉 당신이 쏟아 넣은 자그마한 노력을 보상하고도 남음이 있을 것이다.

☞ 이렇게 성의를 가지고 남편을 칭찬하고 그 가치를 인정해 준다는 것, 그것이 남편의 최대 능력을 발휘케 하는 확실한 방법이다. 우리가 진심으로 노력한다면, 언젠가는 우리가 바라고 희망하는 이상적인 남편이 남게 된다.

남편이 하는 일을 믿어라

19세기 말의 일이다. 미시간주 디트로이트시의 전기회사에서 어느 젊은 기사를 11달러의 주급으로 고용했다. 그는 날마다 10시간씩 근무하고, 집에 돌아가서는 집의 뒤뜰에 있는 낡은 오두막집에 틀어박혀 지냈다.

그는 새로운 엔진의 제작을 위해서 밤이 깊도록 일에 몰두하는 것이 일상사였다. 한낱 농부에 불과했던 그의 아버지는 아들이 쓸데없는 짓으로 시간을 낭비하는 줄로만 알았다. 이웃 사람들은 젊은 기사에게, '말짱 쓸모없는 놈'이라는 별명을 붙이고는 놀림감으로 삼았다. 그러나 그의 연구가 언젠가는 열매를 맺으리라고는 그 누구도 감히 예상치 못했다. 그러나 단 한 사람의 그의 부인만은 예외였다.

그녀는 하루의 일을 끝내고 나면 반드시 그 오두막집에 와서 남편을 돕기로 했다. 겨울이 되어 해가 짧아졌을 때는 일하는 데 편리하도록 석유 램

프를 가지고 가서 서 있기도 했다. 오두막은 너무 추워서 이가 덜덜 떨리고, 손은 차갑게 얼어 곱은 상태였다. 남편은 물론 놀리느라고 그랬지만 그녀를 '나의 신자(信者 : 믿음으로 뭉친 사람)'라고 불렀는데, 그 정도로 남편이 만드는 엔진이 성공하리라고 굳게 믿고 있었다. 낡은 오두막집에서 피나는 노력을 계속한 지 3년 후, 그의 광기에 가까운 연구는 마침내 결실을 맺었다. 더구나 공교롭게도 그의 30세 생일을 맞이한 날이었다.

이웃집 사람들은 일찍이 듣지 못하던 덜커덩거리는 소리에 모두 놀랐다. 창가로 뛰어가서 바라보니 사나이가 그의 부인과 함께 말도 없는 수레를 타고 거리를 달리고 있지 않은가? 그 수레는 여러 사람이 보는 가운데 저쪽 거리의 귀퉁이까지 갔다가 다시 돌아오는 것이었다.

이 사나이의 이름이 바로 헨리 포드다. 이렇게 해서 우리 인류에게 매우 중대한 영향을 미치게 된 자동차 산업이 그날 밤에 태동했다. 헨리 포드를 〈산업의 아버지〉라고 일컫는다면 포드 부인이야말로 〈산업의 어머니〉라고 일컬을 만하다.

그로부터 50년 후, 포드는 나중에 다시 이승에 태어나면 무엇이 되고 싶으냐는 질문에 대해서 다음과 같이 대답했다. "내 아내와 같이 있을 수만 있게 된다면 무엇으로 태어나든 전혀 개의치 않겠소." 그는 이승을 등질 때까지 그녀를 '나의 신자'라고 불렀고, 저승에서도 그녀와 같이 살고 싶다고 말했다.

어떤 남성이거나 자기를 믿어주는 사람이 필요하다. 주위 사람들이 모두 자기를 반대하고 비난할 때, 오로지 자기편을 들어 주는 여성이 필요하다. 온갖 일이 뜻대로 잘 풀려나가지 않을 때, 타인의 공격을 받았거나 사업에 실패한 남편에게, "어떤 일이 있더라도 당신에 대한 저의 믿음에는 변함이 없어요." 이렇게 말하며 남편에게 자신감을 심어주고 격려해 주는 아내가 필요하다. 자기 아내조차 자기를 믿어주지 않는다면, 대체 이 세상에서 어느 누가 그런 남자를 믿어 줄 것인가?

믿는다는 것은 적극적인 능력이다. 그것은 어떠한 실패라도 그것을 결정적인 것이라고 인정하기를 거부한다. 그것은 잃어버린 자신을 부단히 되찾으려고 애쓰는 것이다.

로버트 두퍼 씨는 평소에 세일즈맨이 되고 싶다고 생각했는데, 마침내 그 기회가 찾아왔다. 보험 설계사가 되었는데, 아무리 열심히 노력해도 그 결과는 좋지 않았다. 그래서 자신의 불운으로 생각하고 의기소침해서 마음 속으로 애태우며 괴로워했다.

그렇게 번민한 결과 마침내는 신경쇠약증에 걸려 하던 일도 그만두어야 하는 궁지에 빠지고 말았다. 나는 두퍼 씨에게서 온 편지 한 통을 가지고 왔는데, 그 편지 속에서 두퍼 씨는 전후 사정을 다음과 같이 술회하고 있다.

"완전히 실패하여 절망하고 있었는데, 아내 도리스는 그것쯤은 한낱 일시적인 착오에 불과하다고 말했어요. 그러면서 '다음번엔 틀림없이 잘 될 거예요.'라고 계속 말했지요. '속을 썩이면 안 돼요. 여보, 당신에게는 훌륭한 세일즈맨이 될 만한 소질이 있다는 건 제가 잘 알고 있어요.'라는 것이었지요."

그 후, 로버트는 어느 공장에 근무하게 되었는데, 그때에도 도리스는 똑같은 언행으로 남편을 대했다. 남편이 자신을 잃지 않게끔 아내는 언제까지나 격려해야 한다. "그로부터 1년 반 동안 도리스는 내가 지닌 좋은 소질을 칭찬하고 내가 타고난 천성이 세일즈라는 일에 적합하다고 계속 강조했습니다."

로버트는 이어서 이렇게 말하는 것이다.

저는 그런 소질을 타고났다고는 꿈에도 생각지 않았어요. 만일 아내가 끊임없이 격려해 주지 않았다면 결코 세일즈 일을 다시 시도하지 않았을 것입니다. 도리스는 제가 세일즈 일을 단념하기를 원치 않았습니다. '당신에겐 소질이 있어요. 생각만 있으면 반드시 성공하고말고요.'라고 되풀이해서 말했습니다.

이와 같은 그녀의 절대적인 신뢰에 대해서 어찌 저항할 수가 있겠습니까? 이윽고 그녀의 확신이 제게로 옮겨져서 저는 공장을 그만두고 다시 세일즈의 일을 하게 되었습니다. 그렇게 해보니 이제는 제가 신념을 가지게 되었습니다. 아주 가까이에 그렇게 굳은 신념을 가진 사람이 있는 이상 어찌 그렇게 되지 않을 수가 있겠습니까? 저의 앞길은 순탄치 않았으나, 도리스 덕택에 이제 성공은 눈앞에 다가온 것같이 생각되었습니다. 아내는 제가 곤란한 지경에 처할 때마다 저를 도와서 홀로 설 수 있게 해주었습니다.

가령 내가 세일즈맨을 고용한다면 도리스 두퍼와 같은 부인을 둔 세일즈맨을 우선적으로 선발할 것이다. 두퍼 같은 아내는 결코 자기 남편을 실패한 채로 내버려 두지 않을 것이다. 그런 여성은 남편이 쓰러졌을 때는 남편을 부축해 세우고 몸에 묻은 먼지를 털어 주면서 다시 일할 수 있도록 도와줄 것이다.

러시아의 위대한 음악가인 세르게이 라흐마니노프는 25세 때에 이미 홀륭한 작곡가였다. 자신의 재능에 자신감이 넘친 나머지 약간의 거만함이 생길 무렵 그는 심포니를 작곡했는데 비참한 실패로 끝나버렸다.

결국 그는 완전히 기가 죽어서 이번에는 절망의 나락으로 빠져들었다. 그의 친구들은 할 수 없이 그를 신경정신과 의사에게 데리고 갔다. 의사는 되풀이해서 다음과 같은 생각을 하도록 그에게 세뇌교육을 시켰다. "자네 체내에는 위대한 재능이 내재되어 있다네. 그것은 세상에 내놓아 많은 사람에게 보여 줄 날을 기다리고 있지."

이 생각은 서서히 라흐마니노프의 마음속에 뿌리를 박아서 그가 스스로 자신에게 눈 뜨게 만들었다. 그러더니 다음 해에 그의 걸작 〈피아노 협주곡 제2번〉을 작곡해서 주치의에게 헌정했다. 이렇게 해서 라흐마니노프는 재기하여 그 이름을 빛냈다. 이처럼 사람을 격려해 준다는 것은 엔진에 연료가 필요하듯이 사람에게 힘이 넘치게 만든다. 그 힘은 사람의 모터를 움직이고 그 사람의 전지를 충전시키고 패배를 승리로 전환케 해주는 것이다.

운명은 때로는 우리를 절망시킬 수도 있다. 다시는 일어나지도 못할 것 같은 충격을 던져 주는 것처럼 여겨지기도 한다. 그러나 "걱정하실 것 없어요. 이런 것쯤으로 그만두시면 안 되지요. 당신이 성공하시리라는 것은 제가 잘 알고 있으니까요."라고 말해 준다면 사정은 달라질 것이다.

성서에도 다음과 같은 말이 있다. "실망이란 희망하는 바를 확신하고, 아직 보지 않은 사실을 확인하는 것이다."

그것은 남편을 믿는 아내들이 남편에 대해서 가지는 신념과 똑같은 것이다. 그녀들은 특수한 통찰력 덕분에 다른 사람들에게는 보이지 않는 남편의 소질을 볼 수 있다. 그녀들은 자신의 눈과 애정의 거울로 그것을 본다. 다만 어떠한 신뢰도 밖으로 나타나지 않고서는 아무 쓸모가 없다.

❶ 남편의 말을 잘 경청할 줄 아는 아내가 될 것. 그러기 위해서,

    가. 얼굴 표정이나 몸짓으로 항상 상대방의 말을 주의해서 듣고 있다는 당신의 태도를 표시하도록 할 것.

    나. 총명한 질문을 잊지 않도록 할 것.

    다. 남편의 신뢰를 저버리는 짓을 하지 말 것.

❷ 남편을 칭찬하고 격려해 줄 것. 그럼으로써 남편이 바라는 바가 실현될 수 있게끔 남편을 도울 것.

❸ 남편의 일이 잘 성취되지 않을 때도 남편을 믿을 것.

아내가 남편에게 보다 큰 애정을 쏟아라

"자녀들이 자기는 누구에게서도 사랑받지 못한다고 생각하는 것이 소년 범죄의 주요 원인이다." 이것은 뉴욕 시립 소년원의 서기이며, 사회사업가인 에젤 H. 와이즈 씨가 매사추세츠주의 사회사업가 대회에서 강연할 때 한 말이다.

우리 부모도 오클라호마 앨리노이 화원에 있는 소년수들에게 인간관계

에 관한 강습회를 했을 때, 그 말이 진리라는 것을 알게 되었다. 애정에 굶주렸다는 것이 이들 불행한 소년들의 공통된 문제점이었다.

어떤 소년은 다음과 같이 말했다. 그 소년은 아무리 편지를 해도 어머니가 답장을 하지 않기에 한 번은 "저는 지금 이러이러한 강습을 받고 있는데, 그 결과 저도 이제는 착한 아이가 되었어요."라고 써 보냈다는 것이다.

그러자 비로소 어머니의 답장이 왔는데, 그 편지에는 "아무리 그래 봐야 넌 글러 먹었다. 네겐 형무소가 알맞은 곳이야."라고 쓰여 있더라는 것이었다.

19세 되는 소년 토미는 14년 이상이나 고아원, 형무소, 감화원을 전전하며 살아온 아이였는데, 그의 말은 다음과 같다.

"우리에게 필요한 것은 우리를 귀여워해 주는 사람입니다. 지금까지 우리를 귀여워해 준 사람은 하나도 없었어요. 나는 열여섯 살이 되기까지 한 번도 크리스마스 선물을 받은 일이 없었거든요."

배가 몹시 고픈 아이가 좋은 음식이 없을 경우에는 불결한 밥 찌꺼기에도 덤벼들 듯이, 이와 같이 애정에 굶주린 애들이 애정의 공백을 메우느라고 범죄를 저지르게 된다는 것은 결코 이해할 수 없는 일이 아니다. 애정이란 우리의 정신이 거기서 영양을 섭취하여 성장해나가는 참된 음식이다. 애정이 없으면 우리의 정신은 흐트러지고 평범해진다.

심리학자 고든 W. 올포트는 이렇게 말한 적이 있다. "보통 일반 사람의 심정을 정직하게 말한다면, 누구나 아무리 사랑하거나 사랑받더라도 그것이 결코 충분하다고는 생각지 않는 것이다."

정녕 그렇다. 사랑은 원자력에 못지않은 강대한 힘을 가지고 있다. 사랑은 날마다 기적을 이룩한다. 당신이 남편에게 기울이는 애정은 남편이 일에 성공하기 위해서 가장 중요한 요소이다. 만약 당신이 진심으로 남편을 사랑하고 있다면 당신은 남편을 행복하게 만들고 싶어서 할 수 있는 온갖 일을 다 할 테니까. 더구나 남편에게 기울이는 애정의 정도는 자식의 행복에도 영향을 미친다.

가정문제 연구소장인 파울포프네 박사는 전국 사친회 총회장에서 다음과 같이 말했다.

"사친회가 만약 전국 어린이들을 한 해에 한 번씩 한자리에 모이게 하는 계획을 없애고, 그 대신에 〈남편과 아내가 보다 더 깊이 사랑하려면 어떻게 해야 하는가〉 하는 문제를 논의한다면, 그것이 자녀의 행복을 위해서는 훨씬 도움이 될 것입니다."

그렇다면 우리는 어떻게 하면 서로가 보다 크나큰 애정을 가질 수가 있을까? 다음에 그 방법을 기술해 보기로 하자.

1 날마다 애정을 겉으로 드러내도록 할 것

흔히 아내들은 불평이 많다. 남편이 아내를 본체만체 내버려 둔다거나, 전혀 칭찬해 주지 않는다거나, 어떤 옷을 입어도 조금도 관심을 가지지 않는다거나, 눈에 띄게 애정의 표현을 해 주지 않는다는 불평이 많다.

그렇게 불평이 가득한 아내들은 이번에는 자기 남편에게 냉정한 태도를 보이는데, 남편들은 아내를 향해 한심하다거나, 억세다고 말한다. 또 남편들은 멋지고 칭찬받는 매력 있는 여성들을 추종하는 것은 이해하지 못한다. 따라서 애정을 구하는 것은 절대로 여성만의 전매 특허권은 아니다. 남성들도 애정을 구하기는 마찬가지이다. 그중에는 남성의 이와 같은 약점을 이용해서 자기가 갖고 싶은 것을 손에 넣을 때까지 조심스럽게 애정을 표현하는 여성도 있다.

2 유머를 알 것, 만사를 낙관적으로 속 편하게 생각할 것

야심이 넘치는 아내가 가끔 '완벽증'에 걸리는 수가 있다. 그러한 아내는 언제나 아들은 산뜻해야만 하고, 식사는 정성 들여 맛있게 조리하고, 집안은 어디 하나 흠잡을 데 없게 정리되어 있지 않고서는 마음이 편할 줄 모른다. 이와 같은 완벽증은 사소한 일에 너무나 신경을 쓰는 탓으로, 도리어 커다란 것을 찾지 못하고 놓쳐 버리는 결과를 초래한다. 무엇이든지 속 편히 낙관적으로 받아들이고 사소한 일로 마음을 흐트러뜨리지 않도록 하는 것이, 도리어 부부 사이의 애정을 부드럽게 하는 것이다.

3 관대한 마음을 가질 것

진심으로 사랑하는 사람들 사이에는 이해타산을 중시한 결혼이란 있을 수 없다. 즉 애정이란 아낌없이 준다는 것이다. 아무리 귀찮은 일도 싫어하지 않는 아내인데도, 가령 남편의 옛 벗을 질투하는 식으로 마음이 관대하지 못할 때도 있다.

4   조그만 일에도 감사의 뜻을 표할 것

비록 결혼한 뒤에 극장에 데리고 갔다든지, 꽃다발을 보낸 일이라든지, 아침마다 집안 청소를 해준 데 대해서 남성은 감사하다는 말을 듣기를 좋아한다. 혹시 당신은 남편이 해주는 일은 무엇이든지 그저 당연한 일이라고 생각할지도 모른다. 만일 그렇게 생각한다면 남편이 아내에게 좋은 음식을 먹여주려고 외식을 하거나, 기쁘게 해 주려고 노력하는 것도 아무 소용이 없을 것이다. 남편이 이제 그런 어리석은 짓은 그만두자고 생각해도 그것은 전혀 이상스러운 일이 아니다.

남편들이 아내들을 위해서 얼마나 자질구레한 것까지 서비스를 해 주고 있는지 그 서비스에 익숙해진 탓에 그것을 생각해 보려고도 하지 않는 아내들도 있다.

5   이해성 깊고 자애로운 사람이 될 것

남편이 신을 슬리퍼로 바꿔 신고 푹 쉬고 싶다고 생각할 때, 아내가 옷을 마음껏 차려입고 마음 내키는 대로 외출하고 싶어할 때 부부는 서로 의견이 충돌할 수밖에 없다. 크나큰 애정을 가진 아내라면 남편이 밖에서 하는 일과 관련해서 아내가 자기에게 어떻게 해주기를 바라느냐는 것을 이해할 수 있어야 한다.

내 책상 위에는 C. 앙가스 씨가 보내 준 편지 한 통이 놓여 있다.

"나는 아내와 결혼한 것이 다른 어떤 남성들보다도 훨씬 행복한 일이라고 생각합니다. 내가 아내에게 바치는 최대의 찬사는, 내가 32년 전으로 되돌아가더라도 그녀가 승낙해 주기만 한다면 그녀와 결혼하고 싶다는 말입니다. 내가 무슨 일에 성공했다 하더라도 그것은 모두 사랑하는 아내가 협력해 준 덕택입니다."

'사랑 없이 무슨 성공이 있는 것이냐.'는 것이다. 사랑 없이는 부귀도 명예도 휴지조각이나 같은 것이다. 만일 남편이 당신의 애정에 만족하며 행복하게 지낼 수 있다면, 두 분의 생활의 향상도 기대하며 기다려 볼 일이다.